서울대학교 인권센터
인권연구총서 1

대학 내 괴롭힘
판단기준과 구제방안 연구

김인희 · 박수경 · 양승엽 지음

박영사

발간사

　근자에 우리 사회에서는 이른바 '갑질' 문제에 대한 인식이 높아졌습니다. 직장 및 기타 각종 조직에서 우월한 사회적 지위에 기대어 다른 사람에게 폭언이나 모욕, 따돌림, 강요, 부당지시와 같은 행위가 적지 않았던 문화에 대해 성찰의 목소리가 높아졌습니다. 이러한 사회적 요구를 바탕으로 「근로기준법」이 개정되어 '직장 내 괴롭힘' 금지 규정이 2019년 7월부터 시행되었습니다.

　대학도 '직장 내 괴롭힘'에서 자유로운 곳이 아닙니다. 대학은 진리를 탐구하고 전하는 학문의 장임과 동시에 많은 사람들에게는 일터이기도 합니다. 대학이 직장인 부분에서는 근로기준법이 직접 적용됩니다. 그러나 대학의 특성상 직접 근로기준법상의 근로자 관계에 있지 않으면서도 관계의 우위를 이용하여 신체적·정신적 고통을 주거나 학업·연구환경을 악화시키는 행위로 인해 피해를 입는 사람이 있을 수도 있습니다. 외국에서는 이것을 아카데믹 하라스먼트라고 개념화하기도 합니다. '직장 내 괴롭힘'이나 '학문 공동체에서의 괴롭힘'은 인격권, 노동권, 학습권 등에 걸쳐 영향을 미치는 인권문제입니다. 이에 서울대학교 인권센터를 비롯한 대학 내 인권 기구들도 대학이라는 공간 안에서 나타나는 괴롭힘 문제에 대해 관심을 갖고 예방과 피해 구제를 위한 방안들을 모색할 필요가 있습니다.

　이러한 문제의식에서 서울대학교 인권센터에서는 <대학 내 괴롭힘: 판단기준과 구제방안 연구>를 발간하게 되었습니다. 먼저 직장 내 괴롭힘의 법적인 정의와 성립요건을 비교법적으로 살펴보고, 대학 내 괴롭힘을 규율하는 외국 대학의 사례를 참고하고자 하였습니다. 대학에서 발생할 수 있는 괴롭힘 사례와 유형을 함께 분석한 이번 연구가 대학 내 괴롭힘을 판단하는 데 적용하여야 할 기준을 마련하는 데 기초가 되기를 희망합니다. 나아가, 대학 내 괴롭힘을 사전에 예방할 수 있도록 대학 문화를 개선하고 괴롭힘 사건이 발생하는 경우 실효성 있는 구제방안을 제공하기 위한 노력에 본 연구가 밑거름이 되었으면 하는 바람입니다.

이 책의 집필을 위해 애써 주신 김인희 변호사님, 박수경 박사님, 양승엽 박사님께 진심으로 감사드립니다. 특별기고를 해주신 정소연 변호사님께도 감사의 인사를 드립니다.

2021년 2월

서울대학교 인권센터장
이상원

머리말

　　최근 고등교육법이 개정되어 대학 인권센터의 설치와 운영이 의무화
되었다. 대학 내 인권 기구는 2012년 서울대학교 인권센터 등이 처음 설
립된 이후로 2020년 8월 기준 전국 82개 대학에 설치되는 등 그 역할과
중요성이 나날이 확대되고 있다. 우리나라의 대학 내 인권 기구의 역사는
그리 길지는 않은 편이다. 대학은 1990년대에서 2000년대 초반 성희롱·
성폭력 문제를 다루는 상담소를 갖추기 시작하였는데, 성희롱·성폭력 사
건을 다루면서 점차 이 사안들이 대학 내 권력관계에서 발생하는 인권침
해와 중첩·연결되어 있다는 문제의식을 느끼게 되었고, 상담소로 찾아오
는 많은 인권 관련 문제를 해결할 필요성도 갖게 되었다. 이렇듯 초기의
대학 인권센터들은 성희롱·성폭력 상담에서 시작하여 점차 대학 내 전반
적인 인권 문제를 다루는 인권 기구로 성장해 왔다.

　　대학 내 인권 기구는 우리나라 헌법과 법률이 보장하는 기본권을 바
탕으로 학내 인권 사안들에 접근해 왔는데, 괴롭힘 문제 역시 중요한 이슈
중 하나였다. 다만 '괴롭힘'이라는 용어가 가지는 다소 모호하고 포괄적인
의미로 인해 그만큼 다루기 어렵기도 하였다. '괴롭힘'이 법적으로 정의되
기 전까지 대학 내 인권 기구에서는 괴롭힘 사건을 학내 인권침해 규정에
따라 인격권 침해, 노동권 침해, 학습권 침해 등으로 판단하기도 했고, 인
권 규정과 기구가 없는 대학에서는 복무·인사규정과 교원·학생 징계규정
에서 근거를 찾지 못하면 대응할 방도를 찾지 못하기도 했다. 때문에 행위
자가 피해자를 무시하고 비아냥거리며 따돌리고 업무와 학업에서 배제했
더라도, 행위의 전체적인 맥락과 의미에서 '괴롭힘'을 파악하고 합당한 처
분을 하기 어려운 실정이었다.

2019년 근로기준법이 개정되면서 2019년부터 '직장 내 괴롭힘 금지' 규정이 신설되었고, 근로자라면 모두 이 법에 따라 보호를 받게 되었다. 대학에서도 신설 조항에 따라 직장 내 괴롭힘 문제에 대응하게 되었고, 인권기구들은 기존 인권침해 문제로 다루어 오던 괴롭힘을 좀 더 전면적으로 다룰 수 있게 되었다. 다만 대학이라는 특성상 다양한 노동 정체성을 가진 수많은 구성원과 근로기준법상 근로자들이 하나의 캠퍼스에 공존하고 있기에, 대학 내 인권 기구에서는 직장 내 괴롭힘을 근로자에게만 적용하는 어려움에 직면하게 되었다.

대학 내 인권 기구는 그동안 인권침해 사안으로 다루어 오던 괴롭힘의 문제를 개정된 근로기준법의 법적 기준에 부합하게 해석할 필요성을 느끼게 되었다. 동시에 대학 내의 복잡한 근로관계와 학문 공동체와 사제 관계라는 관계적 특수성도 고려해야 했다. 대학 특성에 맞는 예방과 구제 방안도 마련되어야 했으며, '괴롭힘' 행위를 인권의 관점에서 이해할 필요성도 있었다.

본 연구는 이러한 대학 인권 기구의 여러 고민과 논의의 과정 속에서 시작되었다. 이에 따라 본 연구는 대학 내 괴롭힘의 특수성을 바탕으로 개념을 정립하고, 현행법령과 조화롭게 대학 내 괴롭힘을 판단하는 기준을 마련하며, 예방과 구제 방안을 모색하고자 하였다. 실제 괴롭힘 행위에 대한 이해와 해석에 도움을 주기 위해 사례를 정리하는데 노력을 기울였고, 대학 내 인권 기구에서 사건을 처리할 때 갖추어야 할 체계와 유의점들을 제시하고자 노력하였다.

근로기준법이 개정된 이후 대학 내 인권 기구에는 괴롭힘 관련 상담과 사건 신고가 눈에 띄게 증가하였다고 한다. 이는 대학 공동체에서 괴롭힘 문제에 더욱 적극 대응해야 한다는 신호였음이 분명하다. 서울대 인권센터가 이러한 신호를 놓치지 않고 연구에 나아갔다는 점은 큰 의미가 있다고 본다. 본 연구에도 부족한 점이 있겠지만 대학 내 괴롭힘의 개념과 판단기준을 정립하기 위한 논의를 시작했다는 점에서 의의가 있다고 생각한다. 여기서 세부적으로 다루지 못한 쟁점들은 이후 후속 연구들을 통해 더욱 활발하게 논의하고 검토되기를 바란다.

우리는 이 연구가 대학 내에서 다양하게 발생하는 괴롭힘으로부터 고통을 받고 있는 많은 구성원의 문제해결에 조금이나마 도움이 되기를 기원한다. 일터는 성인 이후 우리 삶의 절반 이상을 차지하는 영역이다. 이러한 영역에서 자신의 존재 의의를 갉아먹는 괴롭힘을 당하는 것은 인간의 존엄성을 훼손하는 것이다. 결코 간과할 수 없는 문제이다. 대학, 더 나아가 우리 사회에서의 괴롭힘 문제도 근절되길 바란다.

마지막으로 본 연구를 수행하고 연구성과를 출판할 수 있는 기회를 주신 서울대학교 인권센터 이상원 인권센터장님, 이영주 소장님, 이주영 박사님과 전문위원님들, 그리고 출판사 박영사 편집자님께 진심으로 감사의 말씀을 전한다.

연구진 일동

특별 기고

정소연 변호사

사단법인 직장갑질119 법률 스태프, 서울지방노동위원회 공익위원

공동체 내 괴롭힘의 실질적인 해결을 위해

많은 사람들이 일터에서 하루 중 가장 긴 시간을 보내고, 가장 많은 사람을 만난다. 일터에서의 관계는 근로계약서에 나와 있지 않다. 업무 내용이나 업무시간과 달리 딱 잘라 정해진 틀이 있는 것도 아니다. 관계맺음의 과정에 시간이 필요하고, 모든 관계가 사람과 상황에 따라 조금씩 다르다. 그래서 직장 내에서의 관계는 만나는 사람에 따라 복불복인 문제, 개인의 태도나 사적 관계맺음에 달린 일처럼 여겨지기도 한다.

그러나 직장 내 관계에는 규율과 규범의 개입이 반드시 필요하다. 직장 내에는 소위 갑을관계가 분명히 존재한다는 점이다. 내 일만 잘한다고, 내가 노력한다고 일이 잘 풀리는 것이 아니다. 업무와 업무 외 사이의 경계도 희미하다. 일터에서 사람들은 다른 사람의 일은 물론이요, 생활 전체에 영향을 끼칠 수 있다. 근로시간이 길고 수직적인 조직 문화에서는 이 영향이 더욱 크고 뚜렷해진다. 바로 이 고민이 사회일반의 문제의식으로 발전하면서 근로기준법에 '직장 내 괴롭힘' 금지가 도입되었다.

'직장 내 괴롭힘'은 법이 현상에 언어를 부여한 전형적이고 긍정적인

사례이다. 근로기준법에 직장 내 괴롭힘이 규정되면서, '이런 일은 직장 내 괴롭힘일 수 있다, 직장 내 괴롭힘은 금지되어야 하는 일이다, 공동체 내에 괴롭힘에 대응하는 절차가 존재해야 한다'라는 규범적 신호가 사회 전반에 강하게 전달되었다. 이제 괴롭힘이 없는 일터를 꾸려나가는 것은 사용자의 배려나 선의가 아니라 의무이다. 일터에서 불편감이나 모욕감을 느꼈지만 이를 설명하거나 해소하기 어려웠던 수많은 근로자들도 '직장 내 괴롭힘'이라는 단어를 보고 자신의 상황을 보다 분명히 파악할 수 있게 되었다.

개정 근로기준법이 시행된지 아직 2년이 채 되지 않았는데도, 노동법률 현장에서는 직장 내 괴롭힘 관련 상담이나 문의, 관련 사건이 아주 많다. 그만큼 직장 내 괴롭힘이 사인 간의 영역이 아니라 공적인 개입이 필요한 영역이었다는 말이리라.

물론 한계도 있다.

첫째로 규범적 한계가 있다. 현행 근로기준법이 직장 내 괴롭힘을 금지하기는 하지만, 직장 내 괴롭힘이 발생했을 때 사용자를 처벌하거나 노사관계에 국가나 기타 기관이 직접 개입할 수는 없다.[1] 사용자에게 적절한 절차를 거치고 상황을 개선할 것을 권고하는 개선지도가 최선이고, 실무적으로는 대체로 직장 내 괴롭힘을 인정하였으니 취업규칙 개정 등 필요한 조치를 취하라는 공문이 발송된다. 즉, 직장 내 괴롭힘을 진정하거나 신고해도 직장 내 괴롭힘의 가해자나 방관자가 처벌받는 것은 아니다. 직접적인 해결을 원한다면 따로 가해자를 모욕이나 명예훼손으로 형사고소하거나, 위자료 등을 민사소송으로 청구하거나, 민사

---

1) 단, 이 책 출간 직전, 사용자에게 당사자 등을 대상으로 객관적인 조사를 하도록 하고, 사용자 등이 직장 내 괴롭힘 행위를 하거나 조치의무를 이행하지 않은 경우 과태료를 부과하는 등 제재규정을 신설한 근로기준법 개정안이 국회 본회의를 통과하여 공포 전 단계에 있다.

적으로 접근금지가처분 신청을 하는 등 별도의 절차를 거쳐야 한다. 직장인, 더욱이 직장 내 괴롭힘으로 불안정한 처지에 놓인 개인이 경찰서도 가고 법원도 가며 이런저런 법적 절차를 동시에 개시해 다투기란 쉽지 않다. 이런 설명을 들으면 낙담하는 피해자들이 많다. "그러면 결국 해결되는 건 없네요. 저는 그냥 참고 회사를 다녀야 한다는 말이네요."라는 반응이 돌아온다. 괜히 분란을 일으키느니 아무것도 하지 않겠다고 포기하는 사람들도 있다.

아직은 직장 내 괴롭힘을 예방하거나 사건 발생 시 대응할 절차가 전혀 없는 회사가 워낙 많다 보니, 직장 내 괴롭힘 진정이나 신고 사건이 하나 발생하면 이를 계기로 사내절차가 정리되거나 매뉴얼이나 선례가 만들어지기는 한다. 그러나 직장 내 괴롭힘 피해를 알렸다가 도리어 따돌림을 당하거나 마음고생을 심하게 하거나 심지어는 결국 회사를 그만두게 된 피해자에게 "당신이 나서 주신 덕분에 다음 피해를 예방하기 위한 발판을 만들었으니 의의가 있고 정말 감사하다."라고 말할 수는 없다. 피해자가 이런 보람을 느끼더라도 우리가 그렇게 말해서는 안 된다. 제도와 규범이 인권의 발판이 되어야지, 사람들의 개별구체적인 케이스가 다음 절차의 발판이 되어서는 안 된다. 현행법의 간접적인 규율은 피해자는 반드시 전면에 나서야 하는 반면 그렇게 해도 행위자를 직접 규율하거나 제재하지는 못한다는 규범적 한계가 있다. 남녀고용평등법의 직장 내 성희롱처럼 과태료 부과 등의 제재조치 도입이 필요하다.

둘째로 인력의 한계가 있다. 지금 직장 내 괴롭힘 사건은 관할지방 노동지청 근로감독관들이 담당하고 있다. 신고인이 노동지청에 진정서를 제출하면 사건이 개시되고, 근로감독관이 사건을 조사하고 사용자에게 개선지도를 한다. 그런데 우리나라에는 근로감독관의 수가 절대적으로 부족하다. 근로감독관은 임금체불, 자격관련 부정행위, 산업재해 등 사업장 감독, 인허가 승인, 취업규칙 심사 등 수많은 업무를 맡고 있다. 그냥 생각해도 해야 하는 일이 너무 많고 분야도 다양하다. 특별사법경

찰이기 때문에 직접적인 고소고발 등 형사절차로 이어지는 업무도 처리해야 한다. 우리나라의 근로감독관 총원은 2020년 8월 현재 1,896명이다. 우리나라의 사업체 수는 2018년 기준 총 200만 개 이상, 종사자 수는 1,800만 명이다.[2] 아주 단순히 나눗셈을 해 봐도 근로감독관 1인이 자그마치 1만 명의 근로자를 담당해야 한다는 말이다. 어떻게 일을 나누고 달리 계산을 해 보아도, 이 인원으로는 사건을 제대로 들여다보고 조사하고 처리하려고 해도 할 수 있을 리가 없다. 이렇게까지 사람이 부족하면 직장 내 괴롭힘에서 가능한 개선지도라는 간접개입조차도 어렵다. 금지도 예방도 다 사람이 있어야 할 수 있다. 직장 내 괴롭힘 금지가 선언 이상의 효과를 갖기 위해서는 물리적인 자원, 특히 근로감독관 충원이 무엇보다도 시급하다.

셋째로 상황적 한계가 있다. 직장 내 관계는 회사에 따라 다르고, 극도로 경직적인 경우부터 극도로 유동적인 경우까지 경우의 수가 많고 다양해, 일률적이고 보편적인 해결방안을 매뉴얼화하기가 다소 어렵다. 예를 들어, 직장 내 괴롭힘 사건이 발생하면 가해자와 피해자를 분리해야 한다는 원칙을 말하기는 쉽다. 그러나 실제로 개별 사업장에서 이 원칙을 적용하기는 쉽지 않다. 서울대학교의 예를 들어 보자. 서울대학교는 개별 근로장소의 범위가 비교적 넓고 사업장이 각 건물과 캠퍼스로 흩어져 있어, 사건 당사자들을 정기인사이동 등으로 자연스럽게 분리할 여지가 있다. 그러나 20여 평인 사무실에 7명이 근무하는 소기업은 당사자들을 분리하고 싶어도 방법이 없다. 당사자 분리를 위해 도무지 다른 방법이 없어 사무직을 지하 창고에 보내거나 1인을 넓은 회의실에 혼자 있게 했다가, 이러한 조치가 해당 근로자에 대한 부당전보로 문제되기도 한다. 그렇다고 분리하지 않고 그대로 두면 피해가 계속되

---

2) 고용노동통계 "전국, 산업별, 성별, 규모별 사업체수 및 종사자수(종사상지위별)" laborstat.moel.go.kr/hmp/tblInfo/TblInfoList.do?menuId=0010001100101102&leftMenuId=0010001100101&vwCdVal=MT_PTITLE&upListVal=118_2

거나 2차 가해가 발생하기도 한다. 당사자 간 분리 원칙을 지키기 위해 가해자는 계단으로만, 피해자는 엘리베이터로만 다니기로 한 사례도 있다.

또한 요즈음은 사내 메신저나 회사 단체 채팅방, 온라인 오피스 같은 온라인 업무 플랫폼이 많이 활용되는데, 온라인 오피스의 구조상 가해자와 피해자를 특정 자료에만 접속할 수 없게 하거나 특정 결재 절차에서 임의로 분리하는 것이 불가능한 경우도 있다. 이런 직장마다 다른 환경과 상황에 관해서는 결국 개별구체적으로 대응할 수밖에 없는데, 회사라는 공동체가 해결책을 찾는 과정이 지난하다보니 당사자들이 자의 반 타의 반으로 일자리를 유지하지 못하는 일이 생긴다.

대학 내 괴롭힘은 위와 같은 직장 내 괴롭힘의 의의와 한계에 대학이라는 공동체의 특수성이 더해진 문제이다. 대학의 특수성을 구체적인 사례를 가정해 생각해 보자.

예를 들어, 어떤 단과 대학 행정실에 근무 중인 7년차 홍길동이라는 사람이 있다고 가정해 보자. 홍길동은 서울대학교법인과 근로계약을 체결한 정규직이다. 홍길동은 서울대학교법인과의 관계에서는 근로자이다. 만약 행정실 동료가 홍길동에게 "일을 못 하니 꺼지라."라는 폭언을 한다면 이는 기존의 직장 내 괴롭힘 개념에 포섭하여 사용자인 서울대학교가 개입해 조치할 수 있다. 그러나 대학 공동체 내의 관계에 이처럼 단순한 악의적인 괴롭힘만 존재하는 경우는 많지 않다. 여러 관계인 사람들이 중첩해 생활하면서 꼬리에 꼬리를 무는 사건이 생긴다.

이 모 교수는 홍길동과 동향으로, 우연히 같은 고향 출신인 것을 안 다음부터 홍길동을 무척 가까운 사이로 여겨 수시로 안부를 묻거나 잡담을 했다. 반면 홍길동은 이 모 교수의 이런 연락 때문에 일의 흐름이 끊겨 불편하지만, 교수에게 전화를 하지 말라고 할 수도 없어 극심한 스트레스를 받았다. 홍길동은 이 교수한테서 내선전화가 올 때마다 짜증이 났는데, 다른 교직원들 앞에서는 참을 수 있었지만 해당 교수가 속한 학과 학생들 앞에서는 이를 잘 참지 못했다. 학과 이름만 봐도 화가 나 절로 불친절해졌다. 이 학과 학생들은 툭하면 짜증을 내는 홍길동을 대하는 것이 부담스러워 홍길동을 피해 다니다가, 학생들 간의 자치회의를 통해 홍길동에게 물어봐야 하는 일은 모두 장학금을 받는 근로장학생 1명에게 맡기기로 결정했다. 근로장학생은 다른 학생들의 요구를 받아들였지만 홍길동과 말하는 것을 너무 힘들어하다가, 결국 휴학을 했다.

위 사례에서 행정실 동료와 홍길동, 교수와 홍길동의 관계, 특정 학과 학생들과 홍길동, 근로장학생과 다른 학생들의 관계에서 홍길동은 각 피해자이기도 하고 가해자이기도 하고 참고인이기도 하다. 각 관계의 괴롭힘 사건 사이에는 느슨한 관련성이 있고, 대학 공동체의 특수성 때문에 이 일은 공동체에게 하나의 덩어리로 받아들여지기 쉽다. 사실 이 모 교수는 홍길동을 정말 가까운 사람이라 생각해 아끼는 마음에 자꾸 연락을 했을 뿐일 수도 있다. 홍길동은 자신이 특정 학과 학생들에게만 짜증을 낸다는 것을 스스로도 몰랐을 수도 있다. 아무도 괴롭힘의 고의가 없었는데도 결국 괴롭힘이라는 결과가 발생할 수 있는 것이다.

이는 상황 해소의 어려움으로 이어진다. 위 근로장학생이 홍길동을 대학 내 괴롭힘으로 인권센터에 신고했다고 가정해 보자. 홍길동 자신도 자신의 행동을 의식하지 못하고 있었기 때문에 사실관계를 확인하는 데 3개월이 걸렸다. 홍길동은 근로장학생에게 짜증을 내고 반말을 한 번 한 사실을 시인하고 사과했다. 인권센터의 대학 내 괴롭힘이라는 판단이 있은 후 서울대학교법인은 홍길동에게 감봉 1개월의 징계처분을 했다. 그러나 홍길동은 이 모 교수 때문에 스트레스를 받아 이 모든 일이 일어났다는 생각이 들었고, 감봉이라는 징계를 받은 것이 너무 억울했다. 홍길동은 이 모 교수를 대학 내 괴롭힘으로 인권센터에 신고하고, 서울지방노동위원회에 1개월 감봉 징계처분에 대해 부당징계취소신청을 했다. 이 모 교수는 동향 사람이 반가워 가끔 연락했다고 하고 홍길동은 이 모 교수가 업무용 내선전화로 날마다 전화를 했다고 주장해 사실관계가 많이 달랐다. 인권센터는 또 3개월을 조사해 이 모 교수와 홍길동 간의 사실관계를 확인하고, 이 모 교수가 3.2일마다 약 5분 가량 홍길동에게 전화한 사실을 특정해 대학 내 괴롭힘을 인정했다. 그 사이에 서울지방노동위원회는 홍길동에 대한 감봉처분이 양정과다라는 인정결정을 했다. 그 사이에 근로장학생은 졸업을 했는데도, 서울지방노동위원회 심판에 참고인으로 출석해야 했다. 한편 서울대학교법인은 이 모 교수에게 견책의 징계처분을 했다. 이 모 교수는 견책의 징계처분이 부당하다는 이유로 교원소청심사위원회에…

이렇게 결국 괴롭힘의 문제가 해소는 되지 않은 채 영원히 사건의 꼬리에 꼬리를 무는 상황이 발생할 수 있다. 이는 동일당사자에게 중첩적인 관계가 복합적으로 존재하고, 관계 중 일부는 노동법제의 규율을 받는 반면 일부는 대학자치규범이 적용되는 대학 공동체의 특수성에서 기인한다. 대학이 직장 내 괴롭힘 개념을 그대로 사용하지 않고 별도의 대학 내 괴롭힘 판단기준을 마련해야 하는 것도 이 때문이다. 대학 내 괴롭힘에 관한 자체적인 판단기준과 절차를 분명히 두되, 노동법제의 절차와 충돌하지 않도록 섬세하게 다듬는 과정이 반드시 필요하다.

또한 대학 내에서 발생하는 이런 사건들의 사실관계 확정에는 당연히 상당한 시간이 걸리기 마련이다. 근로기준법에 따른 직장 내 괴롭힘 판단에도 현재 3개월 이상이 소요된다. 다층적인 관계에서 더 많은 사람들이 연관되는 대학 내 괴롭힘에 대한 조사와 판단이 이보다 신속하게 이루어지기는 어렵다.

어떤 일을 신속하고 정확하게 하려면 아주 많은 자원이 필요하다. 대학 내 괴롭힘만을 전담하는 별도의 부처를 신설하지 않고 지금 대학이 가진 인적·물적 내에서 대학 내 괴롭힘에 대응하려면 신속성과 정확성 중 하나를 선택할 수밖에 없는데, 둘 중 보다 중요한 가치는 정확성이라 할 것이다.

사실관계의 조사와 확정에서 중대한 오류가 발생하면 이를 정정하는 데 매우 큰 노력과 비용이 소모되고, 절차적으로도 후반부에서 오류가 발견될수록 되짚어 와야 하는 단계가 길어진다. 각 절차에서 충분히 조사하고 당사자들의 발언권과 방어권을 충분히 보장하고 학교의 인권규범뿐 아니라 교칙, 행정절차법, 근로기준법 등 관련규정을 모두 고려해 충분한 시간을 들여야 한다.

대학 내 괴롭힘으로 인한 피해는 당장 눈앞에 있는데 정확한 진행을 위해 시간을 들이다보면 피해자에 대한 구제가 걱정될 수 있다. 이때 반드시 필요한 것이 당사자 분리 등 적극적 임시조치이다. 종국적인 판단은 다른 사건을 파생할 우려가 크다. 임시조치는 문제를 제대로 해결하는 과정에서 당사자들의 피해를 줄이면서도 방계사건의 발생으로까지는 이어지지 않을 수 있다.

당사자 분리, 유급휴가 혹은 생계비 지원, 대학 내 괴롭힘 판단여부와 별도로 당사자들에 대한 적극적인 상담과 교육 기회 제공 등 임시조치를 최대한 촘촘하고 적극적으로 마련하면, 그 자체가 괴롭힘으로 인한 공동체와 피해자의 상처를 치유하는 과정이 될 수도 있다. 사실 피해자들이 신속한 처리를 원할 때, 그 욕구를 구체적으로 들여다보면 단지 빨리 끝나는 것을 원한다기보다는, 치유의 단계로 나아가는 것이 궁극적인 목적인데 신속한 종결을 해야 이것이 가능하다고 생각하기 때문인 경우가 적지 않다. 적극적인 임시조치는 치유의 시작을 앞당길 수 있다.

괴롭힘 사건은 거대하고 모호해 보이는 갈등의 덩어리를 해체하는 과정이다. 이런 법도 저런 절차도 아직 부족하다고 말하기는 쉽다. 아직 여러모로 사실이기도 하다. 그러나 갈등해소와 치유의 방법을 계속 고민해 나가다 보면, 분명 직장 내 괴롭힘, 그리고 그보다 더 복잡한 대학 내 괴롭힘의 해결이 가능하리라 믿는다.

목차

I 서론

Ⅰ. 서론

1. 연구의 필요성

사람이 모여 활동하는 모든 공간에는 필연적으로 갈등이 수반된다. 그러나 그것이 힘의 우위에서 나오는 일방적인 괴롭힘이라면 조직 내의 화합과 일의 효율성을 떨어뜨리는 것 뿐 아니라 피해자의 인격을 훼손하고 스스로의 존엄성을 회의하게 한다는 점에서 반드시 근절되어야 할 행위이다. 대학은 누군가에게는 학문의 장이면서도 또 누군가에는 삶의 터전이자 일터이기도 하다. 그리고 가르침과 배움이라는 특수한 관계에서 힘의 우열관계가 나타나기도 한다. 이러한 대학 내 관계의 특수성은 대학이라는 공간에서 일어나는 인적 갈등을 복잡하게 만들고 회복하기 힘든 상황에 놓이게 한다. 또한 대학은 시대의 지성들과 예비 지식인들이 모여 다양한 담론을 구성하는 곳이며 교육기관이라는 특수성으로 인해 높은 인권 의식과 도덕성에 대한 기대가 있다. '대학 내 괴롭힘'이 일반 직장에서의 괴롭힘과 같으면서도 다른 특징을 나타내는 이유이기도 하다. 구체적으로 대학이 일반 직장과 다르게 가지고 있는 특수성을 나열하면 다음과 같다.

첫째, 인적 구성이 다양하다. 대학은 크게 교원, 직원, 학생으로 구성되어 있지만 자세히 살펴보면 그보다 훨씬 복잡하고 다양함을 알 수 있다. 교원들 중에서도 교수, 연구교수, 시간강사 등 지위가 다양하다. 대학원생의 경우 학생이자 연구원, 시간강사, 조교 등의 지위를 복합적으로 가지고 있기도 하며, 동일한 연구원이나 조교 명칭이라도 계약의 내용과 성격이 판이하게 다르기도 하다. 학부생 간에도 무형의 위계가 있다. 그리고 대학 내 인적 관계는 교원을 예로 보아도 교원 간, 교원－직원 간, 교원－학생 간 관계 등 다양한 갈등이 경우의 수를 이루며, 각자가 가지는 우위의 태양에 따라 일반 직장과는 다른 갈등을 내포한다.

둘째, 관계에서의 이탈이 수월하지 않다. 일반 직장에서의 이직도 쉽지 않지만, 대학 내 교수 중심의 비대칭적 위계 구조는 특히 교원－학생 간의 관계 이탈을 어렵게 한다. 이는 학생의 진로에 큰 지장을 미치며 예비 학자의 경우 좁은 학계 내에서의 평판을 좌우하기도 한다. 특수한 전공의 경우 지도교수 변경이나 다른 학교로 옮기는 것조차 불가능할 수 있으며, 대학원생이자 연구원으로 학업과 생업을 병행하는 경우 대학 내 관계에서 이탈한다면 당장 생계와 진로 모두를 포기하는 가혹한 결과가 발생하기 때문이다.

셋째, 대학 내 업무에는 일반 직장과 달리 구성원 간 지위에 따른 권리의 충돌이 일어날 수 있다. 일반 직장에서 근로자는 상사의 지휘·명령에 복종할 의무가 있으나, 대학은 교원의 교육·연구권과 학생의 교육권이 충돌될 수 있어 양자의 이해 조정이 까다로운 점이 있다. 그리고 교원 간에는 상호 독립적인 지위가 있다는 점 등도 갈등을 증폭시키는 원인이 된다.

넷째, 대학은 일반 직장과는 달리 높은 도덕성이 요구된다. 과거부터 학문의 상아탑이라고 불리는 대학은 우리 사회가 나아가야 할 바를 가리키는 나침반과 같은 역할을 하였으며 사회를 이끌어갈 지식인을 양성하는 곳으로 자리매김했다. 또한 대학은 고등 교육기관으로, 특히 교원의 사소한 비위나 언동도 학생과 사회에 미치는 부정적 영향이 크기 때문에 높은 도덕성과 엄격한 품위유지 의무를 부여받고 있다. 따라서 일반 국민은 대학 구성원들에게 높은 도덕성을 요구하고, 대학 구성원들 또한 자율성을 가지고 그러한 요구에 부응하였다. 그러나 이러한 기대에 부응하지 못하는 사건이 발생할 경우 그만큼의 주목과 질타를 받아 왔다.

이상이 대학이 일반 직장과 괴롭힘의 모습이 다른 이유라면, 그 결과 발현하는 대학 내 괴롭힘이 가지는 특징을 한 마디로 정리하면 바로 '복잡성'이다.

대학 내 괴롭힘은 인적 구성원이 복잡하고 구성원 간 업무 외의 다양한 행동, 예를 들어 교육, 연구, 사교 활동 등이 발생한다는 점에서 개념 정립이 어렵고 그만큼 다양한 유형의 괴롭힘이 발생한다. 특히 일반 직역보다 대학 구성원들은 상황에 대한 문제의식을 갖고 활발히 제기하는 경향이 있다. 그러나 일반 직장과 대학의 이러한 특징 차이에도 불구하고 대학 내 괴롭힘에 관한 연구는 기존의 주요 이슈였던 성희롱·성폭력만큼 주목을 받지 못했다. 만일 대학 내 괴롭힘이 이대로 방치된다면 대내외의 비판과 갈등 외에도 민주성과 자율성을 바탕으로 하는 교육과 연구 활동의 위축이 심각히 우려된다.

따라서 대학 내 괴롭힘의 특수성을 바탕으로 그 개념의 정립, 유형 구성, 구제 절차, 관리 기구, 분쟁 해결 방법, 사전 예방책 등을 연구하여 대학의 교육·연구 및 관련 지원 활동을 저해하는 요소들을 사전 차단하는 것이 필요하다.

2. 연구의 범위와 목적

본 연구의 목적을 밝히기 전 먼저 연구의 범위를 설정할 필요가 있다. 대학 내 괴롭힘을 세분하면 ① 성희롱을 의미하는 성적 괴롭힘(Sexual Harassment), ② 직장 내 괴롭힘(Power Harassment), ③ 교내 괴롭힘(Academic Harassment)으로 나눌 수 있다. ①과 ②가 괴롭힘의 성격과 양태로 구분된다면 ②와 ③은 가해자와 피해자가 어떻게 다른가, 그리고 관계의 영역이 직장인가, 학교인가에 따라 분류된다.[1] 직장 내 괴롭힘은 당사자들이 주로 교원과 직원으로 직장이라는 관계를 배경으로 하지만, 교내 괴롭힘은 당사자들이 주로 교원과 학생으로 연구·교육·학습을 매개로 일어난다.

지금까지 괴롭힘에 대한 대학 내의 연구는 학내 성희롱을 예방하고 대처하는 연구가 주였다. 대학의 특성을 반영한 직장 내 괴롭힘과 학내 괴롭힘에 관한 연구는 미진하였다고 평가할 수 있다. 괴롭힘 문제를 별도로 다루는 것이 아니라 고충민원이나 인권침해 사건으로 다루어왔기 때문에 별도의 매뉴얼이 형성되지 못했다. 대학교의 직장 내 괴롭힘과 교내 괴롭힘에 대한 매뉴얼 중 작성이 보다 시급한 것은 직장 내 괴롭힘에 대한 것이라 생각한다. 2019년 1월 직장 내 괴롭힘에 관한 내용이 법제화되면서 많은 국민에게 이 제도와 개념이 알려졌고, 권리 의식과 인권감수성이 높은 대학교에서 관련 상황들에 대한 문제제기가 활발하게 이루어지고 있기 때문이다.

따라서 본 연구는 먼저 대학교 내의 직장 내 괴롭힘의 판단기준과 개선방안을 주로 연구하고 부수적으로 교내 괴롭힘에 대한 정의와 가이드라인을 추가하고자 한다.

이러한 범위 내에서 본 연구의 목적은 다음과 같다.

첫째, 직장 내 괴롭힘의 법적인 정의와 성립요건 및 판단기준을 살펴보고 그 내용을 대학 내 괴롭힘에 적용해 보는 것이다. 이를 바탕으로 대학 내 괴롭힘의 정의를 내리고 다양한 사안을 포섭할 수 있는 척도(가이드라인)를 제시한다. 지금까지 대학 내 괴롭힘의 정의 자체가 독립적으로 제시된 것이 아니기 때문에 먼저 직장 내 괴롭힘의 정의와 성

---

1) 여기서 주의해야 할 점은 대학원생은 학생이면서, 교원이거나 직원일 수도 있다는 것이다. 즉, ② 직장 내 괴롭힘과 ③ 교내 괴롭힘의 당사자에 모두 해당될 수 있다.

립요건 및 판단기준 등을 비교법적으로 연구한다. 제2장에서 프랑스, 일본, 캐나다, ILO의 예를 들 것이다. 그리고 우리보다 먼저 대학 내 괴롭힘 문제를 연구한 일본 대학들의 정의를 참고하여 우리의 대학 내 괴롭힘 정의를 내리고자 한다.

둘째, 대학 내 괴롭힘 '판단'을 위한 가이드라인을 제시할 것이다. 이를 위해 제3장에서 대학 내 괴롭힘의 성립요건을 파악하고 업무·연구·교육·학습상 관련성을 중심으로 판단기준과 참고할 종합판단 요소를 설명한다. 그리고 구체적인 양태를 보여주기 위해 우리와 해외의 괴롭힘 유형 분류를 소개하고, 대학 내 괴롭힘의 모습을 유형화하여 제시한다.

셋째, 예방책과 구제방안을 모색한다. 무엇보다 대학 내 괴롭힘을 사전적으로 예방하는 것이 중요하며, 만일 괴롭힘이 일어난다면 제2차 피해를 막고 이러한 일이 다시 일어나지 않도록 대처할 실효성 있는 구제방안이 필요하다. 제4장에서 국내 기관의 직장 내 괴롭힘 매뉴얼과 해외 대학의 대학 내 괴롭힘 매뉴얼을 검토하여 각각의 예방책과 구제방안을 살펴보고, 실질적인 예방과 구제책 마련을 위해 현장에서 직장 내 괴롭힘 사건을 담당하고 있는 전문가들의 의견을 청취하였다. 이를 바탕으로 대학 내 괴롭힘 사건에 대한 구체적인 예방책과 구제책 방안을 제시한다.

넷째, 대학 내 괴롭힘의 유형별 사례를 제시하는 것이다. 대학 내 괴롭힘이 구체적으로 어떻게 발현되고 있는지 유형을 나누고 사례를 들어 현장에서 괴롭힘의 여부를 판단하는 데 도움이 되고자 한다. 제5장에서 각종 연구 자료와 언론 기사 등을 통해 수집한 사례를 재가공하여 사건을 해설하고 시사점을 설명한다.

II 직장 내 괴롭힘에 대한 정의와 판단기준 – 비교법적 분석

Ⅱ. 직장 내 괴롭힘에 대한 정의와 판단기준 – 비교법적 분석

1. 비교법적 분석의 의의

2019년 1월 근로기준법·산업재해보상보험법·산업안전보건법에 직장 내 괴롭힘 규정이 제정되었다. 근로기준법은 직장 내 괴롭힘의 정의와 금지, 그리고 사용자의 의무를 규정하였고(76조의2와 76조의3), 산업재해보상보험법은 직장 내 괴롭힘으로 생긴 정신적 스트레스가 원인이 된 질병을 업무상 질병으로 인정하였다(제37조 제1항 제2호 다목). 그리고 산업안전보건법은 정부의 책무에 직장 내 괴롭힘 예방을 위한 조치기준 마련과 지도 및 지원을 규정하였다(제4조 제1항 제3호). 그러나 이런 체계를 갖추었다고 해서 우리의 직장 내 괴롭힘 법제가 완성된 틀을 이루었다고 할 수 없다. 아직 시행 초기인 만큼 성립요건에 대한 해석론, 판단기준에 따른 유형화, 그리고 예방 조치에서의 입법적 미비 등이 문제가 된다. 여기에 우리가 다른 나라의 법제를 비교·분석하는 의의가 있다.

현재 우리나라는 성립요건에 대한 노동부의 매뉴얼 등 가이드라인이 나와 있으나 그것이 실제 사례에서 어떻게 적용되는지 실례가 많지 않고, 구체적인 기준이 확립되었다 하기 어렵다. 비교 국가에서는 그런 실례를 찾을 수 있고, 유형화 또한 우리는 행위별 사례들을 나열하고 있는 수준이지만, 비교 국가들은 일정한 기준을 세우고 유형화된 괴롭힘에 대한 적절한 조치를 규정하여, 실제 사건 발생 시 대응에 도움이 되고 있다. 다른 나라의 법제를 분석하는 것은 사건의 적용에서 뿐만 아니라, 입법의 보완이 필요한 지점에서도 시사점을 찾을 수 있다. 이를테면 우리에게 없는 사용자의 직장 내 괴롭힘 예방 교육 제도가 비교 국가 모두에게서 찾을 수 있다는 것은 아직 우리 법제가 해결해야 할 문제들이 남아 있다는 점을 알려준다.

2. 프랑스

1) 정의

프랑스는 노동법전 L.1152－1조에서 직장 내 괴롭힘을 아래와 같이 정의한다.

> 근로자의 권리와 존엄을 해하거나, 신체적 또는 정신적 건강을 손상하거나, 직업의 장래를 위태롭게 할 수 있는, 근로조건의 저하를 목적으로 하거나 그러한 결과를 초래하는 정신적으로 괴롭히는 반복적인 행위

본 정의 규정이 반복성을 요구하기 때문에 반복적이 아닌 행위는 괴롭힘이 될 수 없다. 그러나 일회적인 괴롭힘이더라도 그것이 차별적인 성격을 띠어 차별적 괴롭힘이 된다면 별도의 차별금지법[1])에 따라 규제된다. 프랑스 차별금지법은 차별적 괴롭힘을 아래와 같이 정의한다.[2])

---

1) 프랑스의 차별금지법의 명칭은 "2008년 5월 27일의 EU법의 적용 규정과 차별금지에 관한 법률"(Loi n°2008－496 du 27 mai 2008 portant diverses dispositions d'adaptation au droit communautaire dans le domaine de la lutte contre les discriminations)이다.

개인의 존엄성을 해하거나, 위협적, 적대적, 굴욕적, 모욕적 또는 공격적인 환경을 만
드는 것을 목적으로 하거나 그러한 결과를 가져와 고통스럽게 하는 행위

2) 성립요건과 판단기준

노동법전 L.1152−1조의 정의 규정을 중심으로 직장 내 괴롭힘의 성
립요건을 보면 ① 피해 근로자, ② 수직적 서열 관계, ③ 가해행위, ④
행위의 반복성, ⑤ 근로자의 권리 침해, ⑥ 근로자의 존엄성 훼손, ⑦
신체적 또는 정신적 건강 손상, ⑧ 직업의 장래 위험, ⑨ 근로조건의 저
하, ⑩ 이상을 목적으로 하거나 그러한 결과를 초래한 행위이다.3) 이상
의 요소들이 모두 성립하여야 하는 것이 아니며, 이 중 하나를 충족하
여 근로조건의 저하라는 목적 있는 행위 발생 또는 결과를 가져오면 된다.

먼저, 피해자는 근로자여야 한다(①). 여기서 근로자는 임금근로자에
한정된다. 성희롱의 대상이 임금근로자뿐만 아니라 채용지원자, 직업훈
련생 등을 포함하고 있는 것과 비교하여 그 범위가 좁다.4)

그리고 피해자와 가해자 간에는 수직적인 서열 관계가 있어야 한다
(②). 그러나 서열 관계는 직장 상사와 부하 같은 직위를 중심으로 판단
하는 것이 아니라 사실상의 서열 우위만 있으면 된다. 따라서 부하 직
원의 괴롭힘을 받고 자살을 한 근로자의 사건에서 프랑스 대법원은 직
장 내 괴롭힘을 인정하였다.5)

---

2) Defenseur des droits, *Fiche pratique: Le harcèlement discriminatoire au travail*,
   2018, p.1.
3) 양승엽, "직장 괴롭힘 방지 입법에 대한 프랑스 법제의 시사점", 『성균관법학』 제
   29권 제3호, 성균관대학교 법학연구소, 2017, p.122. 본 논문의 해당 내용은 Mich
   el Blatman et al., *L'état de santé du salarié(3éd.)*, Editions Liaisons, 2014, pp.3
   10~313의 내용을 재구성한 것임.
4) 이하 ① ~ ⑩ 요건의 내용은 양승엽, 위의 논문 pp.122~125을 요약한 것임.
5) 대법원 판결번호 Cass. crim., 6 décembre 2011, n°10−82266.

가해행위는 매우 포괄적인 개념으로 상황에 따라 달라진다(③). 특히 쟁점이 되는 것은 사용자가 경영·인사관리 차원에서 내린 처분으로 업무수행방식, 구조조정, 전보 등이 가해행위가 될 수 있는가이다. 프랑스 대법원은 직장 내 괴롭힘의 한 유형으로 '경영상 괴롭힘'을 인정하여 위와 같은 처분이 가해행위가 될 수 있음을 분명히 하였다.[6]

법률의 명문으로 반복성이 요구된다(④). 반복성은 직장 내 성희롱이나 일회성 불법행위와 구분되는 요소이다. 반복 주기는 짧아야 하지만, 반복되는 행위가 동일한 행위일 필요는 없다. 프랑스 대법원은 근로자가 이유 없이 핸드폰을 압수당하고, 매일 아침 상사의 사무실에 출두해야 했으며, 자신이 맡은 업무와 관계없는 일을 맡게 된 것은 별개의 행위이지만 반복적인 괴롭힘이 된다고 판시하였다.[7] 그러나 앞서 정의 규정에서 설명한 대로 일회성이라고 하더라도 그 괴롭힘이 차별적인 언동이라면 직장 내 괴롭힘이 되어 처벌의 대상이 된다.

침해되는 근로자의 권리란 무엇인가에 대해서는 프랑스 헌법위원회(Conseil Constitutionnel)의 결정문이 밝히고 있다(⑤). 헌법위원회는 법조문이 근로자의 권리에 대해서 명문으로 설명하고 있지 않다면, 그것은 노동법전 L.1121 – 1조가 규정하는 '노동에서의 인간의 권리'로 간주되어야 한다고 설시하였다. 노동법전 L.1121 – 1조는 "누구도 개인의 권리와 개인적 및 집단적 자유를, 수행할 직무의 성질에 비추어 또는 추구하는 목표에 비례하여 정당화할 수 없다면, 제한할 수 없다."라고 한다.

직장 내 괴롭힘의 유형으로 근로자의 존엄성을 훼손하는 대표적인 것은 모욕하거나 창피를 주는 것이다(⑥). 구체적인 예를 들면, "특정 근로자를 대상으로 동료 근로자들이 말을 걸지 않도록 지시하고, 지나치게 고압적인 태도를 보였으며, 난방이 되지 않고 기구들이 비치되지 않는 협소한 사무실에서 일을 하도록 한 사안에서 프랑스 대법원은 이

---

6) 대법원 판결번호 Cass. soc., 10 novembre, 2009, n°08 – 41497.
7) 대법원 판결번호 Cass. soc., 27 octobre 2004, n°04 – 41008.

러한 행동들이 근로자의 권리와 존엄성을 훼손한 것이라 판시하였다."[8]

근로자의 건강 손상은 정신과 신체를 불문한다(⑦). 특히 직장 내 괴롭힘은 양상이 정신적인 형태를 띠는 경우가 많다. 프랑스 대법원은 많은 사안에서 스트레스 상태, 신경쇠약, 자살의 원인으로 직장 내 괴롭힘을 인정하였다. 괴롭힘이라는 행위에서 바로 정신적 건강 손상이 일어날 필요는 없고 직장 내 괴롭힘이 유발한 근로조건 악화에서 그것이 발생하여도 인정된다.

직업상의 장래 위험이란 근로자의 이력에서 불리하게 되는 것을 말한다(⑧). 주로 평판이 훼손되며, 훼손 행위의 구체적인 모습은 법관의 판단에 맡긴다.

근로조건의 저하에서 근로조건은 명문의 정의 규정이 없다(⑨). 근로조건이 무엇인가에 대한 내용은 프랑스 법조문에도 없으며, 대법원이 사안마다 적용할 뿐이다. 다만, 직장 내 괴롭힘에 관한 L.1152-1조의 취지상 근로조건의 저하는 넓게 해석되어야 하는데, 객관적·물질적 근로조건뿐만 아니라 근로자가 느끼는 심리적 근로조건까지 포함한다.

이상을 초래하려는 의도가 있거나, 의도가 없어도 그러한 결과가 발생하면 된다(⑩). 의도는 주관적인 요소이고, 결과는 객관적인 요소이다. 쟁점은 의도에 가해의사까지 포함되어야 하는가이다. 즉, 상대방을 해할 고의(schikane)가 있어야 직장 내 괴롭힘이 성립하는가이다. 프랑스 대법원 사회부는 가해의사까지는 필요 없고 결과를 수인하는 고의이면 된다고 하였으나,[9] 프랑스 대법원 형사부는 행위의 고의까지 있어야 한다고 판단하였다.[10] 사회부와 형사부의 판단이 다른 이유는 프랑스는

---

8) 대법원 판결번호 Cass. soc., 28 juin 2006, n°03-44055; 양승엽, 앞의 논문, p.124.
9) Michel Blatman, op. cit., p.311.
10) Cass. crim., 18 janvier 2011, n°10-83389; Philippe Conte, "Harcèlement mora l: les limites du pouvoir de direction du supérieur hiérarchique", *Droit pénal 2015*, n°10, LexisNexis, 2015.

직장 내 괴롭힘을 형사처벌하고 있는데[11] 형사책임의 엄격함을 고려한 것이 아닌가 한다.

3) 예방과 구제

프랑스는 사용자에게 직장 내 괴롭힘 예방 의무와 관련하여 정보의 제공 의무를 명문으로 규정하고 있다. 노동법전 L.1152-4조는 "사용자는 정신적으로 괴롭히는 행위를 예방하는 데 필요한 모든 조치를 해야 한다."라고 하여 사용자의 예방 의무를 규정하고 있으며, 뒤이어 직장 내 괴롭힘에 관한 형사처벌 규정인 "형법전 제222-33-2조에 따라 행사할 수 있는 조치에 대한 정보를 제공" 받을 것을 정하고 있다.[12]

노동법전 L.1152-4조가 총칙적 규정이라면 노동법전 L.4121-1조와 L.4121-2조는 각론적 내용으로 사업장의 안전과 보건에 관한 장에 규정되어 있다. L.4121-1조는 "사용자는 근로자의 정신·신체적 안전과 건강을 보장하는 데 필요한 조치를 해야" 하는데 그 조치에는 다음과 같은 수단을 포함할 것을 규정한다. 첫째, 업무상 재해를 예방하기 위한 수단, 둘째, 교육과 훈련을 위한 수단, 셋째, 적합한 조직과 방법의 창설이다. 이를 직장 내 괴롭힘에 대입하여 보면 사용자는 직장 내 괴롭힘을 예방하기 위한 수단을 만들고, 교육하고 훈련해야 하며, 이를 실천할 방법과 운영할 조직 역시 만들어야 한다는 것이다. 그리고 L.4121-2조는 실천할 방법의 구체적인 내용을 제1호에서 제9호까지 예시하고 있는데, 그중 제7호를 보면 예방 계획을 세울 때는 직장 내 괴롭힘을 포함한 주변 환경을 고려할 것을 규정하고 있다.

이러한 직장 내 괴롭힘 예방 의무는 취업규칙(règlement intérieur)에

---

11) 2년 이하의 징역 또는 30,000유로 이하의 벌금에 처한다(프랑스 형법전 제222-33-2조).

12) 이하 직장 내 괴롭힘에 대한 사용자의 예방의무에 관한 내용은 양승엽, 앞의 논문, p.130.

도 명시되어야 한다. 노동법전 L.1321－2조 제1항 제2호는 취업규칙에 직장 내 괴롭힘에 관한 조치를 밝힐 것을 규정한다.

구제수단은 사내와 사외로 나누어서 볼 수 있다. 먼저 사내 구제수단은 근로자대표조직인 '사회경제위원회(CSE, Comité social et économique)'에 신고하는 것이다. 사회경제위원회는 신고한 근로자를 보조하여 피해 회복과 관련자 징계 등 사내 절차에 있어서 근로자의 목소리를 대변한다.[13)]

사외 구제수단은 행정적·민사적·형사적 방식을 생각할 수 있다. 행정적 구제수단으로는 근로감독관에게 신고하는 것이다. 근로감독관은 노동법령 위반 사항에 대해서 조사권을 갖고 사법기관에 대한 고발권을 갖고 있다. 만일 직장 내 괴롭힘이 차별적인 성격을 갖고 있다면 우리의 국가인권위원회와 비슷한 권리보호관(défenseur des droits)에 진정할 수 있다. 권리보호관의 권고에 따라 차별적 괴롭힘을 시정하지 않을 경우 권리보호관은 이행명령을 내릴 수 있지만, 이행명령 불복에 강제적인 법집행을 할 수는 없고 특별보고서를 작성할 뿐이다.

민사적 구제수단으로는 가해 근로자(사용자를 포함)에게 일반 불법행위에 따른 손해배상을 청구할 수 있다. 그리고 사용자에게도 근로자의 안전배려의무 위반에 따른 채무불이행 책임을 물을 수 있다. 여기서 중요한 것은 피해 근로자의 증명책임 완화이다. 프랑스 노동법전 L.1154－1조 제1항에 따라 근로자는 자신이 당한 행위가 직장 내 괴롭힘에 해당한다고 주장할 필요 없이 그러한 행위가 있었음만을 증명하면 되고, 동조문 제2항에서 그러한 행위들이나 차별적 처우들이 직장 내 괴롭힘과 관계없다는 것을 증명하는 것은 피고(가해 근로자 또는 사용자)의 몫이라고 규정한다.

마지막으로 형사적 구제수단은 형법전 제222－33－2조에 따라 직장 내 괴롭힘에 대해 2년 이하의 구금형 또는 30,000유로 이하의 벌금에

---

13) 프랑스 공공제도 안내 사이트, www.service－public.fr/particuliers/vosdroits/F23 54

처하고 있을 뿐만 아니라, 노동법전 L.1155 − 2조 제1항은 직장 내 괴롭힘을 제기하는 등에 대해 차별적 처우를 한 사용자에게 1년 이하의 구금형 또는 3,750유로 이하의 벌금을 과하고 있다.

4) 기타-경영상 괴롭힘

앞서 언급한 바와 같이 프랑스는 직장 내 괴롭힘의 한 유형으로 '경영상 괴롭힘(Harcèlement Managérial)'을 인정하고 있다. 경영·인사관리상의 처분(정리해고, 전보 등)과 구체적인 업무상의 지휘명령이 괴롭힘의 수단이 될 수 있는 것이다.[14] 프랑스 대법원이 2009년 일명 'HSBC France' 사건에서 경영상 괴롭힘을 직장 내 괴롭힘으로 인정한 이후,[15] 경영상 괴롭힘은 확고히 판례로 인정되고 있다. 이렇게 경영상 조치를 직장 내 괴롭힘으로 인정할 수 있는 전제에는 바로 가해 근로자 또는 사용자의 가해의사(schikane)를 직장 내 괴롭힘의 구성요건으로 요구하지 않기 때문이다. HSBC France 사건에서 관리자는 피해 근로자에게 직접 지시를 내리지 않고 게시판이나 동료들을 통해 전달받게 했는데, 관리자는 이건 회사의 경영방식일 뿐이라고 주장했다. 그러나 프랑스 대법원은 "상하 관계에서의 경영상 조치가 반복된 행위로서 근로자의 존엄성과 권리를 해하여 근로조건의 하락을 목적으로 하거나 그러한 결과를 초래하면 직장 내 괴롭힘이 된다."라고 하여 사안을 노동법전 L.1152 − 1조의 법문에 적용하면서 관리자의 가해의사를 요구하지 않았다.

---

14) 이하의 내용은 양승엽, 앞의 논문, pp.128~129; 해당 내용은 Wolter Kluwer 출판사의 주석서 Le lamy santé au travail 2016, Wolter Kluwer France, 2016, §548 − 28 Auteurs du harcèlement moral 참조.

15) 대법원 판결번호 Cass. soc., 10 novembre 2009, n°08 − 41497.

3. 일본16)

1) 정의

(1) 일본의 괴롭힘 관련 법제

일본에서 직장 내 괴롭힘의 문제는 2000년대 초반부터 노동문제 및 사회문제로 인식되기 시작하였다. 이 문제를 해결하기 위하여 일본의 후생노동성은 오랫동안 정부 차원의 논의를 거듭한 끝에, 법으로 직장 내 괴롭힘 문제를 규율할 수 있게 되었다.

2019년 제198회 통상국회에서 "여성의 직업생활에서의 활약의 추진에 관한 법률 등의 일부를 개정하는 법률"이 개정되었고 이에 따라 "노동시책의 종합적인 추진과 근로자의 고용 안정 및 직업생활의 충실 등에 관한 법률"(이하 "노동시책종합추진법"이라고 함)17)이 개정되어 직장에서의 괴롭힘 방지대책이 사업주에게 의무화 되었다. 이 노동시책종합추진법은 과거의 고용대책법인데, 2019년 5월 개정으로 직장 내 괴롭힘 방지를 위한 고용관리상의 조치가 의무화됨으로써 '직장 내 괴롭힘 방지법(パワハラ防止法)'이라고도 불리고 있다.

---

16) 일본의 이하의 논의는 박수경, "일본의 직장 내 괴롭힘 관련 법과 정책", 『최신외국법제정보』 제3호, 한국법제연구원, 2020, pp.99-113 및 박수경, "직장 내 괴롭힘에 대한 근로자 보호방안-직장 내 괴롭힘법의 법적 쟁점과 개선방안-", 『사회법연구』 제38호, 한국사회법학회, 2019, pp.81-86의 내용을 참조하여 정리하였음.

17) 労働施策の総合的な推進並びに労働者の雇用の安定及び職業生活の充実等に関する法律(elaws.e-gov.go.jp/search/elawsSearch/elaws_search/lsg0500/detail?lawId=341AC0000000132)

(2) 노동시책종합추진법에 따른 정의

일본에서는 직장 내 괴롭힘을 "파워 하라스먼트(Power Harassment / パワーハラスメント)"라고 하며, 노동시책종합추진법 제30조의 2 제1항 (고용관리상의 조치 등)에 그에 대한 방지조치의무 규정이 신설되었다. 동법 제30조의 2 제1항에 따르면, "사업주는 직장에서 행해지는 우월적인 관계를 배경으로 한 언동으로 업무상 필요하고 상당한 범위를 초월한 것으로 인하여 그 고용하는 근로자의 취업환경이 저해되는 일이 없도록, 당해 근로자로부터의 상담에 응하고, 적절하게 대응하기 위해서 필요한 체제의 정비, 기타 고용관리상 필요한 조치를 강구해야 한다."

동법상에서 직장 내 괴롭힘에 대한 명확한 정의를 내린 규정은 없지만, 상기의 제30조의 2의 내용에 따라 괴롭힘 행위를 "직장에서 행해지는 우월적인 관계를 배경으로 한 언동으로, 업무상 필요하고 상당한 범위를 초월한 것으로 인하여 그 고용하는 근로자의 취업환경이 저해되는 것"이라 정의할 수 있다.

2) 성립요건과 판단기준

위 정의에 따른 직장 내에서의 괴롭힘 성립요건은 다음과 같다. ① 직장에서 행해지는 우월적인 관계를 배경으로 한 언동으로, ② 업무상 필요하고 상당한 범위를 초월한 것으로 인하여, ③ 고용하는 근로자의 취업환경이 저해되는 것(신체적 혹은 정신적인 고통을 주는 것)으로 이해할 수 있다. 직장 내 괴롭힘으로 인정되기 위해서는 ①~③의 요소를 모두 충족시켜야 한다.[18]

---

18) 이하 판단기준 등에 관한 내용은 厚生労働省, "事"業主が職場における優越的な関係を背景とした言動に起因する問題に関して雇用管理上講ずべき措置等についての指針", 厚生労働省告示 第5号, 2020.1.15.을 참조함.

직장에서의 괴롭힘의 3요소	구체적인 내용
① 직장에서 행해지는 우월적인 관계를 배경으로 한 언동	당해 사업주의 업무를 수행하는 데 있어서 해당 언동을 당한 근로자가 행위자에게 저항 또는 거절할 수 없는 개연성이 높은 관계를 배경으로 하여 행해진 것 예 • 직무상의 지위가 상위에 있는 자에 의한 언동 • 동료 또는 부하에 의한 언동으로, 해당 언동을 한 자가 업무상 필요한 지식이나 풍부한 경험을 가지고 있으며, 당해자의 협력을 얻지 못하면 업무의 원활한 수행을 하는 것이 곤란한 것 • 동료 또는 부하로부터의 집단에 의한 행위로 이를 저항 또는 거절하는 것이 곤란한 것 등
② 업무상 필요하고 상당한 범위를 초월한 것	사회통념에 비추어 보아, 해당 언동이 명확히 당해 사업주의 업무상 필요성이 없거나 또는 그 양태가 상당하지 않은 것 예 • 업무상 명확하게 필요성이 없는 언동 • 업무의 목적을 크게 일탈한 언동 • 업무를 수행하기 위한 수단으로서 부적당한 언동 • 당해 행위의 횟수, 행위자의 수 등 그 양태와 수단이 사회통념에 비추어 허용되는 범위를 초월한 언동
③ 근로자의 취업환경이 저해되는 것	당해 언동으로 근로자가 신체적 또는 정신적으로 고통을 받거나, 근로자의 취업환경이 불쾌한 것이 되었기 때문에, 능력의 발휘에 중대한 악영향이 발생하는 등 당해 근로자가 취업하는 데 있어서 간과할 수 없는 정도의 지장이 발생하는 것

출처: 厚生労働省, "事業主が職場における優越的な関係を背景とした言動に起因する問題に関して雇用管理上講ずるべき措置等についての指針", 厚生労働省告示 第5号, 2020.1.15.

특히, ② "업무상 필요하고 상당한 범위를 초월한 것"에 대한 판단에 있어서는 다양한 요소(당해 언동의 목적, 당해 언동을 받은 근로자의 문제행동의 유무 및 내용·정도를 포함한 당해 언동이 이루어진 경위 및 상황, 업종·

업태, 업무의 내용·성질, 당해 언동의 양태·빈도·계속성, 근로자의 속성 및 심신의 상황, 행위자와의 관계성 등)를 종합적으로 고려하는 것이 적당하다. 또한 개별 사안에서 근로자의 행동이 문제가 되는 경우에는 그 내용·정도와 이에 대한 지도의 양태 등 상대적인 관계성이 중요한 요소가 되는 점에 유의할 필요가 있다. 또한 근로자에게 문제행동이 있던 경우라고 해도, 인격을 부정하는 언동 등 업무상 필요하고 상당한 범위를 초월한 언동이 이루어지면 당연히 직장 내 괴롭힘에 해당될 수 있다.

그리고 ③ "고용하는 근로자의 취업환경을 저해하는 것"의 판단에 있어서는 "평균적인 근로자가 느끼는 방법", 즉 비슷한 상황에서 해당 언동을 당한 경우에, 사회 일반의 근로자가 취업하는 데 있어서 간과할 수 없는 정도의 지장이 발생했다고 느끼는 언동인지의 여부를 기준으로 하는 것이 적당하다. 또한 언동의 빈도 및 계속성은 고려되지만, 강한 신체적 또는 정신적 고통을 부여하는 양태의 언동의 경우에는 1회라고 해도 취업환경을 저해하는 경우가 있을 수 있다.

또한 직장 내 괴롭힘의 3가지 구성요소를 충족시키는 6가지의 행위유형은 ① 신체적인 공격(폭행·상해), ② 정신적인 공격(협박·명예훼손·모욕·심한 폭언), ③ 인간관계로부터의 분리(격리·왕따·무시), ④ 과대한 요구(업무상 명확하게 불필요한 것 및 수행 불가능한 것의 강제·업무의 방해), ⑤ 과소한 요구(업무상의 합리성이 없고 능력이나 경험과 동떨어진 정도의 낮은 업무를 명령하는 것 및 업무를 부여하지 않는 것), ⑥ 개인에 대한 침해(사적인 것에 과도하게 개입하는 것)이다.

대표적인 언동 유형	해당되는 사례	해당되지 않는 사례
(1) 신체적인 공격 (폭행·상해)	① 구타, 발로 찬다. ② 상대에게 물건을 던진다.	① 잘못하여 부딪친다.
(2) 정신적인 공격 (협박·명예훼손· 모욕·심한 폭언)	① 인격을 부정하는 언동을 한다. 상대의 성적 지향·성 정체성에 관한 모욕적인 언동을 포함한다. ② 업무의 수행에 관해 필요 이상으로 장시간에 걸쳐 엄격한 질책을 반복한다. ③ 다른 근로자의 면전에서 큰 소리로 위압적인 질책을 반복한다. ④ 상대의 능력을 부정하고 매도하는 내용의 이메일 등을 해당 상대를 포함한 복수의 근로자에게 송신한다.	① 지각 등 사회적 룰이 결여된 언동이 보여 재차 주의를 해도 그것이 개선되지 않은 근로자에게 일정 정도 강하게 주의를 준다. ② 그 기업의 업무 내용과 성질 등에 비추어 중대한 문제 행동을 한 근로자에게 일정 정도 강하게 주의를 준다.
(3) 인간관계로부터의 분리 (격리·왕따·무시)	① 자신의 뜻에 따르지 않는 근로자에게 업무를 제외하거나 장기간에 걸쳐 별실에 격리하거나 자택연수를 시킨다. ② 1명의 근로자에게 동료가 집단으로 무시하고 직장에서 고립시킨다.	① 신규로 채용한 근로자를 육성하기 위해서 단기간 집중적으로 별실에서 연수 등의 교육을 실시한다. ② 징계규정에 근거로 한 처분을 받은 근로자에게, 통상의 업무로 복귀시키기 위하여 그 전에 별실에서 필요한 연수를 시킨다.
(4) 과대한 요구	① 장기간에 걸친 신체적	① 근로자를 육성하기 위해

대표적인 언동 유형	해당되는 사례	해당되지 않는 사례
(업무상 명확하게 불필요한 것 및 수행불가능한 것의 강제·업무의 방해)	고통을 동반하는 과혹한 환경 하에서의 근무에 직접 관계가 없는 업무를 명령한다. ② 신규졸업 채용자에게 필요한 교육을 하지 않은채 도저히 대응할 수 없는 수준의 업적 목표를 부과하고, 달성할 수 없었던 것에 대하여 엄격하게 질책한다. ③ 근로자에게 업무와는 관계가 없는 사적인 잡용의 처리를 강제적으로 하게 한다.	서 현 상태보다 조금 낮은 수준의 업무를 맡긴다. ② 업무가 번망한 시기에 업무상의 필요성에서 해당 업무의 담당자에게 통상시보다도 일정 정도 많은 업무 처리를 맡긴다.
(5) 과소한 요구 (업무상의 합리성이 없고 능력이나 경험과 동떨어진 정도의 낮은 업무를 명령하는 것 및 업무를 부여하지 않는 것)	① 관리직인 근로자를 퇴직시키기 위해서 누구라도 수행가능한 업무를 하게 한다. ② 마음에 들지 않는 근로자를 괴롭히기 위해서 업무를 주지 않는다.	① 근로자의 능력에 따라 일정 정도 업무내용과 업무량을 경감한다.
(6) 개인에 대한 침해 (사적인 것에 과도하게 개입하는 것)	① 근로자를 직장 밖에서도 계속적으로 감시하거나 사적인 물건의 사진촬영을 한다. ② 근로자의 성적지향·성정체성이나 병력, 불임치료 등의 기밀한 개인정보에 대하여 해당 근로자의 양해를 얻지	① 근로자에 대한 배려를 목적으로 근로자의 가족 상황 등에 대하여 청취조사를 한다. ② 근로자의 양해를 얻어 해당 근로자의 기밀한 개인정보에 대하여 필요한 범위에서 인사노무부문의 담당자에게

대표적인 언동 유형	해당되는 사례	해당되지 않는 사례
	않고 다른 근로자에게 폭로한다.	전달하고 배려를 촉구한다.
	프라이버시 보호의 관점에서 기밀한 개인정보를 폭로하는 일이 없도록, 근로자에게 주지 및 계발하는 등의 조치를 강구할 필요가 있음	

출처: 厚生労働省, "事業主が職場における優越的な関係を背景とした言動に起因する問題に関して雇用管理上講ずるべき措置等についての指針", 厚生労働省告示 第5号, 2020.1.15.

3) 예방과 구제

(1) 예방

노동시책종합추진법에 따라 "사업주는 우월적 언동문제에 대해 고용하는 근로자의 관심과 이해를 심화함과 동시에, 당해 근로자가 다른 근로자에 대한 언동에 필요한 주의를 하도록, 연수를 실시하고, 기타 필요한 배려를 하는 외에, 국가가 강구하는 전항의 조치에 협력하도록 노력해야" 하는 책무를 지며(제30조의 3 제2항), "사업주(그 자가 법인인 경우에는 그 임원)는 자신도 우월적 언동 문제에 대한 관심과 이해를 심화하고, 근로자에 대한 언동에 필요한 주의를 하도록 노력해야 한다"(제30조의 3 제3항).

즉, 사업주는 괴롭힘 문제에 대한 근로자의 관심과 이해를 심화하고, 근로자들 사이에서 언동에 주의를 하도록 연수를 실시하는 등 필요한 배려를 하고, 사업주 자신(법인의 경우에는 그 임원)도 괴롭힘 문제에 대해 더 깊이 인식하고 근로자에 대한 언동에 주의를 해야 한다.

이와 더불어, 동법 제30조의 2 제3항에서는 "후생노동대신은 사업주가 강구해야 하는 조치 등에 관하여 적절하고 유효한 실시를 도모하기 위해서 필요한 지침을 정하는 것으로 한다."라고 규정하고 있다.[19] 이 지침에 따라 사업주는 직장 내 괴롭힘의 문제에 관한 고용관리상 강구해야 하는 조치를 마련해야 하는데, 이 내용을 실질적으로 예방조치로 볼 수 있을 것이다.

위 지침에서 규정하고 있는 직장에서의 괴롭힘 방지를 위해 사업주가 강구해야 하는 조치의 내용은 다음과 같다. 첫째, 사업주는 직장에서의 괴롭힘에 대한 방침을 명확히 하여 주지·계발(啓発)한다. ① 직장에서의 괴롭힘의 내용·괴롭힘을 해서는 안 된다는 취지의 방침을 명확히 하고, 근로자에게 주지 및 계발해야 한다. 또한 ② 행위자에 대하여 엄정하게 대처하는 취지의 방침·대처의 내용을 취업규칙 등의 문서에 규정하고, 근로자에게 주지 및 계발해야 한다.

둘째, 사업주는 직장 내 괴롭힘에 대한 상담에 응하고 적절하게 대응하기 위해서 필요한 체제를 정비해야 한다. ① 상담창구를 사전에 정하고, 근로자에게 주지시켜야 하며, ② 상담창구 담당자가 상담내용과 상황에 따라 적절하게 대응할 수 있도록 해야 한다.

셋째, 사업주는 직장에서의 괴롭힘에 관계되는 사후의 신속하고 적절한 대응을 해야 한다. ① 사실관계를 신속하고 적확하게 확인해야 하고, ② 신속하게 피해자에 대해 배려를 위한 조치를 적정하게 행해야 한다. ③ 사실관계 확인 후, 행위자에 대한 조치를 적정하게 행해야 하며, ④ 재발방지를 위한 조치를 강구해야 한다.

넷째, 그 외 필요한 조치를 취해야 한다. ① 상담자·행위자 등의 프

---

19) 이에 후생노동성 노동정책심의회 고용환경·균등분과회에서 지침의 책정을 위한 논의가 이루어져, 2020년 1월 15일자로 "사업주가 직장에서의 우월적인 관계를 배경으로 한 언동에 기인하는 문제에 관하여 고용관리상 강구해야 하는 조치 등에 대한 지침"(이하 "지침"이라고 함)이 고시되었다.
厚生労働省, "事業主が職場における優越的な関係を背景とした言動に起因する問題に関して雇用管理上講ずべき措置等についての指針", 厚生労働省告示 第5号, 2020.1.15. (www.mhlw.go.jp/content/11900000/000584512.pdf)

라이버시를 보호하기 위해서 필요한 조치를 강구하고, 그 취지를 근로자에게 주지시켜야 한다. ② 상담을 하였다는 등의 이유로 해고, 기타 불이익 취급을 당하여서는 안 된다는 점을 정하고, 근로자에게 주지 및 계발해야 한다.

(2) 구제

노동시책종합추진법에서는 상담을 하였다는 등의 이유로 한 근로자에 대한 불이익 취급을 금지하고 있다. "사업주는 근로자가 전항의 상담을 한 것 또는 사업주에 의한 당해 상담에 대한 대응에 협력하여 사실을 말한 것을 이유로, 당해 근로자를 해고, 기타 불이익 취급을 해서는 안 된다."라고 규정하고 있다(제30조의 2 제2항). 즉, 사업주는 근로자가 직장에서의 괴롭힘에 대해 상담을 한 것과 고용관리상의 조치에 협력하여 사실을 말한 것 등을 이유로 해고하거나, 기타 불이익 취급을 하는 것이 법률상 금지되어 있다.

또한 동법에 직장 내 괴롭힘과 관련된 분쟁해결을 위한 '조정(調停)' 제도가 도입되었다(제30조의 4~7). 근로자 개인과 사용자 간의 분쟁인 개별노사분쟁에서는 행정기관의 절차로서 현재 도도부현(일본의 광역자치단체) 노동국에서 조언 및 지도가 이루어지거나 '알선'의 분쟁해결절차가 이루어지고 있는데, 이러한 것은 "개별노동관계분쟁의 해결의 촉진에 관한 법률"을 근거로 하여 이루어지고 있기에 이에 대한 특례가 규정되었다.[20] 개별노동관계분쟁의 해결의 촉진에 관한 법률에 근거하여 세 가지의 분쟁해결원조제도가 있는데, ① 종합노동상담코너에서의 정보제공 및 상담, ② 도도부현 노동국장에 의한 조언 및 지도, ③ 분쟁

---

20) 일본의 "개별노동관계분쟁의 해결의 촉진에 관한 법률"에 따르면, 근로조건, 기타 노동관계에 관한 사항에 대한 개별 근로자와 사업주 간의 분쟁(근로자의 모집 및 채용에 관한 사항에 대한 개별 구직자와 사업주 간의 분쟁을 포함함. 개별노동관계분쟁이라고 함)에 대하여 알선의 제도를 마련하는 등으로, 실정에 입각한 신속하고 적정한 해결을 도모하는 것을 목적으로 한다(제1조).

조정위원회에 의한 알선 등이다.

　따라서 직장에서의 괴롭힘 분쟁도 개별노동관계분쟁의 해결의 촉진에
관한 법률에 근거하므로, 상기의 분쟁해결원조제도를 이용할 수 있다.

[표 Ⅱ-1] 노동국장의 조언·지도

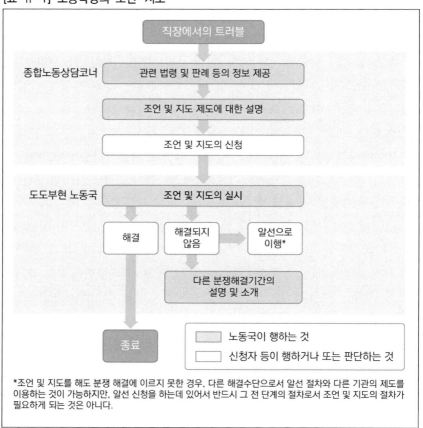

출처: あかるい職場応援団: 労働局長の助言·指導.
　　　(www.no-harassment.mhlw.go.jp/inquiry-counter/counsel_guidance)

[표 Ⅱ-2] 분쟁조정위원회에 의한 알선

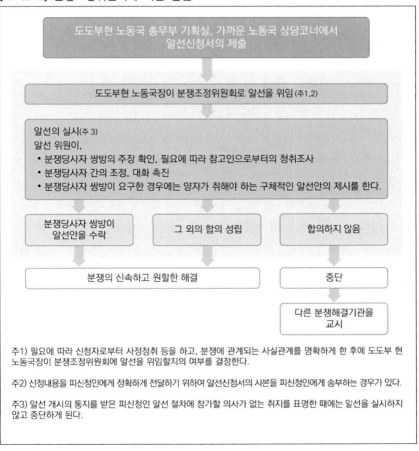

주1) 필요에 따라 신청자로부터 사정청취 등을 하고, 분쟁에 관계되는 사실관계를 명확하게 한 후에 도도부 현
노동국장이 분쟁조정위원회에 알선을 위임할지의 여부를 결정한다.

주2) 신청내용을 피신청인에게 정확하게 전달하기 위하여 알선신청서의 사본을 피신청인에게 송부하는 경우가 있다.

주3) 알선 개시의 통지를 받은 피신청인 알선 절차에 참가할 의사가 없는 취지를 표명한 때에는 알선을 실시하지
않고 중단하게 된다.

출처: あかるい職場応援団: 紛争調整委員会によるあっせん.
(www.no-harassment.mhlw.go.jp/inquiry-counter/mediation)

4. 캐나다

1) 정의

(1) 캐나다 괴롭힘 관련 법제

캐나다는 연방법에서 '연방인권법(Canadian Human Rights Act)[21]'과 '연방 노동법(Canada Labour Code)[22]'에 괴롭힘(Harassment)에 대한 일부 규정을 두고 있으며, 직장 내 괴롭힘에 관하여는 각 주법에 따라 정하고 있다.

'연방인권법(Canadian Human Rights Act)'은 차별사유(법 제3조)를 이유로 개인을 괴롭히는 행위를 차별적인 행위로서 금지하고 있으며, 성희롱 역시 차별 금지 사유에 따른 괴롭힘으로 보고 있다. 이 법은 차별사유에 따른 괴롭힘에 한정하고 있으며, 직장 내에서의 괴롭힘 역시 차별사유에 의한 것들을 규정하고 있다. '연방 노동법(Canada Labour Code)'에서는 성적 괴롭힘(Sexual Harassment), 즉 성희롱만을 규율하고 있다.

캐나다 퀘벡주는 '노동기준법(Act respecting labour standards)'에 정신적 괴롭힘(Psychological Harassment, Harcèlement Psychologique) 규정을 신설(2002년 개정, 2004년 시행), 캐나다에서는 처음으로 직장 내 괴롭힘을 법으로 규율, 금지하였다. 이 법에서 금지하는 '정신적 괴롭힘'은 차별사유에 따른 괴롭힘이나 성적 괴롭힘보다 적용 범위가 넓다.

(2) 캐나다 퀘벡주 노동기준법에 따른 정의

퀘벡주 노동기준법은 '정신적 괴롭힘'에 대해 정의하고(법 제81조의 18), 모든 근로자가 정신적 괴롭힘이 없는 근무환경에서 일할 권리를 보

---

21) laws‒lois.justice.gc.ca/eng/acts/h‒6/FullText.html
22) laws‒lois.justice.gc.ca/eng/acts/L‒2/FullText.html

장하고, 정신적 괴롭힘을 방지하기 위한 합리적인 조치 의무를 사용자에게 부과하고 있다(법 제81조의19).

퀘벡주 노동기준법 제81조의18에서는 '정신적 괴롭힘'을 다음과 같이 정의하고 있다. "정신적 괴롭힘이란, 근로자의 존엄성, 정신적, 신체적 온전함(integrity)을 침해하고, 근로자에게 유해한 근로 환경을 초래하는, 반복적으로 적대적이거나 원치 않는 행위, 발언, 행동 또는 몸짓(제스처)의 형태로 괴롭히는 행위(vexatious behaviour)이다. 정신적 괴롭힘에는 성적인 성격의 발언, 행동, 몸짓(제스처)의 형태를 띤 행위가 포함된다." 또한 "일회적인 심각한 행위도 근로자에게 지속적으로 해로운 영향을 미치는 경우, 정신적 괴롭힘에 해당될 수 있다."라고 하여, 반복적인 행위가 아닌 일회적 행위라도 해당될 수 있다고 규정하고 있다.

2) 성립요건과 판단기준

캐나다 퀘벡주 노동기준법상 '정신적 괴롭힘'의 성립요건 및 판단기준을 살펴보면 다음과 같다.

우선 '정신적 괴롭힘'은 ① 괴롭히는 행위(vexatious behaviour)로, ② 반복적으로, ③ 적대적이거나 원하지 않은 행위를 하여, ④ 근로자의 존엄성 또는 정신적, 신체적 온전함(integrity)을 침해하고 ⑤ 근로자에게 유해한 근무환경을 초래하는 경우에 성립한다.

퀘벡주 노동기준법상 '정신적 괴롭힘'에 대해서는 노동기준평등안전위생위원회(이하 'CNESST')와 노동행정심판소를 통해 구제 절차를 밟을 수 있다. CNESST의 '정신적 괴롭힘' 규정 해설에 따르면, '정신적 괴롭힘'에 해당하는지 여부를 판단하는 데 다음과 같은 기준을 제시하고 있다.[23]

---

23) 캐나다 퀘벡주 노동기준법 상 '정신적 괴롭힘'에 대한 구제는 동법 제5장 제2절의 1에 '정신적 괴롭힘 소송'에 의해 할 수 있는데, 노동기준평등안전위생위원회와 노동행정심판소를 통해 구제를 위한 절차를 밟을 수 있다. 노동기준법 제81조의18에 대한 해석은 노동기준평등안전위생위원회(commission des normes, de l'egalite, de la s

① 괴롭히는 행위인지 여부를 판단할 때는 피해자가 처한 근로자로서의 특수한 맥락인 종속노동관계, 즉 취약성을 이해해야 한다. 다른 상황에서는 괴롭힘으로 볼 수 없는 행위이더라도 피해자가 처한 관계적 특수성에 의해 괴롭힘으로 판단될 수 있음을 유의해야 한다. ② 괴롭힘 행위는 가해자의 의도와 관계없이, 경험한 사람의 관점에서 판단한다. ③ 괴롭히는 행위의 성격, 강도, 반복성, 그로 인해 피해자에게 미친 영향을 고려한다. ④ 괴롭히는 행위는 반드시 노골적인 언행일 필요는 없으며, 본질적으로 공격적일 필요도 없다. 사소한 언행이라도 그것이 축적되거나 결합하여 괴롭히는 상황으로 판단될 수 있다. ⑤ 적대적이거나 원하지 않는 행위란, 불쾌함을 줄 수 있는 모든 언행을 포함하며, 피해자가 이를 원하지 않았다는 것이 명시적으로 표현되었거나, 표현되지 않았다 하더라도 상황으로부터 객관적으로 인식될 수 있으면 된다. ⑥ 원칙적으로 반복성을 요구하나, 일회적인 언동이라도 심각한 경우 괴롭힘을 구성할 수 있다.

끝으로, 이를 식별하기 위한 기준점을 '합리적인 사람의 관점'에 둔다. 합리적인 사람의 관점이란, 사회적으로 인정되거나 용인하는 행동 기준을 의미하며, 평범한 지능과 판단력을 가진 사람이 피해자와 같은 입장이라면 어떻게 반응할 것인지에 대한 것이다. 즉, 합리적이고 객관적이며, 모든 상황을 잘 이해하고 있으며, 피해자와 유사한 상황에 처해 있는 사람의 관점이다.

이 법에서의 '근무환경(work environment)'은 업무를 수행하는 물리적인 장소나 위치만은 아니며, 업무상 필요한 모든 곳을 의미한다. 또한 근무환경에서 현실적으로 업무 수행을 위해 많은 사람들을 접촉하게 되

---

ante et de la securite du travail. 이하 "CNESST")의 해설을 참조하여 정리하였다. www.cnt.gouv.qc.ca/en/interpretation−guide/part−i/act−respecting−labour−standards/labour−standards−sect−391−to−97/psychological−harassment−sect−8118−to−8120/8118/index.html (2020. 10. 18. 최종 방문)

는 것을 고려하여, 사용자, 사용자의 대리인, 다른 근로자뿐 아니라, 고객 또는 제3자에게도 노동기준법상 '정신적 괴롭힘' 규정이 적용되도록 하고 있다.[24)]

3) 예방과 구제

(1) 캐나다 퀘벡주 노동기준법상 예방 조치

캐나다 퀘벡주 '노동기준법' 제81조의19는 "모든 근로자는 정신적 괴롭힘이 없는 근무환경에 대한 권리가 있다."라고 정하며, 이어서 "사용자는 정신적 괴롭힘을 방지하기 위해 합리적인 조치를 취해야 한다. 특히 성적인 성격의 발언, 행동, 제스처와 관련한 행위에 대한 항목을 포함하는, 정신적 괴롭힘 예방 및 문제제기(고충 처리) 정책을 채택해야 하며, 직원들에게 이를 제공하여야 한다."라고 규정하고 있다. 이는 정신적 괴롭힘에 대한 예방과 조치를 취할 의무와 책임이 사용자에게 있음을 확인하는 규정이다.

사용자는 근로자에게 정신적 괴롭힘이 없는 노동환경을 제공할 의무를 지고 있으며, 이는 곧 예방 및 중지조치 의무이다. 사용자는 성희롱에 관한 내용을 포함하여 정신적 괴롭힘 예방 및 고충 처리 절차, 정책을 만들고 제공해야 하는 의무를 진다. 또한 사용자는 근로자에게 공정하고 합리적인 근로조건을 제공하고, 건강·안전·존엄성, 심리적 및 신체적 온전성을 존중할 책임이 있다. 이에 따라 사용자는 괴롭힘 상황을 알게 되는 즉시 적절한 조치를 취하고, 괴롭힘 행위를 중단하기 위해 필요한 제재를 부과할 의무가 있다. 괴롭힘 사례의 공개, 신속하고 객관적인 대응 등 각 사업장의 현실에 맞추어 효과적인 절차와 방법을 따르

---

24) 81조의19 해설 참조. www.cnt.gouv.qc.ca/en/interpretation—guide/part—i/act—respecting—labour—standards/labour—standards—sect—391—to—97/psychological—harassment—sect—8118—to—8120/8119/index.html

는 것을 의미한다.

여기서 사용자의 의무의 정도는 기대되는 결과 달성을 위하여 모든 합리적인 조치를 신중하고 성실하게 취하는 것이다. 다만 결과 달성을 요구하지는 않는다. 의사가 환자를 치료하기 위해 모든 의료적 수단을 사용할 의무는 있지만 그러한 의료적 조치가 확실하게 성공할 것이라고 보장할 수 없는 것과 유사하다.[25]

즉, 퀘벡주 노동기준법은 정신적 괴롭힘을 예방하고 조치를 취할 의무와 책임을 사용자에게 부과하고 있는데, 예방책 마련, 처리 절차와 정책 마련 의무와 함께, 괴롭힘 상황 발견 즉시 중단, 제재 등의 조치를 시행할 의무가 이에 해당한다.

(2) 캐나다 퀘벡주 노동기준법상 구제조치

퀘벡주 노동기준법에 따르면 정신적 괴롭힘의 피해자라고 생각하는 근로자는 CNESST에 문제제기 할 수 있다(법 제123조의6). 괴롭힘 행위가 마지막으로 있었던 날로부터 2년 이내에 서면으로 구제 신청을 해야하며(법 제123조의7), 노동자의 권리 보호를 목적으로 하는 비영리 단체에도 구제신청을 할 수 있다(법 제123조의6 후단).

CNESST는 진정 사건에 대하여 문제제기의 근거가 없거나, 문제 상황이 존재하지 않거나, 유효하지 않다고 판단되는 경우 조치를 거부할 수도 있다(법 제123조의9). 또한 CNESST는 당사자의 동의를 얻어 중재를 시도할 수 있는데(법 제123조의10), 조사가 끝날 때까지 당사자 간 합의가 이뤄지지 않는 경우 지체 없이 사건을 노동행정심판소(Commission des relations du travail)에 회부하여야 한다(법 제123조의12).

노동행정심판소는 괴롭힘 중단을 위한 합리적 조치 명령, 복직 명령,

---

25) 81조의19 해설 참조. www.cnt.gouv.qc.ca/en/interpretation − guide/part − i/act − respecting − labour − standards/labour − standards − sect − 391 − to − 97/psycholo gical − harassment − sect − 8118 − to − 8120/8119/index.html

손실된 임금에 상응하는 최대 보상금 지급 명령, 가해 직원에게 징벌적인 정신적 손해 배상금 지급 명령, 고용 손실 보상금 지급 명령, 합리적인 기간 동안 피해 근로자에게 필요한 심리적 지원 비용 지급 명령, 징계기록 수정 명령 등을 할 수 있다(법 제123조의15).

노동기준법에 따르면 사용자가 이 법을 위반하여 유죄가 인정되는 경우 벌금형을(법 제140조의6), 행위자의 괴롭힘 행위가 범죄에 해당하는 경우 형사상 처벌을 받게 되어 있다(캐나다 형법전 제264조).

4) 기타-온타리오주 인권법

(1) 캐나다 온타리오주 인권법에서의 '괴롭힘' 규정

캐나다의 각 주에서는 인권법 등에서 '차별 금지 사유를 이유로 한 괴롭힘'과 '성적 괴롭힘'을 괴롭힘의 유형으로 두고 있다. 차별 금지 사유에 의한 괴롭힘과 성적 괴롭힘에 대한 각각의 규정과 판례법상 해설과 판단기준은 괴롭힘에 대한 일반적인 정의에서부터 시작하고 있으며, 직장 내에서 근로자의 권리에 대해 언급하고 있다는 점에서 괴롭힘 행위를 해석할 때 참고할만하다.

캐나다의 온타리오주 '인권법(Human Rights Code)[26]'에는 차별 금지 사유와 괴롭힘을 당하지 않을 권리, 괴롭힘에 대한 정의 규정이 담겨 있다. 이 중에서 직장 내에서 근로자에 대한 괴롭힘에 대한 규정을 위주로 살피면, 온타리오주 인권법 제5조 제1항은 "모든 사람은 인종, 혈통, 출신지, 출신 민족, 피부색, 시민권, 신념, 성별, 성적 지향, 젠더 정체성, 젠더 표현, 연령, 전과, 결혼 여부, 가족 형태, 장애 등을 이유로 고용과 관련하여 차별 없이 동등한 대우를 받을 권리가 있다."라고 정하고 있으며, 제2항에는 "근로자인 모든 사람은 위 차별 사유로 인하여 사용자, 사용자의 대리인, 다른 근로자로부터 직장에서 괴롭힘을 당하

---

26) www.ontario.ca/laws/statute/90h19#BK6

지 않을 권리가 있다."라고 정하고 있다.

이 법 제10조 제1항 e에서는 '괴롭힘'이 무엇인지 정의하고 있는데, "괴롭힘이란 상대방이 원하지 않는(unwelcome) 것임을 알았거나 알 수 있었던 괴롭히는 언동(vexatious comment or conduct)"이라 규정하고 있다. 즉, 온타리오주 인권법에서의 괴롭힘은 차별 사유에 기인한, 상대방이 원하지 않음을 알거나 알 수 있었던, 괴롭히는 언동을 의미한다고 할 수 있다.

(2) 온타리오주 인권법상 '괴롭힘'에 대한 해설과 판단기준

온타리오주 인권법 제10조 제1항 e에서 말하는 '괴롭히는 언동'이 곧 괴롭힘을 구성하는 행위의 형태를 의미하는데, 이에 대해 캐나다 판례법에서는 "괴롭히는 언동(vexatious conduct or comment)은 그 상대방을 짜증스럽게 하거나(annoying), 고통을 주거나(distressing) 또는 마음을 불안하게 하는(agitating) 행동과 말을 모두 포함하는 것을 말한다.(Streeter v. HR Technologies [2009], HRTO 841, para. 33.)"라고 해석하고 있다.[27] 즉, 이 법에서의 '괴롭힘'이란, 상대방이 원하지 않는 것을 알았거나 알수 있었던, 상대방을 짜증스럽게 하거나, 고통스럽게 하거나, 불안하게 하는 모든 말과 행동이다.

온타리오주 인권위원회에서는 '상대방(피해자)이 원하지 않음'을 판단하기 위해 두 가지 기준에 따르는데, 하나는 '행위자 스스로 자신의 행동이 상대방에게 달갑지 않다는(unwelcome)것을 인지하였는지' 여부이다. 또 하나는 괴롭힘을 당한 피해자의 관점에서 '원하지 않는 것'이어야 하며, 이 관점에 합리적인 제3자의 관점에서 일반적으로 어떻게 받아들일지를 고려하는 것이다. 단, 피해자가 명시적으로 이의를 제기하거나 거부하지 않았더라도 '원하는 것'으로 해석해서는 안 된다.[28]

---

27) 이수연, "캐나다의 성적 괴롭힘 규율과 시사점", 『이화젠더법학』 제11권 제1호, 이화여자대학교 젠더법학연구소, 2019, p.90 각주23 재인용.

그리고 입증책임 문제와 관련해 온타리오주 인권위원회는 '알았거나 알 수 있었던 것인지 여부'는 피해를 주장하는 자에게 입증책임이 있지 않고, 인권위원회의 직권조사권한에 따라 증거를 검토해 직권으로 판단하며, 대법원은 상황이 발생하게 된 전반적인 맥락을 보고 판단한다.[29]

(3) 다중 차별 사유에 대한 '교차 접근 방식'

온타리오주 인권위원회는 여러 가지의 차별 사유가 중첩 되는 경우 '교차 접근 방식'에 따라 사안을 해석하고 있다. 하나의 사유에 의한 차별과는 달리 다양한 차별 사유가 조합, 교차되어 있는 경우 사안만의 독특한 역사적, 사회적 맥락을 고려해야 하며, 그를 통해 개인의 고유한 경험을 인식할 수 있게 해주기 때문이다.[30] 예를 들어, 같은 인종이라 하더라도 성별에 따라서, 종교, 장애에 따라서 각기 다른 차별을 경험하며, 이러한 차별 범주가 어떻게 조합되는지에 따라 독특한 형태의 고정관념, 장벽을 겪고 있다는 점을 고려하는 것이다.

이런 교차 접근 방식은 여러 가지 차별 사유에 기인하여 괴롭힘이 있는 것으로 보이는 경우에 고려하게 된다. 다중 차별 사유가 있는 경우 피해자는 여러 층위에서 의사결정에 참여하기 어렵고, 가해자의 행위에 더욱 대항하기 어려우며, 그로 인해 쉽게 괴롭힘의 표적이 되는 등 괴롭힘에 취약할 수 있음을 인정하는 것이다.[31]

이 방식의 장점은 피해자 고유의 상황과 배경을 이해할 수 있게 해주며, 해당 사건만의 특이점을 파악할 수 있게 해 준다는 것이다. 피해

---

28) 이수연, 위의 논문, pp.91-92.

29) 이수연, 위의 논문, p.92.

30) 캐나다 온타리오주 인권위원회(Ontario Human Rights Commission), 교차접근 방식 소개 페이지 "An introduction to the intersectional approach"(2020. 10. 25. 방문) www.ohrc.on.ca/en/intersectional-approach-discrimination-addressing-multiple-grounds-human-rights-claims/introduction-intersectional-approach

31) 이수연, 위의 논문, pp.93-94.

자의 취약성을 이해하는 것은 곧 '합리적인 제3자의 관점'으로 피해자가 겪은 상황을 바라볼 때 좀 더 피해자의 입장을 구체화 할 수 있게 해줄 것이다. 또한 차별 사유로 명시되어 있지 않아 인권 관련 규정을 직접 적용할 수 없는 사회적·경제적·정치적 취약성의 문제도 괴롭힘의 맥락과 상황을 이해하는 데에 있어서 다룰 수 있게 된다.

5. ILO[32)]

1) 정의

(1) 일의 세계에서의 폭력과 괴롭힘의 근절에 관한 협약 및 권고

국제노동기구(ILO)는 2019년 6월 21일, ILO 창립 100주년을 기념하는 제108회 총회에서 "일의 세계에서의 폭력과 괴롭힘의 근절에 관한 협약(제190호)(Convention Concerning the Elimination of Violence and Harassment in the World of Work (No.190))(이하, "ILO 협약 제190호"라고 함)"[33)]과 "일의 세계에서의 폭력과 괴롭힘의 근절에 관한 권고(제206호)(Recommendation Concerning the Elimation of Violence and Harassment in the World of Work(No.206))"[34)]가 함께 채택되었다.

이 협약과 권고는 일과 관계된 폭력과 괴롭힘에 초점을 맞추어 그러

---

32) 이하 ILO에서의 논의에 대해서는 박수경, "직장 내 괴롭힘의 ILO 협약과 권고에 관한 연구", 『노동법논총』 제47집, 한국비교노동법학회, 2020, pp.79－130을 참조하여 정리하였음.

33) C190 － Violence and Harassment Convention, 2019. (No. 190)
www.ilo.org/dyn/normlex/en/f?p＝NORMLEXPUB:12100:0::NO:12100:P12100_INSTRUMENT_ID:3999810:NO

34) R206 － Violence and Harassment Recommendation, 2019. (No. 206)
www.ilo.org/dyn/normlex/en/f?p＝NORMLEXPUB:12100:0::NO:12100:P12100_INSTRUMENT_ID:4000085:NO

한 행위를 근절하는 것을 목표로 한 최초의 국제노동기준으로서 큰 의미를 가진다. 이 협약은 어떠한 직종이나 고용형태, 일하는 방식에 관계없이 모든 사람은 폭력과 괴롭힘을 당하거나 두려워할 필요가 없는 환경에서 일할 권리가 있다는 견해를 바탕으로 성립된 것이다.

일의 세계에서의 폭력과 괴롭힘은 인권침해 또는 학대가 될 수 있고, 기회의 평등을 위협하는 것으로 허용되어서는 안 되며, 양질의 일자리(decent work)와 양립할 수 없다. 이 협약 제1조는 "폭력과 괴롭힘"에 대하여 "일회적인 것인지 또는 반복하여 발생한 것인지에 관계없이, 신체적·심리적·성적 또는 경제적 위해를 초래하는 것을 목적으로 하거나 또는 초래할 가능성이 있는" 일련의 허용할 수 없는 행동과 관행, 또는 그러한 행동과 관행을 하겠다는 위협으로 정의한다.

(2) ILO 협약에 따른 정의

ILO 협약 제1조 (a)에 따르면, "일의 세계에서 '폭력과 괴롭힘'이라는 용어는 일회적인 것인지 또는 반복하여 발생한 것인지에 관계없이, 신체적·심리적·성적 또는 경제적 위해를 초래하는 것을 목적으로 하거나 또는 초래할 가능성이 있는 일련의 허용할 수 없는 행동과 관행, 또는 그러한 행동과 관행을 하겠다는 위협을 말하며, 젠더(gender)에 기반한 폭력과 괴롭힘을 포함한다."라고 되어 있다.

그리고 젠더에 기반한 괴롭힘에 대해서도 "젠더에 기반한 폭력과 괴롭힘이란 성별 또는 젠더를 이유로 하여 직접적으로 개인에 행해지거나 또는 특정한 성 또는 젠더에 편향하여 영향을 미치는 폭력 및 괴롭힘을 말하고, 성적 괴롭힘(Sexual Harassment)을 포함한다"(제1조 (b)).

2) 적용범위

ILO 협약 및 권고에는 직장 내 괴롭힘의 성립요건 및 판단기준에 대한 사항은 없다. 이는 이러한 구체적인 괴롭힘의 성립요건 및 판단기준에 대해서는 각국의 국내법 및 상황에 따라 판단해야 하므로 협약상에서 구체적인 요건 및 기준을 제시하고 있지 않은 것으로 보인다. 따라서 이하에서는 대상자의 범위 및 발생 장소에 대하여 살펴본다.

(1) 대상자의 범위

이 협약에서 특징적인 것은 인적 적용의 범위가 넓어 고용계약관계에 있지 않은 자들도 대상자로 포섭하고 있다. 협약에 따르면, "국내법과 관습에 의해 정의된 근로자뿐만 아니라 계약 상태에 관계없이 일하는 사람, 인턴과 견습생을 포함한 훈련 중인 사람, 고용이 종료된 근로자, 자원봉사자, 구직자, 구직지원자, 사용자의 권한, 의무 또는 책임을 행사하는 개인을 포함하여 근로자와 일의 세계에 있는 그 외의 사람들을 보호한다"(제2조 제1항).

(2) 발생 장소

괴롭힘의 발생 장소에 대해서는 (a) 일하는 공적 공간 및 사적인 공간을 포함한 직장 내에서, (b) 근로자가 임금을 받는 일을 하는 곳, 휴식을 취하거나 식사를 하는 곳, 위생, 세탁·탈의시설을 사용하는 곳, (c) 일과 관련된 출장, 여행, 훈련, 행사 및 사회 활동의 시간, (d) 정보통신기술(ICT) 사용 등을 포함하여 일과 관련된 커뮤니케이션, (e) 사용자가 제공하는 숙소, (f) 출퇴근 시간 등 일과 관련하여 또는 일에서 발생하는 시간과 공간을 모두 포함한다(제3조).

3) 예방과 구제

(1) 예방

ILO 협약에 따르면 각 회원국은 국내법 및 상황에 따라 사용자 및 근로자 단체와 협의하여 일의 세계에서 폭력과 괴롭힘의 예방과 근절을 위해 포괄적·통합적 그리고 젠더 인지적인 방법을 채택해야 한다.

그 방식에는 제3자와 관련된 폭력과 괴롭힘을 고려해야 하며, (a) 폭력 및 괴롭힘의 법적 금지, (b) 관련 정책에서 폭력과 괴롭힘이 다루어지도록 할 것, (c) 폭력과 괴롭힘을 예방하고 대처하기 위한 조치를 실행하기 위한 포괄적인 전략의 채택, (d) 집행 및 모니터링 메커니즘의 설치 또는 강화, (e) 피해자를 구제 및 지원 체계에 대한 접근 보장, (f) 제재의 부과, (g) 도구, 지침, 교육, 훈련의 개발과 적절한 접근 방법을 통한 인식의 개선, (h) 근로감독관 또는 기타 관할기관 등을 포함하여 폭력과 괴롭힘 사례에 대한 감독과 조사의 효과적인 방법의 보장 등이 포함된다(제4조 제2항).

그리고 회원국은 폭력과 괴롭힘을 예방하는 적절한 조치를 취해야 하는데, (a) 비공식 경제 근로자의 경우 공공 당국의 중요한 역할을 인식하는 것, (b) 관련 사용자와 근로자 단체와 협의하거나 다른 방법을 통하여, 근로자와 기타 관련자가 폭력과 괴롭힘에 더 많이 노출되는 부문 또는 직업 및 노동형태를 확인하는 것, (c) 그러한 사람들을 효과적으로 보호하기 위한 조치를 취하는 것 등이 조치에 포함되어야 한다(제8조).

또한 회원국은 젠더에 기반한 폭력과 괴롭힘을 포함하여 일의 세계에서 폭력 및 괴롭힘을 방지하기 위해, 사용자들이 자신들이 통제 가능한 범위에서 적절한 조치를 취하도록 요구하는 법률 및 규정을 채택하여야 한다. 특히 사용자는 합리적으로 실행 가능한 범위에서 다음의 조치들을 채택하여야 한다. (a) 근로자 대표와 협의하여 폭력과 괴롭힘에 대한 직장 내 정책을 채택하고 실행하고, (b) 직업상 안전과 건강관리에 있어서 폭력 및 괴롭힘과 관련된 심리적 위험을 고려하고, (c) 근로자대표의 참여로 위험성을 파악하고 폭력과 괴롭힘에 대한 위험을 평가하며, 이러한 것들을 예방하고 통제하기 위한 조치를 마련하고, (d) 본조 (a)에 언급된 정책과 관련하여 근로자 및 다른 관련자의 권리와 책임에 관한 것을 포함하여, 확인된 위험성과 폭력과 괴롭힘에 대한 위험, 관련된 예방과 보호조치에 대하여 접근 가능하도록 적절하게 근로자와 다른 관련자에게 정보와 훈련을 제공해야 한다(제9조).

그리고 ILO 협약은 관련 정책을 통한 지침의 제공과 교육훈련 등 인식제고에 대해서도 중요하게 보고 있다. 각 회원국은 사용자 및 근로자 단체와 협의하여 (a) 직업상 안전과 건강, 평등 및 차별금지, 이주 등과 관련된 국가정책에서 일의 세계에서의 폭력과 괴롭힘이 다루어지도록 하고, (b) 사용자와 근로자, 그들의 단체와 관련 정부 부서가 적절하고 접근 가능한 형식으로, 젠더에 기반한 폭력과 괴롭힘을 포함한 일의 세계에서의 폭력과 괴롭힘에 대한 지침, 자료, 교육훈련 또는 기타 방법을 제공받을 수 있도록 하고, (c) 인식제고 캠페인을 포함한 선제적인 계획이 실시되도록 보장해야 한다(제11조).

(2) 구제

구제와 관련하여 각 회원국은 (a) 일의 세계에서 폭력과 괴롭힘에 관한 국내법과 규칙을 모니터링 및 집행하고, (b) 폭력과 괴롭힘의 경우에 적절하고 효과적인 구제 및 안전, 공정하고 효과적인 보고, 그리고 분쟁해결 메커니즘 및 절차에 쉬운 접근을 보장해야 한다. 예를 들어, (i) 직장 수준에서의 적절한 분쟁해결 메커니즘뿐만 아니라, 고충처리 및 조사 절차, (ii) 직장 외부의 분쟁해결 메커니즘, (iii) 법원 또는 재판소, (iv) 고소인, 피해자, 목격자와 내부고발자에 대한 보복 또는 이러한 피해자에 대한 보호, (v) 고소인과 피해자에 대한 법적, 사회적, 의료적,

행정적인 지원 조치 등에 대한 접근 등을 보장해야 한다.

또한 (c) 관련자의 프라이버시와 비밀을 가능하고 적절하게 보호하고, 프라이버시와 비밀에 대한 요구가 오용되지 않도록 보장하고, (d) 일의 세계에서 폭력과 괴롭힘이 발생한 경우 제재를 부과하고, (e) 일의 세계에서 젠더에 기반한 폭력과 괴롭힘의 피해자가 젠더 인지적이며 안전하고 효과적인 고발과 분쟁 해결 메커니즘, 지원, 서비스 및 구제책에 효과적으로 접근할 수 있도록 제공하고, (f) 가정폭력의 영향을 인식하고, 합리적으로 실행 가능한 한 일의 세계에서 그 영향을 완화한다. 그리고 (g) 폭력과 괴롭힘으로 인하여 생명, 건강, 안전에 급박하고 심각한 위험이 있으며 이것이 경영진에게 알릴 의무가 있다고 믿을만한 합리적 정당성이 있는 업무상황으로부터, 근로자는 보복이나 부당한 결과 없이 그것들로부터 회피할 수 있는 권리를 보장받아야 한다. (h) 적절한 근로감독관 및 관련 정부 부서가 즉각적인 집행력 있는 조치를 요구하는 명령, 생명과 건강, 안전에 급박한 위험이 있는 경우 작업을 중단하도록 하는 명령, 법에 의해 제공될 수 있는 사법 또는 행정 당국에 항소할 수 있는 권리를 포함하여, 일의 세계에서 폭력과 괴롭힘을 처리할 수 있는 권한이 부여되는 것을 보장하는 내용이 규정되어 있다(제10조).

상기의 협약 제10조(b)에서 규정하는 구제에는 (a) 보상을 받고 퇴직할 권리, (b) 복직, (c) 특정 행위의 중지 또는 정책 또는 관행 변경을 위해 즉각적인 조치를 요구하는 강제적 명령, (d) 국내법 및 관행에 따른 법적 수수료 및 비용의 지원이 포함되어야 한다(권고 제14조).

그리고 괴롭힘의 피해자에게 노동능력의 상실로 이어지는 심리사회적, 신체적 또는 기타 부상 혹은 질병이 발생한 경우에 보상을 받을 수 있도록 해야 한다(권고 제15조). 괴롭힘의 가해자에 대해서는 폭력과 괴롭힘의 재발을 방지하기 위해서, 그리고 적절한 경우에는 업무 복귀를 촉진하기 위해서, 그 책임을 져야하고 적절한 경우에는 카운슬링, 기타의 조치가 제공되어야 한다(권고 제19조).

또한 협약 제10조(e)에서 규정하는 젠더에 기반한 폭력과 괴롭힘에 대한 분쟁해결제도에는 (a) 젠더에 기반한 폭력과 괴롭힘에 대하여 전문성을 가진 법원, (b) 시의적절하고 효율적인 절차, (c) 고소인 및 피해자에 대한 법적 조언 및 지원, (d) 해당 국가에서 폭넓게 사용되고 있는 언어로 입수 및 이용 가능한 가이드, 기타 정보자원, (e) 적절한 경우에는 형사절차 이외의 절차에서의 입증책임의 전환 등의 조치를 포함해야 한다(권고 제16조). 그리고 협약 제10조(e)에서 규정하는 젠더에 기반한 폭력과 괴롭힘의 피해자에 대한 지원, 서비스 및 구제에는 (a) 피해자의 노동시장 복귀 지원, (b) 적절한 경우에는 접근 가능한 방법으로 카운슬링 및 정보제공 서비스, (c) 24시간 핫라인, (d) 응급 서비스, (e) 의료적 조치 및 치료와 심리적 지원, (f) 쉼터를 포함한 위기관리센터, (g) 피해자를 지원하기 위한 전문적인 경찰부대 및 특수훈련을 받은 경찰 등의 조치를 포함해야 한다(권고 제17조).

6. 우리 현행 법률

1) 정의

법 시행 이전에는 일부 직장 내 괴롭힘 행위를 형법상의 상해, 폭행, 협박, 명예훼손, 모욕, 강요 등으로 규제할 수 있었으나 형법적 책임은 상당히 중하여 일반 근로자들이 적극적으로 주장하기 어려웠을 뿐만 아니라, 괴롭힘의 양상이 다양하여 형법상 구성요건에 해당하지 않는 경우가 많아 실효성이 매우 미미하였다. 이러한 문제의식에 따라 2019년 1월 15일 「근로기준법」 제76조의2에 직장 내 괴롭힘의 금지 규정이 신설되고 동년 7월 16일부터 시행되었다. 제76조의2에 규정된 직장 내 괴롭힘의 정의는 아래와 같다.

사용자 또는 근로자는 직장에서의 지위 또는 관계 등의 우위를 이용하여 업무상 적정 범위를 넘어 다른 근로자에게 신체적·정신적 고통을 주거나 근무환경을 악화시키는 행위

2) 성립요건과 판단기준

위의 정의 규정을 분석하여 보면 성립요건으로 ① 행위 주체, ② 피해 근로자, ③ 행위 요건으로 나눌 수 있고, 행위 요건은 다시 ⓐ 지위 또는 관계 등의 우위를 이용, ⓑ 업무상 적정범위의 일탈, ⓒ 신체적·정신적 고통 또는 근무환경의 악화로 분류될 수 있다.

(1) 행위 주체(가해자)

행위 주체는 사용자 또는 근로자이다. 사용자는 근로기준법 제2조 제1항 제2호의 정의에 따라 사업주 또는 사업경영담당자, 그 밖에 근로자에 관한 사항에 대하여 사업주를 위하여 행위하는 자를 말한다.

괴롭힘이라는 '행위'가 필요한 만큼 사업주는 '법인'이 아닌 '자연인'에 한정된다. 다만, 법인인 사업주는 민사상 법인책임 또는 사용자책임이나 형사상 양벌규정 등에 따라 법적 책임을 부담할 수 있다.[35]

사업경영담당자는 "사업 경영 일반에 관하여 책임을 지는 자로서 사업주로부터 사업 경영의 전부 또는 일부에 대하여 포괄적 위임을 받고 대외적으로 사업을 대표하거나 대리하는 자"를 말한다.[36] 회사의 대표이사, 회생회사의 관리인, 상법상의 지배인 등을 말하는데, 문제는 법적 권한이 있는 직무를 맡지 않고 있지만, 실질적으로 회사를 지배하는 자도 사업경영담당자가 되어 직장 내 괴롭힘의 주체가 될 수 있는가이다.

---

35) 노동법실무연구회,『근로기준법주해』(제2판), 박영사, 2020, p.555.
36) 임종률,『노동법』(제18판), 박영사, 2020, p.43; 대법원 1997. 11. 11. 선고 97도813 판결.

우리 대법원은 이를 사업경영담당자로 인정하는 만큼 직장 내 괴롭힘의 주체가 될 수 있다는 견해가 있다.[37]

근로자에 관한 사항에 관하여 사업주를 위하여 행위하는 자는 통상 '관리자'로 불리는데 "근로자의 인사·임금·후생·노무관리 등 근로조건의 결정 또는 업무상의 명령이나 지휘·감독을 하는 등의 사항에 관하여 사업주로부터 일정한 권한과 책임을 부여받은 자"를 말한다.[38]

이러한 근로기준법의 정의에 따른 사용자 외 간접적인 사용자 관계를 맺고 있는 사람들도 직장 내 괴롭힘의 주체가 될 수 있는지가 쟁점이다. 대표적으로 근로자파견 관계에서의 사용사업주와 하청노동 관계에서의 원청 사용자를 들 수 있다.

근로자파견 관계에서 사용사업주는 직장 내 괴롭힘에서의 주체가 될 수 있다는 견해가 있다. 그 이유로는 파견근로자 보호 등에 관한 법률(이하 '파견법'이라 함) 제34조 제1항은 특칙이 없는 한 파견사업주와 사용사업주 모두를 근로기준법상의 사용자로 보아 근로기준법을 적용하도록 규정하고 있기 때문이다.[39]

고용노동부의 직장 내 괴롭힘 매뉴얼은 하청노동 관계에서 원청 소속 근로자는 직장 내 괴롭힘의 주체가 될 수 없다고 한다.[40] 고용노동부의 해석을 연장하면 원청사용자 역시 직장 내 괴롭힘의 주체가 될 수 없다. 그러나 "원청이 직접 또는 하청업체를 통하여 하청근로자에 대해 사실상 지시·감독하는 상황이라면 그러한 지시·감독을 통해 하청근로자에게 업무와 관련된 괴롭힘을 행사하는 주체가 될 수 있다."라는 주장이 있다.[41]

---

37) 노동법실무연구회, 앞의 책, p.556.
38) 임종률, 앞의 책, p.44; 대법원 1989. 11. 14. 88누6924 판결.
39) 노동법실무연구회, 앞의 책, p.556.
40) 고용노동부, 『직장 내 괴롭힘 판단 및 예방·대응 매뉴얼』, 2019. 2, p.10.
41) 노동법실무연구회, 앞의 책, p.557.

또 다른 문제점은 가해자가 사용자 중 사업주나 사업경영담당자일 때이다. 자기를 스스로 조사하여 징계한다는 것이 사회통념상 불가능하기 때문이다. 명백한 입법의 미비라고 할 수 있다. 이에 대해 고용노동부는 직장 내 괴롭힘 행위자가 사업주 또는 사업경영담당자인 경우에는 근로자가 지방고용노동관서에 신고하면 근로감독관이 직접 직장 내 괴롭힘 해당 여부를 조사·판단하는 것으로 보완책을 내고 있다.[42]

가해 근로자는 직급의 우열을 가리지 않는다. 흔히 상급자에 의해 직장 내 괴롭힘이 일어나나, 후술할 행위 요건인 '관계 등의 우위'는 직급을 가리지 않는다. 따라서 동료나 하급자도 직장 내 괴롭힘의 주체가 될 수 있다.

원칙적으로 가해 근로자와 피해 근로자는 같은 사업주 아래 근로계약을 체결할 것을 요건으로 한다. 그러나 사용자의 범위와 같이 파견근로 관계와 원하청 관계의 근로자 간 괴롭힘이 문제가 될 수 있다.

고용노동부의 직장 내 괴롭힘 매뉴얼은 사용사업주의 근로자가 가해 근로자인 경우 파견법 제34조 제1항과 사용사업주의 파견근로자 보호 의무에 따라 직장 내 괴롭힘의 주체로 인정하나, 반대로 파견근로자가 가해 근로자인 경우 징계 등 인사권이 없기 때문에 사용사업주는 파견 사업주에게 해당 사실을 알리고 피해자 보호 차원의 적절한 조치를 할 것을 요구하여야 한다고 설명한다.[43]

원하청의 근로자 관계에서도 위와 같은 문제로 원청 근로자가 가해 근로자인 경우 직장 내 괴롭힘의 주체가 될 수가 없다. 그러나 고용노동부 매뉴얼은 원청 사업주에게 소속을 불문하고 근로기준법의 규정을 적용할 수 있도록 할 것을 권고한다.

또한 가해자가 근로자여야 하므로 고객이나 민원인 등 제3자는 직장

---

42) 대한민국 정책브리핑, 언론보도 설명 "직장 내 괴롭힘 행위가 사업주인 경우 근로 감독관이 직접 조사·판단", 고용노동부, 2019. 12. 23.
43) 고용노동부, 앞의 매뉴얼, p.9.

내 괴롭힘의 주체가 될 수 없다. 그러나 사용자는 근로자에 대한 보호의무가 있기 때문에 근로자가 사용자에게 고객의 괴롭힘을 호소하거나, 사용자가 이를 알고 있음에도 불구하고 아무런 조치를 취하지 않을 경우 보호의무 위반에 따른 손해배상을 청구할 수 있다.[44]

(2) 행위의 객체(피해 근로자)

직장 내 괴롭힘의 피해자는 '다른 근로자'이다. 기간제 및 단시간 근로 등 고용 형태를 불문한다. '다른 근로자'의 범위에 대해서는 이견이 갈린다. 고용노동부의 매뉴얼은 원칙적으로 같은 사업주 아래 근로계약을 체결한 다른 근로자를 의미하기 때문에 하청근로자, 특수형태근로종사자 등은 해당되지 않지만, 사용자는 이들도 직장 내 괴롭힘으로부터 보호할 것을 권고한다.[45] 그러나 이와 반대로 "피해자가 되는 '다른 근로자'는 가해자인 사용자나 근로자와 동일한 법인(기업)에 속해 있어야 하는 것은 아니"라는 견해도 있다.[46] 이는 '다른 근로자'라는 법문상의 규정에 다른 제한이 없으므로 문리적 해석에 근거한 것으로 보인다.

(3) 행위 요건

아래의 세 가지 행위 요건을 모두 충족하여야 한다.

① 지위 또는 관계 등의 우위를 이용

'우위의 이용'이란 피해 근로자가 저항 또는 거절하기 어려울 개연성이 높은 상태를 이용하는 것이다.[47] 우위를 이용하지 않으면 직장 내 괴롭힘에 해당하지 않는다. 우위는 다시 지위의 우위와 관계의 우위로 나뉜다.

---

44) 노동법실무연구회, 앞의 책, pp.558~559.
45) 고용노동부, 앞의 매뉴얼, pp.10~11.
46) 노동법실무연구회, 앞의 책, p.559.
47) 고용노동부, 앞의 매뉴얼, p.10.

지위의 우위란 지휘명령 관계에서 상위에 있는 경우를 의미한다. 그러나 "직접적인 지휘명령 관계에 놓여 있지 않더라도 회사 내 직위·직급 체계상 상위"에 있는 경우도 포함한다.[48]

관계의 우위란 '사실상'의 우위로 "개인 대 집단과 같은 수적 측면, 연령·학벌·성별·출신 지역·인종 등 인적 속성, 근속연수·전문지식 등 업무역량, 노조·직장협의회 등 근로자 조직 구성원 여부, 감사·인사부서 등 업무의 직장 내 영향력, 정규직 여부 등의 요소" 등이 문제가 될 수 있다.[49]

다만, 관계의 우위성은 상대적이다. 특히 동급자나 하급자라 하더라도 "장래에 맡게 될 지위나 담당할 업무, 집단적 힘, 피해자의 업무상 과오나 비밀의 지득, 맡고 있는 업무의 내용, 과도하고 집착적인 강압적 요구" 등이 있을 때는 상대적인 우위를 점할 수 있다.[50]

② 업무상 적정범위의 일탈

세 가지 행위 요건 중 직장 내 괴롭힘의 범위를 가장 좁히는 요건이다. 즉, 직장 안에서 벌어지는 인간관계 갈등과 직장 내 괴롭힘을 판별하는 핵심적인 요소이다. 행위자가 피해자에 비해 우위성을 가진다고 하더라도 괴롭힘이 업무와 상관이 없거나 업무의 적정범위를 넘어선 것이어야 한다.

업무의 적정범위를 넘어선 것인지는 '사회통념'에 비추어 판단할 수 있다. 문제된 행위가 ⓐ 사회통념에 비추어 업무상 필요성이 인정되지 않거나, ⓑ 업무상 필요성이 인정되더라도 사회통념상 그 행위 양태가 상당하지 않을 경우이다.[51] ⓐ 업무상 필요성의 인정 여부는 근로계약, 취업규칙, 단체협약 및 관계 법령에서 정한 내용에 비추어 판단하며, ⓑ

---

48) 고용노동부, 위의 매뉴얼, p.11.
49) 고용노동부, 위의 매뉴얼, p.11.
50) 노동법실무연구회, 앞의 책, p.560.
51) 고용노동부, 위의 매뉴얼, p.12.

의 경우 업무상 필요성이 인정된다고 하더라도 그 양태가 폭행이나 폭언 등을 수반한다면 사회통념상 상당성이 없었다고 볼 수 있다. 그리고 동종의 유사 업무를 수행하는 다른 근로자에 비해서 합리적인 이유 없이 해당 업무 지시가 이루어진 경우에도 사회통념상 상당하지 않다고 본다.[52] 가령 특정 근로자에게만 정당한 이유 없이 과도 또는 과소한 업무를 반복하여 지시하는 경우이다.

③ 신체적·정신적 고통 또는 근무환경의 악화

괴롭힘이라는 행위 자체가 고통을 주는 개념이라고 할 수 있다. 따라서 괴롭힘으로 인해 신체적·정신적 고통이 발생하는 결과는 어렵지 않게 상정할 수 있다. 그러므로 '근무환경의 악화'가 일어난다는 것이 무엇인지 해석이 필요하다. 근무환경이 악화된다는 것은 "그 행위로 인하여 피해자가 능력을 발휘하는 데 간과할 수 없을 정도의 지장이 발생하는 것"을 의미한다.[53] 가령 근무공간을 사무집기가 없는 창고 등 통상적이지 않은 곳으로 지정하는 것은 인사권의 행사범위 내라고 하더라도 그 환경이 근로자가 업무를 수행하는데 심각한 지장을 줄 정도라면 근무환경이 악화된 것이다. 만일 괴롭힘의 행위 양태가 해고, 전보, 배치전환 등의 인사조치로 나타날 경우 근로기준법 제23조 제1항의 정당성 여부로 다툴 수 있다.[54]

신체적·정신적 고통을 받았거나 근무환경이 악화된 데에는 행위자의 가해의사가 필요 없다.

---

52) 고용노동부, 위의 매뉴얼, p.13.
53) 고용노동부, 위의 매뉴얼, p.14.
54) 고용노동부, 위의 매뉴얼, p.14.

3) 예방과 구제

(1) 예방 대책

현행법이 직장 내 괴롭힘에 대해 사용자에게 예방 의무를 규정하지 않은 것은 입법 당시부터 지적되어왔다. 근로기준법은 직장 내 괴롭힘에 대해 제76조의2와 제76조의3 두 개의 규정을 두었는데, 전자는 직장 내 괴롭힘 행위를 '금지'하였고, 후자는 직장 내 괴롭힘이 발생한 이후의 사용자의 '조치 의무'를 규정하고 있다.

현행법에 사용자의 직장 내 괴롭힘 예방 의무가 없는 이상 정부의 가이드라인인 고용노동부의 「직장 내 괴롭힘 판단 및 예방·대응 매뉴얼」을 참고할 수밖에 없다. 고용노동부의 매뉴얼은 사용자의 직장 내 괴롭힘 예방을 위한 활동으로 다음 여섯 가지를 제안한다.[55]

첫째, 최고 경영자의 정책 선언이다. 사업주 등이 직장 내 괴롭힘을 근절하겠다는 강력한 의지를 보여줌으로써 구성원들이 회사가 이 정책을 중요하게 생각하고 있음을 인식하여야 한다. 선언하는 정책의 내용에는 구성원의 인권 존중과 함께 건강권을 보호하려는 조치도 포함하는 것이 좋다.

둘째, 직장 내 괴롭힘 발생 위험요인 점검이다. 직장 내 괴롭힘이 발생하기 전 위험요인을 발견하여 적절한 조치를 취하는 것이다. 사후적인 괴롭힘 실태를 조사하는 것만으로는 충분하지 않고 "조직문화·커뮤니케이션·업무의 명확성·권한과 책임의 적절성 등에 대한 점검이 종합적으로 이루어져야" 한다. 노동조합, 노사협의회, 산업안전보건위원회 등 근로자 측 단체가 참여하여 노사가 같이 점검하는 것이 예방효과를 높인다.

셋째, 직장 내 괴롭힘 예방 교육이다. 사용자의 예방 의무 중 필수적인 요소로서 1년 1회 이상 주기적으로 실시한다. 각자의 책임과 인권에

---

55) 고용노동부, 위의 매뉴얼, pp.29~35.

대한 인식이 다르므로 관리자와 직원은 분리하여 교육을 받아야 한다. 예방 교육의 내용에는 괴롭힘의 정의, 근로자 보호 대책, 직장 내 괴롭힘의 원인과 피해, 괴롭힘에 대한 대응책 등이 들어가야 한다. 이렇게 교육을 시행함으로써 직장 내 구성원들이 사안에 대해 환기하는 것만으로도 제도 초기의 예방 교육은 큰 효과를 거둘 수 있다고 생각한다.

넷째, 직장 내 괴롭힘 예방·대응 조직(담당자)의 지속적 운영이다. 직장 내 괴롭힘 근절은 단기간에 이룰 수 있는 것이 아니다. 조직 분위기와 문화에 크게 관련이 있으며 조직의 구조와 인적 특성에서 받는 영향도 크다. 따라서 예방 조치는 장기간에 걸쳐 지속적으로 추진하여야 한다. 이를 위하여 직장 내 괴롭힘에 대한 예방·대응 업무를 전담하는 직원을 두는 것이 좋다.

다섯째, 다양한 방식을 통한 캠페인과 제도 홍보가 필요하다. 정기적인 직장 내 괴롭힘 예방 교육도 중요하지만, 구성원들이 항상 사안을 인식할 수 있게 간략한 교육 내용이 담긴 리플렛 제작, 포스터 게시, 문건에 캠페인 문구 반영 등의 방식을 활용할 수 있다. 그리고 직장 내 괴롭힘이 발생하였을 때 쉽게 신고하고 구제를 받을 수 있도록 상담창구 등에 대한 교육·홍보가 필요하다.

여섯째, 주기적으로 예방정책과 제도를 평가하여야 한다. 직장 내 괴롭힘 예방 및 대응 제도를 주기적으로 모니터링하여, 직장 문화와 인식의 변화, 직장 내 괴롭힘 발생의 추이 등을 살펴보고 예방정책의 방향이나 직장 내 괴롭힘 행위를 규율하는데 변경이 필요한 것은 아닌지 평가하는 것이 바람직하다.

(2) 구제수단

구제수단을 보면 사업 내 구제조치와 사업 외 구제조치로 분류할 수 있고, 사업 외 구제조치는 민사와 형사적 수단으로 나눌 수 있다.

먼저 사업 내 구제조치를 살피면, 근로기준법 제76조의3은 사용자의 의무를 중심으로 간략히 규정되어 있다. 동조문 제1항은 "누구든지 직장 내 괴롭힘 발생 사실을 알게 된 경우 그 사실을 사용자에게 신고할 수 있다."라고 한다. 주체에 제한이 없으므로 피해 근로자뿐만 아니라 이를 인지한 동료 근로자와 피해 근로자의 가족 등 모든 이들이 신고할 수 있다. 가명이나 익명 신고도 가능하다. 신고 내용에서 행위자가 특정될 필요도 없다. 가령, 누구인지는 모르지만, 자신에 대해 헛소문을 퍼뜨리는 사람이 있을 경우 그 내용을 적시하여 신고하면 된다. 만일 신고가 허위 신고라면 경우에 따라서 신고자는 징계를 받을 수 있으며 민사상 손해배상책임을 질 수 있다. 여기서 허위 신고란 객관적 사실에 반한다는 것을 확정적 또는 미필적으로 인식하고서 신고하는 것이다.[56]

동조문 제2항은 "사용자는 제1항에 따른 신고를 접수하거나 직장 내 괴롭힘 발생 사실을 인지한 경우 지체 없이 그 사실 확인을 위한 조사를 실시"할 것을 규정한다. 법령은 직장 내 괴롭힘의 조사절차나 방법에 대해서 규정한 것이 없다. 다만, 상시 10인 이상의 근로자를 사용하는 사용자는 취업규칙에 직장 내 괴롭힘 발생 시 조치 사항을 의무적으로 규정해야 하기 때문에 각 사업장 사정에 맞게 그 절차와 방법을 정해야 한다. 조사는 독립성과 중립성이 보장된 내부 기관 또는 담당자가 "신고자, 피해자, 행위자, 목격자의 진술 등과 증거를 확인하여 직장 내 괴롭힘 해당 여부와 해당하는 경우 관계자들 조치에 대한 의견을 제시한다." 그리고 위원회 형태의 심사기관이 직장 내 괴롭힘 해당 여부를 판단하고, 인정 시 관계자들에 대한 조치를 의결하여 최종적으로 사용자가 이를 처분하여야 한다. 조사 과정에서 사용자와 관계 조사자의 비밀유지의무가 법령으로 규정되어 있지 않으나 대법원이 사용자의 성희롱 조사에 관해서 사용자의 비밀유지의무를 인정한 선례를 보면,[57] 직장 내 괴롭힘 역시 사용자와 관계 조사자의 비밀유지의무가 인정된다고

---

56) 노동법실무연구회, 앞의 책, pp.569~570.
57) 대법원 2017. 12. 22. 선고 2016다202947 판결.

할 수 있다.[58]

　만일 사용자가 조사 의무를 이행하지 않는다면 근로자는 근로기준법 제104조에 근로감독관에게 사용자가 근로기준법을 준수하지 않음을 이유로 행정감독을 촉구할 수 있다. 그리고 피해 근로자가 조사를 요구했음에도 불구하고 사용자는 이를 거부, 해태한다면 이는 사용자의 피해 근로자에 대한 보호의무 위반이다.[59] 따라서 피해 근로자는 사용자에게 이에 대한 손해배상책임을 청구할 수 있다. 나아가, 2021년 3월 24일 국회에서 근로기준법이 개정됨에 따라, 직장 내 괴롭힘 발생 시 사용자가 당사자 등을 대상으로 객관적인 조사를 하여야 하는 조사의무가 구체화되었다.

　동조문 제3항은 사용자의 피해자 보호조치 의무이다. 사용자는 조사기간 동안 피해 근로자 또는 피해를 입었다고 주장하는 근로자(이하 '피해 근로자 등'이라 함)를 보호하기 위하여 피해 근로자 등에 대하여 근무 장소의 변경, 유급휴가 등의 적절한 조치를 취할 것을 규정한다. 다만, 이 조치는 피해 근로자 등의 의사에 반하여 이루어져서는 안 된다. 또한 가해 근로자와 피해 근로자가 같은 공간에 있을 경우 직장 내 괴롭힘이 반복하여 일어날 수 있고 피해 근로자의 피해가 가중될 수 있기 때문에 공간이나 업무를 분리하는 등 접촉 가능성을 낮추는 조치가 필요하다. 이는 임시적인 조치이므로 상황이 종료되고 근로자가 원한다면 사용자는 근로자의 위치를 처음으로 돌려놓아야 한다.[60]

　동조문 제4항은 조사 결과 직장 내 괴롭힘 발생 사실이 확인되고 피해 근로자가 요청하면, 사용자는 피해 근로자의 근무 장소를 변경하거나, 배치전환 또는 유급휴가 명령 등의 적절한 조치를 하여야 한다. 피해 근로자의 요청이 전제되므로 사용자가 선제적으로 먼저 이러한 조치

---

58) 노동법실무연구회, 위의 책, p.571.
59) 노동법실무연구회, 위의 책, p.573.
60) 노동법실무연구회, 위의 책, p.574.

를 할 수 없다. 법문의 예에 덧붙여 사용자가 할 수 있는 조치로는 근무시간의 조정, 업무분담이나 업무내용의 변경, 업무장비의 변경이나 추가 등을 꼽을 수 있다.

동조문 제5항은 사용자의 가해 근로자에 대한 조치 의무이다. 조사 결과 직장 내 괴롭힘 발생 사실이 인정되면, 사용자는 가해 근로자에게 징계 또는 근무 장소의 변경 등의 처분을 하여야 한다. 다만 징계 등의 조치를 하기 전 피해 근로자의 의견을 들어야 한다. 징계 등의 조치는 가해자에 대한 제재일 뿐만 아니라 향후 발생할 수도 있는 직장 내 괴롭힘을 예방하는 것이기도 하다. 따라서 징계 등의 조치를 하지 않는 것은 사용자의 피해 근로자에 대한 보호의무 위반이 될 수 있다.[61] 2021년 3월 24일 국회 본회의를 통과한 근로기준법 개정안은 사용자가 직장 내 괴롭힘 행위의 조사, 피해 근로자 보호, 가해 근로자 징계 등의 조치 의무를 이행하지 않는 경우, 최대 500만 원의 과태료를 부과하는 조항을 신설하였다.

앞서 설명한 바와 같이 가해자가 사업주 또는 사업경영담당자인 경우 피해 근로자는 지방고용노동관서에 신고할 수 있고 근로감독관이 해당 사항을 조사한다. 근로감독관이 직장 내 괴롭힘을 인정할 경우 사업장에 '개선지도'를 실시하는데, 만일 사업주가 이를 이행하지 않으면 근로감독 대상에 포함될 수 있다.[62] 2021년 3월 개정 근로기준법에 따르면 사용자 또는 사용자의 친인척이 직장 내 괴롭힘을 할 경우 최대 1천만 원의 과태료가 부과된다.

동조문 제6항은 신고에 대한 불이익조치 금지이다. "사용자는 직장 내 괴롭힘 발생 사실을 신고한 근로자 및 피해 근로자 등에게 해고나 그 밖의 불리한 처우를 하여서는 아니 된다." 피해 근로자 등이 직장 내 괴롭힘을 제대로 호소할 수 없는 이유가 가해자인 사용자 또는 근로자

---

61) 노동법실무연구회, 위의 책, p.576.
62) 대한민국 정책브리핑, 언론보도 설명 "직장 내 괴롭힘 행위가 사업주인 경우 근로감독관이 직접 조사·판단", 고용노동부, 2019. 12. 23.

가 문제제기 자체를 이유로 직·간접적인 불이익을 주기 때문이다. 따라서 이를 막기 위한 규정이다. 위반 시 근로기준법의 직장 내 괴롭힘 규정 중 유일하게 형사 처벌이 된다(3년 이하의 징역 또는 3,000만 원 이하의 벌금). 뿐만 아니라 민법상의 불법행위도 구성하기 때문에 사용자는 손해배상책임을 진다.[63]

다만, 이러한 민·형사상 책임은 불이익조치와 직장 내 괴롭힘 신고 간에 인과관계가 성립할 때 물을 수 있다. 양자 사이의 인과관계 성립을 판단할 때에는 두 가지 요소가 활용될 수 있다. 첫째, 사용자가 주장하는 불이익조치의 사유나 정도가 형식적·명목적인가를 본다. 가령 오래된 과거의 징계 사유를 꺼내거나 보편적·관행적 행위를 벗어나 차별적인 징계 등을 할 경우이다. 둘째, 불이익조치가 직장 내 괴롭힘의 신고나 피해 주장에 대한 사실상의 보복적 조치일 때이다. 가령, 징계유형이나 정도가 과도하거나, 그것이 가해 근로자와 불균형을 이루는 경우이다.

이러한 사용자를 중심으로 한 사업장 내 구제조치의 평가를 보면, "사업 내 인사권과 징계권을 가진 사용자가 자체적으로 신속하게 처리할 수 있는 장점도 있으나 사용자가 행위자인 경우나 사업이 소규모인 경우 피해자의 신고 자체가 사실상 어려울 수 있다는 점에서 한계가 있다."라고 한다.[64]

사업장 외 구제조치는 민사적 수단과 형사적 수단으로 나누어진다.

먼저 민사적 수단으로 사용자를 대상으로 채무불이행 또는 불법행위를, 가해 근로자에게는 불법행위를 원인으로 한 손해배상청구를 할 수 있다. 사용자에 대한 채무불이행은 보호의무 위반에 관한 것으로, 가해 근로자와 부진정연대책임을 진다.[65]

그리고 민사적으로 괴롭힘 금지 청구를 할 수 있다. 피해 근로자가

---

63) 노동법실무연구회, 앞의 책, p.578.
64) 노동법실무연구회, 위의 책, p.569.
65) 노동법실무연구회, 위의 책, p.563.

자신의 인격권에 근거하여 불법행위를 하는 가해 근로자를 상대로 장래에도 지속될 수 있는 위법한 인격권 침해행위의 금지를 청구하는 것이다. 금지 청구의 내용은 "가해자의 반복적인 가해행위의 금지나 장래 지속될 가능성이 있는 작위 또는 부작위의 금지를 청구하는 것"이다.[66]

형사적 수단은 직장 내 괴롭힘 자체에 대한 형벌은 없으며, 사용자의 신고에 대한 불이익처분에 대한 형사처벌이 있을 뿐이다. 다만 직장 내 괴롭힘 행위가 폭행, 협박, 명예훼손이나 모욕 등의 방식으로 이루어졌다면 피해 근로자는 이 부분에 대하여 수사기관에 고소 또는 진정을 할 수 있다.[67]

4) 성희롱과의 비교 분석

(1) 성희롱과의 비교의 필요성

앞서 살펴본 해외 입법례를 보면, 성적 괴롭힘, 즉 성희롱과 직장 내 괴롭힘이 의미상 밀접한 관련성을 보이고 있음을 알 수 있다. 차별적 사유에 의한 괴롭힘과 성적 괴롭힘이 직장에서 일어나는 경우를 직장 내 괴롭힘으로 설명하거나, 직장에서 일어나는 괴롭힘의 하위 유형으로 성적 괴롭힘을 분류하기도 하였다. 우리나라는 성희롱과 직장 내 괴롭힘이 각기 다른 법에 규정되어 있지만, 모두 근본적으로 인격권을 침해하는 행위이며, 성립요건, 문제 되는 행위 발생 시 사업장에서 해결·처리하는 절차가 유사하게 정해져 있는 등 두 개념의 유사성을 확인할 수 있다. 따라서 각기 다른 법에서 규정하고 있는 두 개념의 관계를 이해할 필요성이 있으며, 나아가 오랜 시간 결정례와 판례가 축적되어 온 성희롱의 성립요건과 판단기준을 살핌으로써 직장 내 괴롭힘 사건의 판단에 대한 이해를 도울 수 있다.

---

66) 노동법실무연구회, 위의 책, p.564.
67) 노동법실무연구회, 위의 책, p.564.

(2) 성희롱과 직장 내 괴롭힘의 관계

직장 내 괴롭힘은 성적 언동으로 인한 괴롭힘 행위만을 규율하는 것이 아닌 괴롭힘을 구성하는 여러 다양한 행위들을 규율하는 것이므로 행위의 측면에서는 성희롱보다 넓은 개념으로 이해할 수 있다.[68] 기존 성희롱 판단에 있어서는 겉으로 드러나는 성적(sexual) 언동은 수반하지 않으나 성차별적이거나 고정관념적 성역할을 강요하는 행위 등은 성희롱으로 규율되기 어려운 지점이 있곤 했다.[69] 그러나 이러한 행위도 업무상 우위를 이용해 적정 범위를 넘어 다른 근로자에게 고통을 주거나 근무환경을 악화시킨다면, 이른바 젠더에 기반한(gender-based) 괴롭힘도 근로기준법상 직장 내 괴롭힘으로 규율할 수 있다.[70]

직장 내 괴롭힘 행위가 성적인 괴롭힘과 관련성이 있는 경우, 남녀고용평등법의 성희롱 규정을 적용할 것인지, 근로기준법상 직장 내 괴롭힘 규정을 적용할 것인지 문제될 수 있다. 살피건대 남녀고용평등법상 직장에서 발생한 성희롱은 '포괄적인 업무관련성'이 있는 성적 언동이라면 성립하며 사업주가 성희롱 사건에 대해 조치하지 않는 경우 과태료가 부과되는 등 성립과 제재조치에서 좀 더 유리하거나 강한 측면이 있으므로, 직장에서 성적 언동으로 인한 성희롱 사건이 발생하였다면 남녀고용평등법을 우선 적용하는 것이 타당할 것이다.[71]

다만 위 논의들은 법의 적용에 관련한 문제이며, 여러 대학에서는

---

68) 김민정, "직장 내 괴롭힘의 법적 개념과 성립요건: 직장 내 성희롱과의 비교를 중심으로", 『젠더법학』 제11권 제1호, 한국젠더법학회, 2019, p.114. 국가인권위원회법에서는 성희롱 역시 차별행위의 일종으로 보고, 성희롱 역시 성에 따른 차별적 괴롭힘으로 직장 내 괴롭힘이 될 수 있으나, 다만 직장 내 괴롭힘은 차별이 금지되지 않은 영역에서도 이루어지며 구조적·개인적 괴롭힘 행위를 규율하는 개념이기 때문에 직장 내 성희롱보다 넓은 개념으로 범주화할 수 있을 것이라고 설명한다.

69) 김민정, 위의 논문, p.115.

70) 김민정, 위의 논문, p.116.

71) 고용노동부, 앞의 매뉴얼, p.15.

인권센터나 성평등 규정 등을 통해 학내에 별도의 성희롱과 인권침해 규정을 두고 인권센터나 성평등 상담소에서 이를 처리하고 있는 경우가 많다. 이 경우 법령에서 정하는 것보다 적용 범위가 폭넓고 구제조치도 다양할 수 있다. 때문에 공동체 내에서 별도의 규정을 두는 경우 젠더에 기반한 차별적 행위나 기존 직장 내 괴롭힘도 인권침해 행위로 다룰 수 있는 등 폭넓은 적용이 가능한 장점이 있다. 대학 인권센터나 상담소에서 특별히 성희롱과 젠더에 기반한 직장 내 괴롭힘을 구분해서 얻는 처리 절차상의 실익은 크지 않을 수 있으나, 학내 사건 처리 과정에서 고용노동부나 국가인권위원회 등 외부 절차와 동시에 진행될 경우 이를 참조할 필요가 있다.

(3) 우리나라의 성희롱 판단기준

전술한 바와 같이 성희롱은 직장 내 괴롭힘과 개념상, 절차상 유사성을 가지고 있다. 성희롱과 관련하여서는 법원의 판결과 국가인권위원회의 결정 등을 통해 세밀한 판단기준이 축적되어 왔기에 직장 내 괴롭힘 성립요건과 판단기준 등을 살필 때 도움이 될 수 있다.

① 법령상 성희롱 판단기준

우리나라는 3가지의 법에서 성희롱에 대한 규정을 가지고 있다. 국가인권위원회법, 양성평등기본법, 남녀고용평등과 일·가정 양립지원에 관한 법률(이하 '남녀고용평등법')이다. 국가인권위원회법은 제2조 제3호 라목에서 성희롱을 "업무, 고용, 그 밖의 관계에서 공공기관(국가기관, 지방자치단체, 「초·중등교육법」 제2조, 「고등교육법」 제2조와 그 밖의 다른 법률에 따라 설치된 각급 학교, 「공직자윤리법」 제3조의2 제1항에 따른 공직유관단체를 말한다)의 종사자, 사용자 또는 근로자가 그 직위를 이용하여 또는 업무 등과 관련하여 성적 언동 등으로 성적 굴욕감 또는 혐오감을 느끼게 하거나 성적 언동 또는 그 밖의 요구 등에 따르지 아니한다는 이유로 고용상의 불이익을 주는 것을 말한다."라고 정의하고 있다.

양성평등기본법은 제3조 제2호에서 '성희롱'을 "업무, 고용, 그 밖의 관계에서 국가기관·지방자치단체 또는 대통령으로 정하는 공공단체 (이하 "국가기관 등"이라 한다)의 종사자, 사용자 또는 근로자가 다음 각 목의 어느 하나에 해당하는 행위를 하는 경우를 말한다. 가. 지위를 이용하거나 업무 등과 관련하여 성적 언동 또는 성적 요구 등으로 상대방에게 성적 굴욕감이나 혐오감을 느끼게 하는 행위, 나. 상대방이 성적 언동 또는 요구에 대한 불응을 이유로 불이익을 주거나 그에 따르는 것을 조건으로 이익 공여의 의사표시를 하는 행위"로 정의하고 있다.

남녀고용평등법은 제2조에서 '직장 내 성희롱'을 "사업주·상급자 또는 근로자가 직장 내 지위를 이용하거나 업무와 관련하여 다른 근로자에게 성적 언동 등으로 성적 굴욕감 또는 혐오감을 느끼게 하거나, 성적 언동 또는 그 밖의 요구 등에 따르지 아니하였다는 이유로 근로조건 및 고용에서 불이익을 주는 것"으로 정의하고 있다.

위 세 가지 법에서는 성희롱 행위자가 공공기관 등의 종사자인지 일반 사업장의 근로자인지 여부의 차이 등에 차이는 있지만 성희롱 행위 자체의 정의는 유사하다. 성희롱 성립요건의 공통된 부분만을 살피면, 성희롱 행위자가 지위를 이용하거나 업무와 관련하여, 성적 언동 등을 하여, 상대방에게 성적 굴욕감이나 혐오감을 느끼게 한 행위이거나, 성적 언동 또는 요구 등에 불응한 것을 이유로 불이익을 주는 등의 행위를 이른다.

그리고 법령상 성희롱 판단기준을 제시하고 있는 남녀고용평등법 시행규칙 별표1을 살펴보면, '성희롱을 판단하기 위한 기준의 예시'에서 성희롱에 해당하는 '성적 언동'을 신체적·언어적·시각적 행위로 구분하여 예시를 들고 있으며, "성희롱 여부를 판단하는 때에는 피해자의 주관적 사정을 고려하되, 사회통념상 합리적인 사람이 피해자의 입장이라면 문제가 되는 행동에 대하여 어떻게 판단하고 대응하였을 것인가를 함께 고려하여야 하며, 결과적으로 위협적·적대적인 고용환경을 형성하여 업무

능률을 떨어뜨리게 되는지를 검토하여야 한다."라고 설명하고 있다. 남녀고용평등법에서 제시하고 있는 성희롱 행위의 판단기준은 피해자의 주관적 관점과 함께 합리적인 사람의 관점을 취하고 있음을 알 수 있다.

② 판례에 따른 성희롱 판단기준

법원은 성희롱 행위에 해당하는 '성적 언동'에 대하여는 "구 남녀차별금지 및 구제에 관한 법률(2003. 5. 29. 법률 제6915호로 개정되기 전의 것) 제2조 제2호에서 규정한 성희롱의 전제요건인 '성적 언동 등'이란 남녀 간의 신체적 관계나 남성 또는 여성의 신체적 특징과 관련된 신체적, 언어적, 시각적 행위로서 사회공동체의 건전한 상식과 관행에 비추어 볼 때 객관적으로 상대방과 같은 처지에 있는 일반적이고도 평균적인 사람으로 하여금 성적 굴욕감이나 혐오감을 느끼게 할 수 있는 행위를 의미한다."라고 하며, "위 규정상의 성희롱이 성립하기 위해서는 행위자에게 반드시 성적 동기나 의도가 있어야 하는 것은 아니지만, 당사자의 관계, 행위가 행해진 장소 및 상황, 행위에 대한 상대방의 명시적 또는 추정적인 반응의 내용, 행위의 내용 및 정도, 행위가 일회적 또는 단기간의 것인지 아니면 계속적인 것인지 여부 등의 구체적 사정을 참작하여 볼 때, 객관적으로 상대방과 같은 처지에 있는 일반적이고도 평균적인 사람으로 하여금 성적 굴욕감이나 혐오감을 느낄 수 있게 하는 행위가 있고, 그로 인하여 행위의 상대방이 성적 굴욕감이나 혐오감을 느꼈음이 인정되어야 한다."라고 판시하고 있다(대법원 2007. 6. 14 선고 2005두6461 판결 참조).

정리하면, 성희롱은 성적 굴욕감이나 혐오감을 주는 신체적·언어적·시각적 행위이다. 성희롱 성립에 행위자의 성적 동기나 의도는 필요하지 않으며, 상대방이 성적 굴욕감이나 혐오감을 느낄만한 행위인지 여부는 구체적인 사정(당사자 관계, 행위 장소 및 상황, 상대방의 반응, 행위 내용 및 정도, 일회성·반복성 등)을 참작하여 보며, 피해자와 같은 처지에 있는 일반적·평균적 사람으로 하여금 성적 굴욕감이나 혐오감을 느낄 수 있게 하는 행위로, 피해자가 성적 굴욕감이나 혐오감을 느꼈음이 인정되어야 한다.

또한 성희롱이 징계처분의 당부를 다투는 행정소송으로 다루어지는 경우, 징계사유인 성희롱이 있었는지 여부의 '증명의 정도'는 형사사건의 증명의 정도와는 다르다. 이 경우 추호의 의혹도 없어야 하는 과학적 증명을 요구하는 것이 아니며, "특별한 사정이 없는 한 경험칙에 비추어 모든 증거를 종합적으로 검토하여 볼 때 어떤 사실이 있었다는 점을 시인할 수 있는 고도의 개연성을 증명하는 것이면 충분하다."라고 한다(대법원 2018. 4. 12. 선고 2017두74702판결 참고).

덧붙여 성희롱 판단에 있어서 우리 법원은 '성인지 감수성'을 잃지 않아야 함을 주문하고 있다. "사건이 발생한 맥락에서 성차별 문제를 이해해야 하며, 우리 사회의 가해자 중심적인 문화와 인식, 구조로 인해 피해자가 오히려 2차 피해를 입을 수 있다는 점을 유념해야 하며, 피해자가 곧바로 신고를 하지 못하거나 소극적인 진술 태도를 보일 수 있는 상황도 이해해야 한다."라고 설명한다. 이러한 성희롱 피해자의 특별한 사정을 충분히 고려하여 피해자 진술의 증명력을 판단해야 한다는 것이 판례의 입장이다(대법원 2018. 4. 12. 선고 2017두74702판결 참고).

③ 국가인권위원회 결정례에 따른 성희롱 판단기준

국가인권위원회는 국가인권위원회법에 성희롱 정의 규정을 두고 있으며, 국가인권위원회에서 직접 사건에 대한 진정을 접수하고 조사, 결정을 내리고 있다. 이에 따라 국가인권위원회는 성희롱 판단기준을 정립해 오고 있었던 바, 국가인권위원회 결정례 등을 통해 살펴보면 다음과 같다.

국가인권위원회가 발간하는 『성희롱 시정권고 사례집』에는 '성희롱 판단기준'이 안내되어 있다. 성희롱 판단 시 첫째, 행위자의 성적 의도나 고의는 중요하지 않으며, 피해자가 성적 굴욕감이나 혐오감을 느꼈는지, 그로 인해 환경이 악화되었는지 등 결과에 주목한다. 둘째, 성적 언동 등이 있었는지 사실 인정을 할 때에는 당사자 간 진술, 참고인 진술, 행위 이후 피해자의 행동, 기타 증빙자료 등을 근거로 삼는다. 셋째, 문제가 된 행위를 한 사실이 인정되면, 해당 행위가 성희롱인지 여부를 판단해야 하는데, 성희롱의 성립을 위해서는 우선 피해자가 성적 굴욕감 또는 혐오감을 느끼는 행위여야 한다. 그러나 피해자의 주관적 느낌만으로 성희롱인지 여부를 판단하기 어렵기 때문에, 국가인권위원회는 '합리적인 일반인의 관점', '일반 여성의 합리적 관점', '사회 통념상 합리적인 보통 사람이 피해자의 입장이라면 문제가 되는 행동'인지를 고려해 성희롱 여부를 판단하고 있다.[72]

국가인권위원회 결정례를 살펴면 성희롱에 해당하는지 여부는 "당사자 간의 업무관련성, 언동의 경위 및 내용, 언동이 행해진 장소 및 상황, 그 언동에 대한 상대방의 명시적 또는 추정적 반응 등을 구체적으로 종합하여, 상대방이 그러한 행위를 원하지 않았고 성적 굴욕감을 느꼈는지, 합리적인 여성의 관점에서도 성적 함의가 있고 성적 굴욕감이나 혐오감을 줄 만한 행위였는지에 의하여 판단"하며(국가인권위원회 17진정0718900), 성희롱은 "당사자가 반드시 이성 간이어야 할 필요는 없고, 동성 간에도 성립한다."라고 한다(국가인권위원회 14진정0294500).

7. 소결

1) 비교법적 논의를 통해 본 직장 내 괴롭힘의 정의

이상 프랑스·일본·캐나다·ILO·한국의 직장 내 괴롭힘의 정의를 살펴보았다. 이를 표로 정리하면 아래와 같다.

---

72) 국가인권위원회, 『성희롱 시정권고 사례집 제7집』, 2015, pp.11-12.

국가(기관)	정의
프랑스	근로자의 권리와 존엄을 해하거나, 신체적 또는 정신적 건강을 손상하거나, 직업의 장래를 위태롭게 할 수 있는, 근로조건의 저하를 목적으로 하거나 그러한 결과를 초래하는 정신적으로 괴롭히는 반복적인 행위
일본	직장에서 행해지는 우월적인 관계를 배경으로 한 언동으로, 업무상 필요하고 상당한 범위를 초월한 것으로 인하여 그 고용하는 근로자의 취업환경이 저해되는 것
캐나다 (주법)	(퀘벡州) ① 근로자의 존엄성 또는 정신적, 신체적 온전함을 침해하고, 근로자에게 유해한 근로환경을 초래하는, 반복적으로 적대적이거나 원치 않는 행위, 발언, 행동 또는 몸짓(제스처)의 형태로 괴롭히는 행위. 정신적 괴롭힘에는 성적인 성격의 발언, 행동, 몸짓 형태인 행동이 포함됨 ② 일회적인 심각한 행위도 근로자에게 지속적으로 해로운 영향을 미치는 경우, 정신적 괴롭힘에 해당됨 (온타리오州) ① 근로자인 모든 사람은 인종, 혈통, 출신지, 출신 민족, 피부색, 시민권, 신념, 성별, 성적 지향, 젠더 정체성, 젠더 표현, 연령, 전과, 결혼 여부, 가족 형태, 장애 등으로 인하여 사용자, 사용자의 대리인, 다른 근로자로부터 직장에서 괴롭힘을 당하지 않을 권리가 있음 ② 괴롭힘이란 상대방이 원하지 않는 것임을 알았거나 알 수 있었던 괴롭히는 언동을 뜻함
ILO	일의 세계에서 '폭력과 괴롭힘'이라는 용어는 일회적인 것인지 또는 반복하여 발생한 것인지에 관계없이, 신체적·심리적·성적 또는 경제적 위해를 초래하는 것을 목적으로 하거나, 또는 초래할 가능성이 있는 일련의 허용할 수 없는 행동과 관행, 또는 그러한 행동과 관행을 하겠다는 위협을 말하며, 젠더(gender)에 기반한 폭력과 괴롭힘을 포함함
한국	사용자 또는 근로자는 직장에서의 지위 또는 관계 등의 우위를 이용하여 업무상 적정범위를 넘어 다른 근로자에게 신체적·정신적 고통을 주거나 근무환경을 악화시키는 행위

각 국가별로 직장 내 괴롭힘 정의의 특징을 살펴보면, 프랑스는 정

의에서 직장 내 괴롭힘이 근로자의 정신적·신체적 건강에 해를 주는 것은 물론, 그것이 인격권(존엄성)의 침해라는 점을 분명히 밝혀두고 있다. 이는 우리와 분명한 시각적 차이를 보이는 것으로, 우리나라의 직장 내 괴롭힘의 정의를 규정하고 있는 근로기준법 제76조의2는 제76조 안전과 보건 아래 위치한다. 즉, 직장 내 괴롭힘의 문제를 인권의 문제라기보다는 안전과 보건의 관점에서 바라본다.

일본의 경우는 우리와 정의가 거의 같음을 알 수 있다. 그러나 우리의 경우 '적정범위'가 어디까지를 가리키는 것인지 불분명하여 혼선을 빚고 있다. 고용노동부의 매뉴얼이 설명한 바와 같이 이를 '포괄적 업무관련성'이라 설명하여 직장 내 괴롭힘 행위를 좁게 해석하려는 경향이 있다. 일본의 정의는 "업무상 필요하고 상당한 범위를 초월한 것"이라 하여 여전히 해석의 여백을 남겨두고 있지만, 우리보다는 명확한 기준을 제시하고 있다. 업무상 필요하지 않은 행위 — 가령, 사적 심부름 — 를 지속적으로 시킬 경우, 노동부 매뉴얼대로 업무관련성을 잣대로 들이대면 포괄적으로 해석하더라도 업무관련성이 부정되기 쉬워 직장 내 괴롭힘의 성립 여부가 불분명하다. 그러나 일본의 경우 업무상 필요함을 초월하기 때문에, 즉 업무상 필요성이 인정되지 않아 직장 내 괴롭힘이 성립할 수 있다.

캐나다의 경우 퀘벡주와 온타리오주의 정의를 살펴보았는데, 퀘벡주의 경우 프랑스의 정의와 비슷하다. 둘 다 정신적·신체적 건강뿐만 아니라 근로자의 존엄성 침해를 직장 내 괴롭힘의 본질적인 성격으로 파악한다. 차이점으로는 프랑스는 괴롭힘 행위의 반복성을 요구하는데, 퀘벡주는 일회적이더라도 괴롭힘 행위가 심각하고 근로자에게 지속적으로 해로운 영향을 미친다면, 직장 내 괴롭힘으로 인정하고 있다. 우리는 법문상으로는 괴롭힘 행위의 반복성을 요구하고 있지 않지만, 해석론으로는 충분히 나올 수 있다. 프랑스에서 실제로 반복성은 직장 내 괴롭힘과 일반 불법행위를 나누는 기준점이 되고 있다. 퀘벡주처럼 일회적이더라도 심각하거나 지속적으로 해로운 영향을 미치는 행위일 때

에는 직장 내 괴롭힘으로 포섭하는 해석론 또는 입법론이 제기되어야
한다.

온타리오주는 인권법에서 직장 내 괴롭힘의 정의를 규정하고 있다.
그 점에서 역시 직장 내 괴롭힘을 인권의 관점에서 바라보고 있음을 알
수 있다. 다만, 직장 내 괴롭힘의 유형을 차별적 요소인 "인종, 혈통, 출
신지, 출신 민족, 피부색, 시민권 …" 등에서 찾고 있어 직장 내 괴롭힘
이 차별적 성격을 갖고 있지 않을 경우에는 해석이 어려운 면이 있다.

ILO의 경우 "일의 세계에서의 폭력과 괴롭힘"에 관한 협약으로, 폭
력과 괴롭힘을 하나의 용어처럼 쓰고 있는데, 폭력과 괴롭힘을 별개로
구분하는 개념이라기보다는 상호 연관된 행위 양태라는 점을 밝히는 듯
하다. ILO의 일의 세계에서의 폭력과 괴롭힘의 정의를 우리와 비교하여
보면 역시 ⓐ 반복성을 요구하지 않으며, ⓑ 정신적·신체적 위해뿐만
아니라 성적·경제적 위해의 초래까지 행위의 양태로 포함하는 것이 특
징이다. 여기에는 성(sex)뿐만 아니라 젠더(gender)에 기반한 괴롭힘을
포함한다. 그리고 정의 규정에 나오지는 않지만, 적용대상의 범위가 임
금근로자뿐만 아니라 "계약 상태에 관계없이 일하는 사람, 인턴과 견습
생을 포함한 훈련 중인 사람, 고용이 종료된 근로자, 자원봉사자, 구직
자, 구직지원자, 사용자의 권한·의무·책임을 행사하는 개인" 등을 포함
하여 매우 폭넓게 적용한다.

2) 일본 대학교의 학내 괴롭힘의 정의 규정

직장 내 괴롭힘 외에, 학내에서 발생하는 괴롭힘에 대해서는 일본에
서 연구가 비교적 활발히 이루어지고 있다.

일본에서는 대학에서 발생하는 교육·연구와 관련된 괴롭힘을 "아카
데믹 하라스먼트(アカデミック·ハラスメント: Academic Harassment)"라
고 하고 있다. 이 아카데믹 하라스먼트라는 단어는 1992년 가을 "주간

아사히(週間朝日)"에 처음 등장하였다. 대학이 안고 있는 문제에 대한 여러 차례의 특집기사에서 담당기자가 대학의 구조와 체질 속에서 만연하고 있는 하라스먼트(괴롭힘)의 실태를 사회현상으로 파악하여 사회문제로 제창하기 위하여 명명한 것이다.[73] 하지만 이 용어는 법적으로 규정된 정의는 아니며, 이에 대한 정의는 각 학교 차원에서 아카데믹 하라스먼트에 대하여 규율하고 있는 것이 대부분이다.

이러한 아카데믹 하라스먼트 개념이 등장한 배경에는 ① 연구지도 관계에서, ② 연구와 고도의 전문적인 교육이라는 활동에 특유의 피해와 가해가 있고, ③ 전문직 및 전문가의 집단 속에서 권력구조가 있으며, ④ 대학과 아카데믹한 세계에서의 "상식"이 형성되는 방법과 의식결정에 독자성이 있다는 등의 특성이 있다. 이러한 특성 때문에 이른바 직장 내 괴롭힘(Power Harassment)과 구별하여 지칭하고 있다고 설명한다.[74]

일본에서 대학 내 괴롭힘에 대하여 관심을 가지게 된 경위를 간단하게 살펴보면, 구 문부성(우리나라 교육부에 해당)이 1999년에 "성희롱의 방지 등에 관한 규정(1999년 3월 30일 문부성 훈령 제4호)"을 발표하였는데, 이에 따라 각 대학에서는 성희롱 방지를 위해 철저한 주지계발, 연수 등을 실시하고, 고충상담에 대응하는 상담원 및 위원회 등을 설치하는 것이 의무화되었다. 이에 더불어 대학교의 괴롭힘 대책에 대해서는 대학설치기준 및 평가기준에 도입되게 되었는데, 2004년의 대학기준협회의 평가기준에서는 "괴롭힘(하라스먼트) 방지에 관한 규정이 정비되어 괴롭힘 문제에 대응하는 위원회·상담창구를 설치하고, 학생에 대한 홍보를 하고 있다."가 포함되었다. 또한 공익재단법인 대학기준협회의 "대학기준"(2020년 1월 28일 최종 결정)에서는 "학생지원"과 관련하여 "학생

---

73) 山内浩美・葛文綺編, "大学におけるハラスメント対応ガイドブックー問題解決のための防止・相談体制づくりー", 福村出版株式会社, 2020, 9頁.

74) 北仲千里・横山美栄子, "アカデミック・ハラスメント解決ー大学の常識を問い直す", 寿郎社, 2017, 28-29頁.

이 쾌적하고 안전한 학생생활을 보낼 수 있도록 학생의 인권을 보장하고, 괴롭힘의 방지에 충분히 배려해야 한다."라고 정의하고, 그 구체적인 "평가의 시점"으로서 "괴롭힘(academic, sexual, moral 등) 방지를 위한 체제 정비"라는 기준이 마련되었다. 이러한 대학기준평가 및 평가기준에서의 "학생생활지원"의 문맥에서 각 대학의 괴롭힘 대책이 급속하게 촉진되었음을 알 수 있다.[75]

한편, 일본에서는 "아카데믹 하라스먼트"라는 용어를 이용하여, 대학교 교육의 장에서 성희롱 이외의 괴롭힘, 이른바 대학이나 연구관계자간의 파워 하라스먼트를 가리키는 것으로 정의되는 경우가 많다. 또한 간혹 캠퍼스 하라스먼트(Campus Harassment)라는 용어로, 학생 간 및 직원 간 괴롭힘, 폭력, 성희롱 등 대학 캠퍼스에서 발생하는 다양한 괴롭힘(harassment)을 포괄하여 사용되는 경우도 있다.[76]

즉, 캠퍼스 하라스먼트란 "대학 등에서 상대방의 의사에 반한 부적절한 언동을 하여 상대방에게 불쾌감이나 불이익을 주는 인권침해 행위로, 학습·연구 또는 노동환경을 악화시키는 행위를 넓게 가리키는 것"이라고 정의된다. 인권침해의 태양이 상대방의 의사에 반한 성적인 언동에 의한 것이라면 성희롱(Sexual Harassment)이 되고, 인권침해의 태양이 직무상의 지위나 우월적 입장을 이용한 부당한 압력이라면 파워 하라스먼트(Power Harassment=직장 내 괴롭힘)가 된다. 또한 학습·연구와의 관계에서는 아카데믹 하라스먼트가 된다. 이렇게 캠퍼스 하라스먼트란, 성희롱, 직장 내 괴롭힘, 아카데믹 하라스먼트 행위에 대하여 그러한 행위가 대학 등에서 이루어진 경우를 넓게 지칭하는 총칭이라고 할 수 있다.[77]

---

75) 이에 대한 내용은 野田進, "アカデミック・ハラスメントの法理", 『季刊労働法』 No.269, 2020, 130－132頁 참조.
76) 北仲千里・横山美栄子, "アカデミック・ハラスメント解決－大学の常識を問い直す", 寿郎社, 2017, 16－17頁.

이와 관련하여 일본의 주요 대학의 학내 괴롭힘의 개념을 다음과 같이 소개하면 다음과 같다.

A. 도쿄 대학: 대학의 구성원이 교육·연구상의 권력을 남용하여 다른 구성원에게 부적절하고 부당한 언동을 함으로써 그 자에게 수학·교육·연구 또는 직무수행 상의 불이익을 주거나, 그 수학·교육·연구 또는 직무수행에 지장이 있는 정신적·신체적 손해를 입히는 것을 내용으로 하는 인격권 침해를 말함

B. 와세다 대학: 교원 등의 권위적 또는 우월적 지위에 있는 자가, 의식적이든 무의식적이든 불문하고, 그 우위의 입장이나 권한을 이용하거나 일탈하여 그 지도 등을 받는 자의 연구의욕 및 연구환경을 현저하게 저해하는 결과가 되는, 교육상 부적절한 언동, 지도 또는 대우를 말함

C. 니혼 여자 대학: 교육·연구의 장에서 교육·연구상의 지위 또는 권한을 이용한 부당한 언동으로 인하여 상대의 교육·연구 의욕을 저하시키거나 교육·연구환경을 악화시키는 것을 말함

D. 츄오 대학: 교육·연구활동상 지도적 입장에 있는 자가, 그 지도를 받는 자에 대하여 지도상 허용되지 않은 발언 및 행동을 하고, 그 지도를 받는 자의 자유롭고 주체적안 학수(学修)활동과 연구활동, 원활한 직무수행 활동을 저해하고, 개인의 존엄 또는 인격을 침해하는 것을 말함.

이처럼 일본에서는 아카데믹 하라스먼트, 즉 학내 괴롭힘에 대해서는 별도로 법률에서 규정하고 있지 않다. 하지만 관련 선행연구에서 다

---

77) 弁護士法人飛翔法律事務所, "キャンパスハラスメント対策ハンドブック", 経済産業調査会, 2018, 17頁 참조.

양하게 정의되고 있으며 또한 각 대학이 자주적으로 학내 괴롭힘과 관련된 행위를 정의 및 규율하고 이에 대한 방지조치를 해왔음을 알 수 있다.

그러므로 본 연구는 비교법적으로 학내 괴롭힘의 개념을 참고하되, 우리의 현실에 맞는 개념을 도출하는데 그 의의가 있다.

3) 대학내 괴롭힘의 정의 제안

국가별로 직장 내 괴롭힘의 정의 규정을 살펴보았고 추가로 일본 대학교들의 좁은 의미의 대학 내 괴롭힘, 즉 '학내 괴롭힘'의 정의를 알아보았다. 국가별·학교별로 각각의 특색이 있었고 추구하는 목적이나 제어하려는 행위의 태양이 약간씩 다르다는 것을 알 수 있었다. 이러한 다양한 태양들과 관련 해설들은 대학 내 괴롭힘의 실제 사례들을 해결하는데 매우 중요한 단서가 될 것이다. 직장 내 괴롭힘과 좁은 의미의 학내 괴롭힘을 합한 대학 내 괴롭힘의 정의를 제안하는 데에는 두 가지 방향이 있다. 위의 비교법적 요건들을 종합하여 새로운 정의를 제시하는 것과 우리 근로기준법에 이미 입법된 직장 내 괴롭힘의 요건을 확대하여 응용하여 제시하는 것이다. 생각건대, 본 연구가 대학 내 괴롭힘의 정의를 제시하는 목적은 실제 대학 내에서 직장 내 괴롭힘과 교내 괴롭힘이 일어났을 때 적용할 수 있는 척도를 보여주기 위함이다. 따라서 현행 법률의 요건과 다른 대학 내 괴롭힘을 제안하는 것은 실무에서의 혼선을 불러일으킨다는 판단 아래 근로기준법의 직장 내 괴롭힘의 요건을 준용하여 다음과 같이 대학 내 괴롭힘의 정의를 제안한다.

> 대학 구성원이 학내 지위 또는 관계의 우위를 이용하여 업무·연구·교육·학습상의 적정범위를 넘어 다른 대학 구성원에게 신체적·정신적 고통을 주거나 업무·연구·교육·학습 환경을 악화시키는 행위

III 대학 내 괴롭힘 판단을 위한 가이드라인과 유형

Ⅲ. 대학 내 괴롭힘 판단을 위한 가이드라인과 유형

1. 대학 내 괴롭힘 판단을 위한 가이드라인

대학 내 괴롭힘 문제는 앞으로 더욱 많은 논의와 실무적 경험을 통해 발전적으로 정립되어야 할 필요가 있다. 따라서 잠정적으로 대학 내 괴롭힘의 정의와 성립요건, 판단기준 등은 현재 근로기준법상 직장 내 괴롭힘을 바탕으로 하되, 대학의 특수성을 반영하고 문화 개선과 피해자 보호라는 목적에 조금 더 적합하도록 직장 내 괴롭힘을 확장 적용하는 방향성에 따라 가이드라인을 제시하고자 한다.

1) 성립요건

직장 내 괴롭힘을 바탕으로 대학 내 괴롭힘의 성립요건을 살펴보면 다음과 같다.

첫째, 행위자와 피해자는 대학 구성원이어야 한다. 대학 구성원이란 정규 등록한 학생, 정규직 교원과 직원만 의미하는 것이 아니라, 교환학생과 단기 계약직 직원 등 학내라는 공간에서 공동체를 이루고 있는 모든 구성원을 말한다. '학내'는 학교 내라는 장소적 개념만이 아니라 학교를 매개로 한 '관계'를 의미한다.

참고로, 대학 인권센터 규정상 행위자나 피해자 중 1인만 대학 구성원이어도 사건을 다룰 수 있는 경우가 많다. 대학 내 괴롭힘 사안은 곧 인격권과 노동권 등을 침해하는 문제이므로 인권센터에서 인권침해의 관점에서 사안을 다룰 수 있는데, 만약 인권센터에서 대학 내 괴롭힘 사건을 다루고, 이와 같은 규정이 있다면, 근로기준법보다 넓은 적용이 가능한 학내 규정에 따라 사건을 처리할 수 있다.

둘째, 학교에서의 지위 또는 관계 등의 우위를 이용하여야 한다. 먼저 지위의 우위는 지휘명령 관계에서의 우위를 말한다. 여기서 지휘명령이란 조직 내에서의 위계를 말하는 것으로 교원 간, 직원 간, 교원과 직원 간, 교원과 학생 등 우위의 직급과 직책을 갖고 있는 경우에 해당한다. 관계의 우위란 행위자와 피해자 사이에서 나타나는 사실상의 우위를 뜻하는 것으로 직책 외에 학번이나 연령 같은 개인적 속성 등에서 나타날 수 있다. 동등한 직책이더라도 개인 대 집단 같은 수적 측면에서 우위가 발생할 수 있다.

다만 대학은 다양한 지위와 직책과 관계가 복잡하게 존재하는 특수성이 있다. 특히 일반적으로 생각할 수 있는 우월적인 지위, 즉 교수가 학생보다, 정규직 직원이 계약직 직원보다 우위에 있을 수 있다는 관점과 달리 복잡한 대학 내 관계의 특성과 처한 상황에 따라 우위가 다르게 평가될 수 있음을 간과해서는 안 된다. 예를 들어, 고위직이라도 젊고 경력이 길지 않은 경우 은퇴를 앞둔 하급 직원과의 관계에서 복잡한 관계상의 우위가 충돌한다. 직급과 직무상 권한에 있어서는 젊은 고위직이 우위에 있으며, 업무 노하우와 경력, 동료들과의 관계와 세력에 있어서는 은퇴를 앞둔 하급 직원이 관계상 우위에 있을 수도 있다. 이와 같은 관계의 특성을 교원과 대학원생 사이에 대입하여도 비슷하다. 대학 내 괴롭힘 사건을 다룰 때에는 이렇듯 대학 내에 다양하고 복잡한 관계가 존재함을 충분히 이해해야 하며, '우위'를 해석하는 데에 있어 단순히 높고 낮거나 많고 적음을 기준으로 한 기계적 판단을 하지 않도록 주의해야 한다.

셋째, 업무·연구·교육·학습상의 적정범위를 넘어야 한다. 적정범위는 앞서 설명한 바와 같이 모호한 개념이다. 고용노동부의 매뉴얼은 이를 '포괄적 업무관련성'으로 해설하지만, '적정범위를 넘는 행위'에 '업무관련성'을 요구하는 것은 명문에 근거가 없이 지나치게 괴롭힘의 범위를 좁히는 것이다. 따라서 문리해석 그대로 '적정범위를 넘어서는 것'으로 볼 필요가 있다. 적정범위를 넘는 것이란 업무·연구·교육·학습과 관련이 없거나, 설사 관련이 있더라도 사회통념상 필요하지 않고 행위의 양태가 상당하지 않을 것을 의미한다.

넷째, 신체적·정신적 고통을 주거나 업무·연구·교육·학습 환경을 악화시키는 것이어야 한다. 가해자의 가해의사는 고려하지 않는다. 즉, 피해자를 해하려는 목적으로 괴롭힘 행위를 하지 않아도, 그 행위가 객관적으로 신체적·정신적 고통을 주거나 업무·연구·교육·학습 환경을 악화시키는 것으로 인정되면 된다. 구문의 해석상 고통이 없어도 위와 같은 환경을 악화시키면 대학 내 괴롭힘이 성립되며, 환경의 악화란 그 행위로 인하여 피해자가 능력을 발휘하는 데 간과할 수 없을 정도의 지장이 발생하는 것을 의미한다.

2) 판단기준

위와 같은 요건에 따른 행위가 대학 내 괴롭힘에 해당하는지 살피기 위해서는 다음과 같은 기준으로 판단할 수 있다.

우선, 대학 내 괴롭힘 행위는 크게 ① 업무·연구·교육·학습상 관련성이 없는 범위 밖에 있는 행위와 ② 업무·연구·교육·학습상 관련성은 있으나 적정범위를 벗어난 것인지 판단이 필요한 행위 등으로 구분해 볼 수 있다.

업무·연구·교육·학습 범위 밖에 있는 행위는 업무관련성을 인정하기 어렵고, 당연히 업무상 적정성도 인정되지 않는 행위이다. 예를 들면, 법령을 위반한 불법행위이거나 명백히 업무 범위를 벗어난 행위가 이에 해당한다.

　업무·연구·교육·학습상 관련성은 있으나 적정범위를 벗어난 행위인지 판단이 필요한 경우, 이를 판단하기 위해 업무·연구·교육·학습상의 관련성, 필요성, 상당성에 대하여 판단을 해야 한다.

(1) 업무·연구·교육·학습 범위 밖의 행위

　업무·연구·교육·학습 범위 밖에 있는 것이 명백한 행위의 대표적인 예는 법령 위반 행위이다. 폭행, 협박, 명예훼손, 모욕, 연구비 횡령, 불법에 가담을 요구하는 등의 법령을 위반한 행위는 이하의 다른 기준을 더 검토할 필요 없이 명백히 적정범위를 넘어선 행위로 판단될 수 있다.

　또 업무·연구·교육·학습과 관련은 없으나 업무·연구·교육·학습상 지위 또는 관계의 우위를 이용하여 행하는 행위를 상정할 수 있으며, 대표적인 예시로는 사적 심부름, 사생활 침해 등이 이에 해당한다.

(2) 업무·연구·교육·학습상 적정범위를 넘어선 행위

　업무·연구·교육·학습상 적정범위를 넘어선 행위인지 그렇지 않은 행위인지를 이해하기 위해서는 사안을 다각도로 살펴볼 필요가 있다. 본 연구에서는 관련성·필요성·상당성을 살펴볼 것을 제안하고자 한다. 다만 실무상 판단을 돕고자 아래와 같은 기준으로 분류하였으나, 실제 사건에서는 서로 연결·중첩되어 종합적으로 판단하는 것이 타당할 수도 있으므로 사안의 특성에 따라 적절하게 활용할 필요가 있다.

　① 업무·연구·교육·학습상의 관련성

　업무·연구·교육·학습상 적정범위 내에 있는 행위인지, 괴롭힘에 해당할 정도로 적정하지 않은 행위인지 판단하기 위해서는 우선 업무 등과의 관련성을 확인할 필요가 있다.

"관련성"과 관련해서는 기본적으로 업무·연구·교육·학습에 대하여 정해진 내부 규정, 작성한 계약서 등이 있는 경우 그 내용을 기준으로 판단한다. 이때의 관련성은 포괄적인 관련성으로 충분하다. 직접적인 업무·연구·교육·학습 수행 중이거나 관련한 일이 아니더라도 이에 편승해서 이루어지거나 이를 빙자하여 발생한 경우에는 관련성이 인정된다.

여기서의 내부 규정이란 장학금을 받아 강의를 보조하는 조교의 경우 조교 관리지침이나 장학금 규정 등을, 전문연구요원이라면 전문연구요원 관리지침을, 근로장학생은 근로장학금 관리지침 등과 같은 각 지위와 관련한 학내 규정과 함께 기관 내부의 복무규정 등을 의미한다. 학내 다양한 연구기관의 연구원의 경우 해당 기관의 규정을 살펴볼 필요가 있다.

위와 같은 지침이 별도로 존재하지 않는 지위에서 연구·학습·근무를 복합적으로 수행하고 있는 대학원생의 경우 다양한 규정을 참고하여 관련성을 검토해 볼 수 있다. 예를 들어, 연구실에 소속된 대학원생의 연구 환경과 안전에 관한 문제에서는 연구실 안전 환경 관리에 관한 규정을 살펴볼 필요가 있으며, 연구에 참여하면서 연구비와 관련한 문제가 있는 경우 연구비 관리에 관한 규정, 지침 등을 참고할 수 있다. 이러한 참고 규정과 계약서가 존재하지 않는 경우, 사실상 규정이나 계약에 준하는 관행은 없는지, 나아가 사건 당사자들의 전공과 특기, 연구나 과업의 목적과 내용 등을 바탕으로 관련성을 검토할 수 있다.

단, 대학 내 괴롭힘과 인간관계에서의 갈등을 단순 구분하기 어려우므로, 개인적 용무 중에 발생한 갈등 상황이더라도 직장 내 괴롭힘과 관련되어 있는지 검토할 필요가 있다.

② 업무·연구·교육·학습상의 필요성

업무·연구·교육·학습상 관련성이 있더라도 불필요하거나 과도한 경우 괴롭힘에 해당할 수 있으므로 업무 등에 필요한 행위인지 살펴보아야 한다.

"필요성"과 관련해서는 업무·연구·교육·학습과 관련하여 정해진 내부 규정, 작성한 계약서 등이 있는 경우 그 내용을 기준으로 판단하며, "사회통념상 필요성"이 있는 발언, 지시, 언동인지를 판단한다. 규정 및 계약과 관련한 예시는 위 ①에서와 같다.

다만, 대학에서는 일반 직장에 비하여 훨씬 다양한 지위와 다양한 관계가 상존하고 있기에 특수한 상황에 처해 있는 경우도 많다. 때문에 일반적이고 보편적인 통념을 기준으로 업무 등의 필요성이 있는지 판단하기 어려울 가능성이 높다. 이러한 경우 해당 업무 등의 특수성을 충분히 파악해야 하며, 그와 함께 보편적이고 기본적인 인권의 기준을 따라야 할 것이다.

③ 업무·연구·교육·학습상의 상당성

업무·연구·교육·학습과 관련하여 필요한 행위라 하더라도 상당하거나 적정하지 않은 경우 괴롭힘에 해당할 수 있다.

"상당성"과 관련해서는 ① 당사자 간의 관계, ② 언동의 경위, ③ 언동의 내용, ④ 언동이 행해진 기간과 반복성, ⑤ 언동이 행해진 장소, ⑥ 전후 상황과 맥락에서 판단한다.

3) 종합판단 요소

앞서 검토한 성립요건과 판단기준뿐 아니라 대학 내 괴롭힘에 해당하는 문제되는 행위인지 여부는 구체적인 상황을 종합적으로 검토하여 최종적으로 판단하여야 한다.

먼저, 피해자의 주관적인 피해와 고통을 고려해야 한다. 동시에, 합리적인 피해자 관점을 기준으로 판단한다. 이때 피해자가 처한 특별한 사정을 충분히 고려하여 "일반적·평균적·합리적인 사람이 피해자와 같은 입장이라면" 어떻게 느끼고 행동했을 것인지를 참고한다. 특히 피해자가 두 가지 이상의 중첩적인 취약성과 차별사유를 가지고 있는 경우에는 피해자의 특별한 사정을 더욱 유념해서 살펴보아야 하며, 학내 지위·관계에서 훨씬 취약할 수 있음을 인정해야 한다. 여기서의 차별사유는 「국가인권위원회법」 제2조 제3호의 "평등권 침해의 차별행위"를 참고하며, 대학 내의 특수한 차별도 함께 고려한다.

이와 함께 대학 내 괴롭힘의 특수성(폐쇄적이고 고립되기 쉬운 환경, 괴롭힘 행위를 회피하기 어려움 등)을 충분히 반영해야 한다.

또한 결과적으로 신체 또는 정신에 고통을 주거나, 업무·연구·교육·학습 환경을 악화시킨 행위인지를 종합판단해야 한다.

이때 행위자의 "괴롭힘의 고의" 여부는 고려하지 않는다. 마지막으로 대학 내 괴롭힘 사건을 판단할 때에는 인권감수성을 잃지 않아야 하며, 피해자가 학업을 중단하는 등 회복할 수 없는 중대한 피해가 발생한 경우 징계 양정에 반영하는 것을 고려할 필요가 있다.

2. 괴롭힘의 유형별 분석

직장 내 괴롭힘 금지 규정이 시행된지 오래되지 않았고, 아직까지 무엇이 해서는 안 되는 괴롭힘 행위인지에 대한 인식이 부족한 경우가 많다. 어떤 행위가 대학 내 괴롭힘 행위가 될 수 있는지 유형과 구체적인 행위의 예시를 안내하는 것은 그 자체로 인식 개선과 예방의 효과를 거둘 수 있다. 따라서 해외에서 분류하고 있는 괴롭힘 행위 유형과 예시 및 우리나라에서 기존에 발간된 연구 자료와 매뉴얼 등에서 언급한 행위들을 검토하여 보고, 이를 바탕으로 대학 내 사건의 특수성을 반영해 대학 내 괴롭힘 유형을 제시하고자 한다.

1) 각국의 괴롭힘 유형 분류 검토

(1) 일본

일본은 직장 내 괴롭힘 행위를 6가지 유형[1]으로 분류하고 있는데, 이 내용들을 살펴보면 아래와 같다.

유형	사례
신체적인 공격 (폭행·상해)	• 구타, 발로 찬다. • 상대에게 물건을 던진다.
정신적인 공격 (협박·명예훼손· 모욕·심한 폭언)	• 인격을 부정하는 언동, 상대의 성적지향·성정체성에 관한 모욕적인 언사 등을 포함 • 업무 수행에 관하여 필요 이상으로 장시간에 걸친 엄격한 질책을 반복 • 다른 근로자의 면전에서 큰소리로 위압적인 질책을 반복 • 상대의 능력을 부정하고 매도하는 내용의 이메일 등을 해당 상대를 포함한 복수의 근로자에게 전송
인간관계로부터의 분리 (격리·왕따·무시)	• 자신의 뜻에 따르지 않는 근로자를 업무에서 제외하거나 장기간에 걸쳐 별실에 격리하거나 자택연수를 시킴 • 1명의 근로자를 동료들이 집단으로 무시하고 직장에서 고립시킴
과대한 요구 (업무상 명확하게 불필요하거나 수행 불가능한 것의 강제 또는 업무를 방해)	• 장기간에 걸쳐 신체적 고통을 동반하는 가혹한 환경에서 근무에 직접 관계 없는 업무 명령 • 신규졸업 채용자에게 필요한 교육을 하지 않은 채 도저히 대응할 수 없는 수준의 업적 목표를 부과하고, 달성할 수 없었던 것에 대하여 엄격하게 질책 • 근로자에게 업무와는 관계가 없는 사적 잡용의 처리를 강제로 하게 함

---

[1] 고용노동부, 「직장 내 괴롭힘 판단 및 예방·대응 매뉴얼 부록 – 외국 매뉴얼 사례」, 2019.2. p.41; 박수경, "일본의 직장 내 괴롭힘 관련 법과 정책", 『최신외국법제정보』 제3호, 한국법제연구원, 2020, pp.103~104.

유형	사례
과소한 요구 (업무상 합리성이 없고, 능력이나 경험과 동떨어진 정도의 낮은 업무를 명령하거나 업무를 부여하지 않음)	• 관리직 근로자를 퇴직시키기 위해 누구라도 수행 가능한 업무를 하게 함 • 마음에 들지 않는 근로자를 괴롭히기 위해 업무를 주지 않음
사생활 침해	• 사적인 일을 다른 사람 앞에서 지나치게 떠벌리거나 이용함(사람들 앞에서 애인 유무를 묻거나, 과도하게 결혼을 추천하거나, 개인의 종교를 사람들 앞에서 말하거나 부정적, 악의적인 말을 함)

(2) 미국

미국 동등고용기회위원회(EEOC, Equal Employment Opportunity Commission)의 직장 내 괴롭힘 연구 태스크－포스에서 진행한 연구에 따르면, 직장 내 괴롭힘 행위의 유형은 다음과 같다.

우선, 괴롭힘은 성별(성적 지향, 임신, 젠더 정체성 등 포함), 피부색, 출신 지역, 종교, 연령, 장애, 유전적 특성 등에 기인한 괴롭힘이 있다고 분류하며, 괴롭힘 행위 유형은 공격적인 농담, 비방, 별명 부르기, 과도한 관심, 신체적 위협이나 폭행, 원치 않는 신체 접촉, 협박, 놀림, 모욕, 개인의 정체성에 대한 원치 않는 질문, 유해한 내용의 사진 보여주기 등을 예로 들고 있다.[2]

---

2) 고용노동부, 「직장 내 괴롭힘 판단 및 예방·대응 매뉴얼 부록 －외국 매뉴얼 사례」, 2019. 2., p.18.

- 공격적인 농담
- 비방
- 별명 부르기
- 과도한 관심
- 신체적 위협이나 폭행
- 원치 않는 신체 접촉
- 협박
- 놀림
- 모욕
- 개인의 정체성에 대한 원치 않는 질문
- 유해한 내용의 사진 보여주기 등

(3) 호주

2016년 호주 정부[3])가 발표한 직장 내 괴롭힘 방지를 위한 가이드라인에 따른 직장 내 괴롭힘 행위 유형은 다음과 같다.[4])

- 모욕적이거나 치욕적 또는 공격적인 말이나 언급
- 공격적이고 위협적인 행위
- 무시하거나 굴욕적인 언사
- 부당한 괴롭힘
- 짓궂은 농담
- 부당한 비평이나 불평
- 업무로부터의 배제
- 효율적 업무수행을 위한 중요 정보로부터의 배제
- 불합리한 업무시간 편성, 잦은 마감시간 변경 등
- 근로자의 작업능력을 과소 또는 과대평가한 업무 지시
- 근로자의 업무를 위한 정보에 대한 접근의 거부
- 근거 없는 루머의 확산
- 특정 근로자 또는 특정 근로자들에 대한 업무 변경

---

3) 호주에서 직장 내 괴롭힘을 담당하는 정부 기관은 'Safe Work Australia'이다.
4) 고용노동부, 『직장 내 괴롭힘 판단 및 예방·대응 매뉴얼 부록 - 외국 매뉴얼 사례』, 2019. 2., pp.63-64.

(4) 우리나라

우리나라에서는 근로기준법 개정 전부터 직장 내 괴롭힘에 대한 연구를 통해 괴롭힘에 해당하는 행위 유형을 분류하는 작업이 있어 왔다. 근로기준법 개정 후 고용노동부와 서울시 등에서 발간한 매뉴얼과 국가인권위원회의 실태조사 연구자료 등에서 나타난 괴롭힘에 해당하는 행위 유형을 정리하면 아래와 같다.

① 고용노동부 「직장 내 괴롭힘 판단 및 예방·대응 매뉴얼」[5)]

> • 정당한 이유 없이 업무 능력이나 성과를 인정하지 않거나 조롱함
> • 정당한 이유 없이 훈련, 승진, 보상, 일상적인 대우 등에서 차별함
> • 다른 근로자들과는 달리 특정 근로자에 대하여만 근로계약서 등에 명시되어 있지 않는 모두가 꺼리는 힘든 업무를 반복적으로 부여함
> • 근로계약서 등에 명시되어 있지 않는 허드렛일만 시키거나 일을 거의 주지 않음
> • 정당한 이유 없이 업무와 관련된 중요한 정보제공이나 의사결정 과정에서 배제시킴
> • 정당한 이유 없이 휴가나 병가, 각종 복지혜택 등을 쓰지 못하도록 압력 행사
> • 다른 근로자들과는 달리 특정 근로자의 일하거나 휴식하는 모습만을 지나치게 감시
> • 사적 심부름 등 개인적인 일상생활과 관련된 일을 하도록 지속적, 반복적으로 지시
> • 정당한 이유 없이 부서이동 또는 퇴사를 강요함
> • 개인사에 대한 뒷담화나 소문을 퍼뜨림
>   - 신체적인 위협이나 폭력을 가함
> • 욕설이나 위협적인 말을 함
> • 다른 사람들 앞에서 온라인상에서 모욕감을 주는 언행을 함
> • 의사와 상관없이 음주/흡연/회식 참여를 강요함
> • 집단 따돌림
> • 업무에 필요한 주요 비품(컴퓨터, 전화 등)을 주지 않거나, 인터넷·사내 네트워크 등에 접속을 차단함.

---

5) 고용노동부, 『직장 내 괴롭힘 판단 및 예방·대응 매뉴얼』, 2019. 2., p.16.

② 서울시 「직장 내 괴롭힘 사건 처리 매뉴얼」[6]

유형	구체적 행위
신체적 괴롭힘	• 신체에 대하여 폭행하거나 협박하는 행위 • 물건이나 서류 등을 던지려고 하거나 던지는 행위
업무적 괴롭힘	• 합리적 이유 없이 업무능력이나 성과를 인정하지 않거나 조롱하는 행위 • 합리적 이유 없이 개인 심부름 등 사적인 용무를 지시하는 행위 • 합리적 이유 없이 일을 거의 주지 않거나 허드렛일을 시키는 경우 • 합리적 이유 없이 업무와 관련된 중요한 정보 또는 의사결정 과정에서 배제하거나 무시하는 행위 • 합리적 이유 없이 특정인에 대해서만 복리후생(휴가 사용 등)을 제공하지 않는 행위 • 합리적 이유 없이 특정 근로자에게만 비품(PC, 전화 등)을 제공하지 않거나 사내 인트라넷 접속을 차단하는 경우 • 합리적 이유 없이 건강에 해로운 작업을 강요하거나 고위험의 작업을 전담하게 하는 행위
언어적 괴롭힘	• 다수 앞에서(온라인 포함) 모욕감을 주거나 명예를 훼손하는 행위 • 욕설이나 폭언 등 위협 또는 모욕적인 언행을 하는 행위 • 외모(신체적 특성)에 대한 지적이나 원하지 않는 별명 등을 사용하여 모멸감을 주는 행위 • 특정 인원과의 비교 또는 차별적인 발언
대인관계 괴롭힘	• 다수 근로자가 의도적으로 특정 근로자와 대화를 하지 않거나 동석을 거부하는 행위 • 상사가 부하 근로자들에게 특정 근로자와 대화를 금지시키는 경우 • 혈연, 지연, 학연 등으로 인한 집단적인 따돌림
기타	• 근거 없는 비방, 소문, 누명을 생산 또는 확산하는 행위 • 음주, 흡연 및 금전 대여를 강요하는 행위 • 기타 사적인 영역에 지나치게 개입하는 행위(생활방식, 가정생활 등)

---

6) 서울특별시, 『직장 내 괴롭힘 사건 처리 매뉴얼』, 2019. 7., p.5.

③ 국가인권위원회 「직장 내 괴롭힘 실태조사」[7]

분류	세부
조직적·환경적 괴롭힘	• 정당한 권리 주장을 이유로 한 괴롭힘: 권리 억압형 • 노동조합 활동을 이유로 한 괴롭힘: 노조활동 탄압 유형 • 인력감축을 목표로 한 괴롭힘: 구조조정형 • 일상적인 인력관리전략으로 활용: 인사노무관리전략형
업무 관련 괴롭힘	• 과중한 업무 부여 • 고유 업무 박탈 • 무의미한 업무지시 및 업무수행 저해
개인적·대인 간 괴롭힘	• 폭군적 리더십으로 인해 발생하는 괴롭힘 • 권력 위계에 의지한 동료 간 괴롭힘

구체적인 행위 양태
• 무력감을 느끼게 하는 반복되는 폭언 및 폭력
• 고립시키기
• 자존감을 훼손하는 공개적 비난과 무시
• 지속적인 면담
• 감시

---

④ 직장갑질119 제보 통계에 따른 유형[8]

직장갑질119는 2020년 1월 1일부터 6월 30일까지 6개월 동안 신원이 확인된 이메일 1,588건의 제보 내용을 조사, 직장 내 괴롭힘의 유형을 아래와 같이 5가지 범주와 32가지 유형으로 분류하였다.

---

7) 국가인권위원회, 『직장 내 괴롭힘 실태조사』, 2017. 11., pp.159-169.
8) 박점규, "제보 사례와 설문조사를 통해 본 직장 내 괴롭힘 현황", 『직장 내 괴롭힘 금지제도 1주년 토론회 자료집』, 2020. 7., pp.60-61.

범주		유형
폭행·폭언	폭행	물건을 던지거나 책상을 치는 등 신체적인 위협이나 폭력을 가하는 행위
	폭언	욕설이나 폭언 등 위협 또는 모욕적인 언행을 하는 행위
	협박	업무상 불이익을 주겠다며 협박하는 행위
	태움	업무를 가르치면서 학습능력 부족 등을 이유로 괴롭히는 행위
모욕·명예훼손	모욕	다른 직원들 앞에서 또는 온라인상에서 모욕감을 주는 행위
	비하	외모, 연령, 학력, 지역, 성별, 비정규직 등을 이유로 인격을 비하하는 행위
	무시	업무나 인간관계 등에 대해 무시하거나 비아냥거리는 행위
따돌림·차별	따돌림	상사나 다수의 직원이 특정한 직원을 따돌리는 행위
	소문	개인 사생활에 대한 뒷담화나 소문, 허위사실 등을 퍼뜨리는 행위
	반성	적정범위를 넘거나 차별적으로 경위서, 시말서, 반성문, 일일업무보고를 쓰게 하거나, 업무상 필요성이 없는 독후감을 쓰게 하는 행위
	배제	업무와 관련된 중요한 정보나 의사결정 과정에서 배제하는 행위
	차단	컴퓨터, 전화 등 주요업무 비품을 주지 않거나, 인터넷, 사내 네트워크 접속을 차단하는 행위
	차별	훈련, 승진, 보상, 일상적인 대우 등에서 차별하는 행위
	업무제외	허드렛일만 시키거나 업무를 주지 않는 행위
	비밀	의사에 반해 직장 내 괴롭힘을 신고한 제보자의 신원을 공개하는 행위
	건의	정당한 건의사항이나 의견을 무시하는 행위

범주		유형
강요	회식·음주·흡연	회식, 음주, 흡연 또는 금연을 강요하는 행위
	후원	특정 종교나 단체의 활동 또는 후원을 요구하는 행위
	장기자랑	회사 행사에서 원치 않는 장기자랑, 경연대회 등을 요구하는 행위
	모임	동호회나 모임을 만들지 못하게 하거나 강제로 가입시키는 행위
	행사	체육행사, 단합대회 등 비업무적인 행사를 강요하는 행위
부당지시	사적지시	업무와 무관한 사적인 일을 지시하는 행위
	사직종용	업무상 차별, 배제를 동반한 사직 종용 행위
	전가	본인 업무를 부하 직원에게 반복적으로 전가하는 행위
	야근	야근, 주말출근 등 불필요한 추가 근무를 강요하는 행위
	SNS	업무시간 이외에 전화나 온라인으로 업무를 지시하는 행위
	휴가	휴가나 병가, 각종 복지혜택 등을 쓰지 못하도록 압력을 주는 행위
	모성	임신·출산·육아휴직 등 모성보호 휴가를 쓰지 못하게 하거나 비하하는 행우
	감시	일하거나 휴식하는 모습을 감시하는 행위
	사비	회사 용품을 개인 돈으로 사게 하는 행위
기타	정보	사고위험이 있는 작업 시 주의사항이나 안전장비를 전달하지 않는 행위
	실업급여	권고사직 확인 등 구직급여 절차에 협조하지 않는 행위

⑤ 참고: 「공공분야 갑질 근절을 위한 가이드라인」 공공분야 갑질 유형[9]

우리나라 정부기관 합동으로 발표한 공공분야 갑질 근절을 위한 가이드라인 중 교육 분야의 갑질 유형을 포함한 내용에서 소개하고 있는 갑질 유형은 아래와 같다. 교육 분야의 갑질 행위 중 일부는 괴롭힘 행위를 구성할 수 있다는 점에서 참고로 함께 소개한다.

- 법령 등 위반 행위
- 사적이익 요구 행위
- 부당한 인사(부당 승진, 채용 강요, 채용조건 변경, 정당한 사유 없는 퇴직 강요 등)
- 비인격적 대우(인격비하 행위, 모욕적 언행 등)
- 기관 이기주의 행위
- 업무 불이익(부적절한 시간대 업무지시, 부당한 업무배제 등)
- 부당한 민원응대
- 기타(따돌림 등 차별 행위, 모임참여 강요, 신고 방해)
- 사제 도제관계에서의 갑질(대학원생 인건비 횡령, 논문 도용 등 연구부정 행위, 대학원생 불이익 처우, 폭행 또는 사적업무 지시 등)

---

2) 대학 내 괴롭힘 행위 유형

여러 나라의 직장 내 괴롭힘 유형 분류와 우리나라의 직장 내 괴롭힘과 갑질 유형, 대학 내 사건의 특성을 참고하여 다음과 같은 대학 내 괴롭힘 행위 유형을 정리하였다. 대학 내에서 발생할 수 있는 괴롭힘 행위를 신체적 괴롭힘, 언어적 괴롭힘, 대인관계 괴롭힘, 업무적 괴롭힘, 사적영역 괴롭힘의 5가지로 구분하였으며, 이에 해당하는 구체적인 행위들을 예시로 들었다.

신체적 괴롭힘은 신체에 대한 위협이나 공격성을 드러내는 행위, 또는 폭행이나 상해 등이 이에 해당한다. 물건이나 서류를 던지거나, 면전에서 책상이나 문을 세게 치거나, 때리려고 위협을 하는 행위, 손이나

---

9) 관계부처합동, 『공공분야 갑질 근절을 위한 가이드라인』, 2019. 2., pp.8-16.

발로 치거나 물건을 던져 맞히는 행위 등을 예로 들 수 있다.

언어적 괴롭힘은 명예훼손, 모욕, 협박과 같은 형사적으로 처벌받을 수 있는 행위는 물론, 비하, 비방, 굴욕적이고 모욕적인 언사나 공격적이고 불쾌한 농담, 부당한 비평 등도 해당할 수 있다.

대인관계 괴롭힘은 다수가 특정인을 따돌리고 고립시키는 행위가 대표적이다. 인사를 하거나 말을 걸었는데도 의도적으로 대답을 하지 않거나, 다 같이 있는 자리에서 한 사람만을 빼고 대화하거나 자리를 피하는 등 무시하고 고립시키는 행위가 이에 해당할 수 있다. 대인관계 괴롭힘은 비단 따돌림만 아니라 원치 않는 단체 행동이나 활동 등에 참여하길 부당하게 강요하고, 이에 거부할 경우 불이익을 주는 것도 해당할 수 있다. 흡연이나 음주를 강요하거나, 특정 종교나 단체에 활동하거나 후원할 것을 강요하는 행위, 회식에 참여하기 어려운 상황이 있음에도 불구하고 이를 강요하고 따르지 않을 경우 따돌리거나 불이익을 주는 행위를 예로 들 수 있다.

업무적 괴롭힘은 도저히 수행이 불가능하거나 업무와 무관하고 불필요한 일을 지시하는 행위, 업무와 관련성은 있으나 부당하거나 과도하게 지시하는 행위, 또는 피해자의 업무상 능력과 본래 업무 범위에 비하여 지나치게 쉽거나 허드렛일을 시키는 경우도 이에 해당한다. 이 밖에도 합리적이거나 정당한 이유 없이 업무에 관한 정보나 업무에서 배제하고 무시하는 행위, 근무시간이나 담당 업무 등을 부당하게 자주 변경하여 업무 환경을 불안정하게 하고 업무상 불합리한 대우를 하는 경우가 있다. 또한 실업급여 수급을 방해하거나 성희롱 또는 직장 내 괴롭힘 신고를 한 것을 이유로 부당한 대우를 하거나, 모성보호 휴가나 연차휴가 등을 쓰지 못하게 하는 등 정당한 권리를 행사하지 못하게 하는 행위도 예로 들 수 있다.

마지막 다섯 번째 유형으로는 사적영역에 대한 괴롭힘이다. 사생활에 대해 지나치게 묻고 간섭하거나, 사적인 상황을 다른 사람들에게 전달하는 행동, 소문을 만들거나 누명을 씌우는 행동 등이 이에 해당한다.

분류	구체적 행위
신체적 괴롭힘	• 신체적으로 공격적이고 위협적인 행동 예 물건이나 서류 등을 던지려고 함, 물건을 부수거나 책상을 세게 침, 손을 들고 때리려고 함 등 • 폭행, 상해 등 예 손이나 발로 치는 등 구타, 물건을 던짐 등
언어적 괴롭힘	• 명예훼손, 모욕 예 (온라인 포함) 여러 사람 앞에서 명예훼손 또는 모욕적 발언. 다른 사람들 앞에서 욕설을 하거나 여러 사람에게 허위사실 또는 능력과 인격 등을 부정하고 매도하는 취지의 발언을 하는 행위 등 • 협박 예 업무상 불이익을 주겠다는 협박 등 • 비하, 굴욕적이고 모욕적인 언사 예 외모나 인격 등에 대한 지적 또는 비하, 원하지 않는 별명 부르기, 불쾌하거나 공격적인 농담, 무시하거나 비아냥거리기 등 모멸감을 주는 언행 • 비방, 부당한 비평이나 불평 예 업무에 관하여 부당하게 장시간 과도하고 엄격하게 질책, 다른 사람들 앞에서 위압적이고 반복적으로 질책
대인관계 괴롭힘	• 따돌림, 고립 예 다수가 집단으로 한 명을 무시하고 고립시킴, 의도적으로 대화하지 않거나 동석을 거부함 등 • 원치 않는 단체 행동 등 강요 예 회식, 음주, 흡연 또는 금연을 강요, 특정 종교나 단체의 활동 또는 후원을 요구, 단체 행사에서 원치 않는 장기자랑, 경연대회 등을 요구, 동호회나 모임을 만들지 못하게 하거나 강제로 가입, 체육행사, 단합대회 등 행사 참여를 강요
업무적 괴롭힘	불필요· 불가능한 지시	• 신입 또는 신규 전입자가 교육을 이수하지 않고는 할 수 없는 수준의 과도한 업무를 부과하고 달성하지 못할 때 엄격하게 질책하고 불이익을 줌

분류		구체적 행위
		• 업무와는 관계없는 사적 심부름 등 예 상사의 개인 공과금 납부, 교수 자녀 과외 교습 등
	부당· 과도한 지시	• 상사가 본인의 업무를 정당한 이유 없이 부하 직원에게 반복적으로 미룸 • 야간, 휴일 등 불필요한 추가 근무 강요 • 업무시간 외에 전화나 온라인으로 업무를 반복적으로 지시 • 정당한 이유 없이 건강에 해롭거나 위험한 업무를 강요하거나 전담하게 함 • 부당한 재정(연구비, 인건비, 장학금 등) 개입 내지 관리를 지시 • 전공과 관련성이 낮은 연구에 투입하고 업무를 강요
	지나치게 쉽거나 허드렛일 지시	• 능력치에 맞지 않은 지나치게 쉬운 업무나 허드렛일 부여 예 관리직을 퇴직시키고자/근로계약서에 명시된 업무상 범위에 해당하지 않는 단순 계산이나 영수증 부착, 다과 심부름 등을 시킴 등 • 특정 근로자에 대하여만 근로계약서 등에 명시되어 있지 않은 사람들이 꺼리는 힘든 업무를 반복적으로 부여
	업무상 배제, 무시	• 합리적 이유 없이 업무를 위한 중요한 정보에 대한 접근을 막음 • 합리적 이유 없이 업무와 관련한 의사결정 과정에서 배제하거나 무시 • 업무에 필요한 주요 비품(컴퓨터, 전화 등)을 주지 않거나, 인터넷·사내 네트워크 등에 접속을 차단함 • 업무를 주지 않음 • 정당한 업무상 건의나 의견을 무시함
	불안정· 불합리한	• 특정 근로자에 대한 불합리하거나 비정기적인 업무시간 편성과 변경, 업무 내용 및 장소 변경

분류	구체적 행위
업무환경 조성	• 정당한 이유 없이 부서이동 또는 퇴사나 자퇴를 강요 • 차별적이거나 과도한 경위서, 시말서, 반성문, 업무보고서를 쓰게 함 • 훈련, 승진, 보상, 일상적인 대우 등에서 차별적으로 대함 • 정당한 이유 없이 업무 능력이나 성과를 인정하지 않음 • 일하거나 휴식하는 모습을 감시함
정당한 권리행사 방해	• 직장 내 괴롭힘, 성희롱 등을 신고한 사람의 신원을 공개 • 정당한 이유 없이 휴가나 병가, 각종 복지혜택 등을 쓰지 못하도록 압박 • 임신·출산·육아휴직 등 모성보호 휴가를 쓰지 못하게 함 • 회사 용품을 개인 돈으로 사게 하는 행위 • 사고위험이 있는 연구나 작업에서 안전교육을 하지 않거나 안전장비를 갖추어 주지 않음 • 권고사직 확인 등 구직급여 절차에 협조하지 않음
사적영역 괴롭힘	• 사적인 일에 대해 지나치게 질문하거나 간섭함 예 애인 유무, 결혼 여부, 종교, 정치 성향, 가족 형태나 상황 등에 대해 과하게 질문하거나, 과도하게 결혼이나 출산을 추천하거나, 종교에 대해 간섭함 • 사적인 일에 대해 다른 사람들에게 떠벌리거나 전달 예 개인사, 생활방식, 가정생활 등에 대해 불필요하게 다른 사람들에게 전달 • 근거 없는 소문, 비방, 누명을 확산 • 개인의 정체성, 성향 등에 대해 원치 않는 질문 • 사적 만남, 식사, 술자리 요구 등

대학 내 괴롭힘 행위 유형을 다섯 가지로 분류하였지만, 실제 괴롭힘은 이 분류에 맞추어 구분되어 일어나지 않으며, 두 가지 이상의 행위가 복합적으로 이루어질 수 있다. 예를 들어, 대인관계 괴롭힘은 무시하고 따돌리는 행위와 함께 무시하는 발언, 업무에서 배제 등이 복합적으로 이루어질 수 있으며, 부당한 업무지시가 신체적으로 위협적인 행동을 통해 이루어지거나, 정당한 휴가 사용을 거부하는 행위가 사생활 간섭과 복합적으로 나타날 수 있다. 실제 사건이 발생하였을 때는 각각의 행위가 명백한 괴롭힘으로 판단되기 어려워 보이더라도, 행위들이 복합적으로 이루어져 결과적으로 피해자에게는 극심한 고통을 주는 괴롭힘에 해당할 수 있다.

또한 실제 괴롭힘 행위는 위 예시에 해당하지 않는 경우가 다수 존재할 수 있다. 예전에는 SNS를 이용한 과도한 업무지시나 따돌림이 존재하지 않았지만, 매체의 발달로 인해 현재는 주요한 괴롭힘 행위 수단이 된 것처럼, 시대의 변화에 따라 새로운 유형의 괴롭힘이 발생할 수 있다. 따라서 실제 사건에 대응하기 위해서는 이미 분류된 유형과 예시를 참고하되 이 분류에 따라서만 판단하여서는 안 되며, 괴롭힘의 본질과 피해자의 고통의 관점에서 사건을 이해할 필요가 있다.

IV 예방과 구제방안 모색

Ⅳ. 예방과 구제방안 모색

　대학 내에서의 괴롭힘을 실효적으로 예방하고 구제하기 위하여 기존에 발간된 매뉴얼과 해외 자료들을 소개하고, 이를 바탕으로 대학 내 괴롭힘 예방과 구제책을 제안한다.

　아래에 정리하여 소개된 자료들 중 국내 자료는 2019년 고용노동부가 발간한 「직장 내 괴롭힘 판단 및 예방·대응 매뉴얼」, 서울시 「직장 내 괴롭힘 사건처리 매뉴얼」, 2017년 국가인권위원회가 발표한 국가인권위원회 「직장 내 괴롭힘 실태조사」, 2020년 서울지방변호사회가 발간한 「직장갑질 사건 법률지원 매뉴얼」, 고용노동부와 한국노동법학회에서 주최한 토론회의 「직장 내 괴롭힘 금지제도 1주년 토론회 자료집」을 참고하였다. 해외 자료는 일본 니혼대학교의 「인권침해 방지 가이드라인」, 니혼여자대학교의 「하라스먼트 방지·배제를 위한 가이드라인」, 도쿄대학교의 「아카데믹 하라스먼트 방지선언」·「하라스먼트 방지위원회 규칙」·「하라스먼트 방지를 위한 윤리와 체제 강령」, 릿쿄대학교의 「캠퍼스 하라스먼트 대책」, 와세다대학교의 「하라스먼트 방지에 대한 가이드라인」, 그리고 미국 매사추세츠대학교의 「직장 내 괴롭힘 대응(Workplace bullying grievance procedure)」을 참고하였다.

1. 괴롭힘 관련 예방과 구제를 위한 기존 매뉴얼의 검토

1) 기존 직장 내 괴롭힘 매뉴얼 검토

(1) 예방 조치

고용노동부와 서울시 등에서 발간한 직장 내 괴롭힘 매뉴얼에서 제안하는 예방과 구제책을 살피면 다음과 같다. 예방 활동에 대하여 고용노동부가 발간한 매뉴얼에 따르면 ① 최고 경영자의 반(反)괴롭힘 정책, 존중 일터 정책 등과 같은 정책 선언이 필요하며, ② 설문조사, 다면평가, 퇴사자 인터뷰 등을 통해 직장 내 괴롭힘 발생 위험요인을 점검하고, ③ 연 1회 이상의 주기적인 예방교육 실시(관리자와 직원 교육 분리), ④ 예방과 대응을 위한 조직 또는 담당자를 지정해 상시 운영하며, 담당자의 전문성을 키우며, ⑤ 다양한 방식의 캠페인과 제도 홍보, ⑥ 주기적으로 예방 및 대응 제도의 검토와 평가를 제안하고 있다.

서울시에서 발간한 매뉴얼에 따르면 ① 직장 내 괴롭힘 방지 대책을 수립하고, ② 고충상담 기구를 설치, ③ 고충상담 기구에는 전문성 있는 상담원을 배치하고 부서 내에 직장 내 괴롭힘 예방과 대응 업무 담당직원을 지정하며, ④ 사건 발생 시에는 즉각적이고 적절한 조치를 취할 수 있게 하고, ⑤ 피해자에 대한 불이익 방지 조치를 마련하고, ⑥ 조직문화를 점검, ⑦ 인식개선 및 교육과 다양한 캠페인을 통해 상담창구와 신고 절차를 홍보할 것을 제시하고 있다.

이 밖에도 국가인권위원회가 2017년 발간한 「직장 내 괴롭힘 실태조사」에서는 예방을 위해 ① 예방교육을 실시하고, ② 최고경영자가 금지 정책을 선언하는 등 메시지를 전달하며, ③ 직장 내 괴롭힘 방지 지침을 제정하고, ④ 실태조사를 하고 직장 내 괴롭힘에 대해 홍보할 것을 제안하고 있다. 2020년 서울지방변호사협회에서 발간한 「직장갑질 사건 법률지원 매뉴얼」에서는 직장 내 괴롭힘 예방을 위해 예방교육을 실시하고, 노동조합 활동 등을 통해 예방과 함께 대응도 할 수 있음을 안내하고 있다.

위 매뉴얼 등에서 제안하고 있는 주요한 예방 조치를 종합하면 다음과 같다. 첫째, 정기적인 예방교육 실시, 둘째, 최고경영자 또는 기관장의 정책 선언과 메시지 전달, 셋째, 고충상담 기구의 설치 또는 담당자를 지정해 예방·대응 조직 상시 운영, 넷째, 담당자 또는 상담원의 전문성 강화, 다섯째, 실태조사를 통한 직장 내 괴롭힘 현황을 파악하고 조직문화를 점검, 여섯째, 다양한 캠페인과 홍보를 통해 직장 내 괴롭힘과 신고 절차 등을 알리는 것이다.

(2) 사건 발생 시 대응 및 구제조치

고용노동부와 서울시 등에서 발간한 직장 내 괴롭힘 매뉴얼에서 제안하는 사건 발생 시 구제책을 살피면 다음과 같다. 사건 발생 시 조치에 대하여 고용노동부가 발간한 매뉴얼에 따르면 '피해자의 피해회복과 건강한 직장생활 복귀'와 '인격권이 보호되는 근무환경 확립'을 목표로 하여, ① 신속한 사건 처리, ② 신고 단계에서부터 피해자에 대한 심리상담 지원 등 고충 완화 지원 및 보호 조치, ③ 정식 조사를 진행하는 경우 조사자는 중립성과 전문성을 갖추어야 하며, ④ 조사 공정성을 위해 대면조사는 조사자 2인이 참여, ⑤ 행위자에 대한 재발방지 조치와 전반적 조직문화 및 제도 개선을 검토, ⑥ 사안에 따라 위원회 방식 또는 외부 전문가 참여, 노조 대표나 노사협의회 위원을 조사에 참여, ⑦ 사건 종결 후 일정 기간 동안 괴롭힘 재발 여부나 보복 여부 등을 살피고 피해자를 지원하는 등 모니터링 실시, ⑧ 피해 신고나 주장을 이유로 한 불이익 처우를 금지해야 한다고 제안하고 있다.

서울시가 발간한 매뉴얼에는 위 조치들과 함께 피해자와 신고자의 신원 비밀유지 등 사건처리 절차에서 피해자를 보호할 수 있는 체계를 마련해야 한다고 한다. 또한 국가인권위원회의 직장 내 괴롭힘 실태조사에서는 사건 종결 전이라도 사전적인 보호조치가 필요하며, 신속하게 개입하며, 징계뿐 아니라 권고, 조정 등 다양한 수단을 이용하여 피해자가 괴롭힘 피해 없이 계속 근무할 수 있는 실효적 구제가 필요하다고 보았다.

이 밖에도 서울지방변호사협회가 발간한 「직장갑질 사건 법률지원 매뉴얼」에서는 근로기준법상 규정의 문제점을 지적하며, 가해자가 사용자나 사용자와 특수관계인인 경우 다른 곳에 신고할 수 있는 규정이 필요하며, 권고의 실효성 확보를 위해 미이행 시 과태료 부과 등 제재를, 신고에 대해 미조치한 경우에도 과태료 부과 등 제재 조항이 필요하다고 보며, 비밀누설 금지 등 2차 피해 방지 조항의 도입과 피해자의 입증책임을 완화하거나 전환, 4인 이하의 사업장에도 적용할 필요가 있다고 제언하고 있다.

위 매뉴얼 등에서 제안하고 있는 주요한 대응 및 구제조치를 종합하면 다음과 같다. 우선 신속한 개입과 신속한 사건 처리, 피해자 보호와 2차 피해 방지를 중점으로 둔다. 그리고 첫째, 신고단계부터 피해자 보호 및 심리상담 지원 등 고충 완화 지원, 둘째, 공정한 조사를 위해 대면조사에 조사자 2인 참여 및 조사자의 중립성과 전문성 담보, 셋째, 비밀유지 원칙, 넷째, 사안에 적합한 방식(위원회 방식, 외부 전문가 참여, 노동자 대표를 참여시키는 등)으로 조사, 다섯째, 권고, 조정 등 다양한 구제수단을 활용, 여섯째, 행위자에게는 재발방지 조치, 일곱째, 전반적인 조직문화와 제도 개선 검토, 여덟째, 사건 종결 후 일정 기간 피해자 보호와 지원을 위한 모니터링 및 불이익 금지 조치, 아홉째, 권고의 실효성을 확보하기 위한 제재 수단을 확보하는 것이다.

2) 해외 대학 괴롭힘 사건 매뉴얼 검토

(1) 예방 조치

일본 와세다대학교의 「하라스먼트(Harassment) 방지에 대한 가이드라인」에서는 Ⅸ장에 '하라스먼트 방지를 위한 교육·연수·계발활동'을 규정하고, 대학 내 괴롭힘을 예방하기 위하여 ① 교육·연수를 적극 실시하고, ② 학내 공지, 팜플렛, 포스터 등을 통해 하라스먼트에 대한 대응과 방침을 기재해 배포, ③ 취업규정, 매뉴얼, 학생수첩 등에 기재하고 구성원들에게 배포하며, ④ 하라스먼트 방지위원회에서 연 1회 활동 내용, 조사결과, 상담사례 등을 적절한 범위에서 공표하는 보고서를 작성해 배포하도록 하고 있다.

일본 릿쿄대학교 「캠퍼스 하라스먼트 대책」에 따르면 릿쿄대학교 인권·하라스먼트 대책 센터에서는 ① 인권·하라스먼트 문제에 관한 프로그램을 기획·운영하며, ② 각종 연수 개최와 자료 수집, ③ 각 학부와 사무부서의 운영과 업무를 인권·하라스먼트 관점에서 점검하고 필요에 따라 제언하도록 하고 있다.

일본 도쿄대학교는 「도쿄대학교 하라스먼트 방지위원회 규칙」 제2조(임무)에서 하라스먼트 방지를 위해 연수 실시, 홍보 활동을 하도록 정하고 있다. 또한 일본 니혼여자대학교 「하라스먼트 방지·배제를 위한 가이드라인」에서는 제8조 '하라스먼트 방지를 위한 교육, 연수 및 계발활동'에서 하라스먼트 상담 안내, 팜플렛이나 포스터 작성과 배포, 학생에 대한 오리엔테이션과 강습회 개최, 교직원, 특히 관리직에 대한 연수 실시, 상담원의 전문성 향상을 위한 연수 개최 등을 제시하고 있다. 이 밖에도 일본 니혼대학교는 하라스먼트 문제에 대해 「인권침해 방지 가이드라인」을 통해 규율하고 있으며, 예방을 위해 리플렛이나 포스터 제작 배포, 연수나 오리엔테이션을 통한 교육, 홍보, 학생과 교직원 편람에 가이드라인을 기재하도록 하고 있다. 특히 교직원과 신규 교직원,

신입생에 대한 연수와 교육에 특별히 노력해야 한다고 정하고 있다.

위 가이드라인과 규칙 등에서 제안하고 있는 주요한 예방 조치를 종합하면 다음과 같다. 첫째, 괴롭힘의 발생원인·배경·실정·문제점을 충분히 이해할 수 있도록 교육과 연수를 정기적이고 적극적으로 실시, 둘째, 팜플렛, 리플렛, 포스터 등을 통해 괴롭힘 문제에 대한 이해를 높이며, 셋째, 상담창구와 대응 방식 등에 대해 다양한 방식으로 적극 홍보하며, 넷째, 학내 사건과 상담 사례 등을 적절한 방식으로 공표, 다섯째, 대학 내 괴롭힘 방지의 관점에서 학내 운영과 업무를 점검하고 제언, 여섯째, 교직원과 관리직 연수 및 상담원의 전문성 향상 등이다.

(2) 사건 발생 시 대응 및 구제조치

① 미국 매사추세츠대학교의 구제조치

미국 매사추세츠대학교의 「직장 내 괴롭힘 매뉴얼(Workplace bullying grievance procedure)」에서는 사건 발생 시 다음과 같은 절차에 따라 대응하고 구제하도록 규정하고 있다. 이 매뉴얼에서는 비공식적인 해결과 공식적인 해결 절차 모두를 제공하는 특징이 있으며, 캠퍼스 내의 모든 관리감독 지위에 있는 사람들이 직장 내 괴롭힘을 알게 되었을 때 감독자의 책임을 알 수 있도록 정보를 제공하고 훈련해야 한다고 규정하고 있다.

매사추세츠대학교 매뉴얼에서 제시하는 비공식적인 해결 절차는 다음과 같다. 모든 당사자들이 동의할 때 진행하며, 비공식적인 합의를 이유로 해결을 지나치게 지연시켜서는 안 된다. 매뉴얼에서 제안하는 비공식적인 해결 방식은 ① 증인과 동석한 상태에서 행위자와의 대화를 통해 문제 행동과 그로 인한 피해를 설명하고 중단을 요청하는 것, ② 대화가 어려운 경우 서신으로 전달, ③ 앞선 방법으로 구제가 어려운 경우 대학 고충처리실을 통해 비공식적이고 대안적인 분쟁 해결 지원을 받는다. 대안적인 해결 방식에는 상담, 갈등 해결을 위한 코칭, 중재, 당사자들끼리 대면 없이 의사 전달을 도움, 중재, 대화 중개 및 회복 지원이 있다.

매사추세츠대학교 매뉴얼의 공식적인 해결 절차는 2가지 단계로 이루어진다. 첫 번째는 괴롭힘 행위자의 상사(감독자)에게 구두 또는 서면으로 문제제기를 하는 것이다. 이 경우 ① 감독자는 모든 단계와 조치의 서면 기록을 남기며, ② 신고자를 면담하고, 이후 ③ 피신고자를 면담하고, ④ 당사자와 증인에게 보복이나 불이익이 없도록 적절한 조치를 우선 취한 후, ⑤ 증인 또는 증거 등을 확인하고, ⑥ 괴롭힘이 발생한 것으로 판단된다면 문제 행위 중지 및 재발 방지를 위한 조치를 취한다. 조치에는 피신고인에 대한 구두나 서면 지시, 징계 조치 등이 포함될 수 있다. ⑦ 감독자는 절차 진행 중 어느 시기라도 필요한 경우 당사자들을 보호하기 위한 임시 조치를 명령할 수 있다. 임시 조치에는 피신고인의 업무 변경, 근무 장소 변경, 또는 신고자의 동의 하에 신고자의 업무 변경, 근무 장소 변경이 있을 수 있으며 보호를 위해 다양한 방법이 강구될 수 있다. 만약 위와 같은 조치를 취했는데도 ⑧ 문제 행위가 중단되지 않는다면 처음 신고를 받은 감독자보다 상위의 기관(예를 들어, 학장에게 처음 문제제기 되었다면 그 다음은 부총장/총장 등)에 항소를 제기한다. ⑨ 항소를 접수한 감독자는 신고인 면담, 기존 기록 검토, 필요한 경우 추가 조사를 실시하고, 신고인 보호 조치와 피신고인에 대한 징계 등 적절한 조치를 취해야 한다.

두 번째는 위와 같은 행정적인 절차를 거쳤음에도 사건이 해결되지 않는 경우 공식적인 사건 조사(검토)를 요청할 수 있다. ① 요청은 공식 양식을 이용해 총장실에 제기하며, ② 신고인과 피신고인은 각 서면으로 피해 사실과 이에 대한 응답을 제출해야 한다. ③ 총장은 사실조사위원회의 4명의 위원 중 2명을 선발해 조사팀(노조가 임명한 1명과 행정처가 임명한 1명)을 소집하고, ④ 조사팀은 신고자와 피신고자를 면담하고 다른 직원들을 면담하는 등 조사를 진행한다. ⑤ 조사팀은 조사 과정에서 괴롭힘의 증명이 불충분하거나 사실이 아니라고 판단되는 경우 사안을 기각할 수 있으며, 문제되는 사안이 다른 부서에서 더 적절하게 해결될 수 있다면 이를 적절하게 이관한다. ⑥ 조사 과정에서 괴롭힘 발생 가능성이 높다고 판단된다면 총장과 행위자의 감독자 등 상황을 해결하기에 가장 적절한 관리자에게 사실을 알리고, 신고자 보호 및 피신고인의 행위 중지 및 재발 방지 조치(교육, 징계 등)를 취하게 한다. ⑦ 괴롭힘 문제가 개인뿐 아니라 조직적인 문제와 연결되어 있다면, 조사팀은 총장 등에게 이를 보고하고 적절한 감독자에게 내용을 알릴 수 있다. ⑧ 위 조치들을 통해 신고인이 괴롭힘이 없는 근무환경으로 복귀했는지 검토하고, 조사팀이 상황이 해결되었다고 판단하면 사건은 종결된다. 하지만 ⑨ 위 조치들로 상황이 종결되지 않는다면, 조사팀은 서면보고서를 총장에게 제출하고 직장 내 괴롭힘 검토위원회에 문제를 회부한다. ⑩ 이 검토 위원회는 3년 임기로 30명으로 구성되며, 사건이 회부되면 3명의 검토 패널이 조직된다. ⑪ 검토 패널은 기존에 작성된 사건 기록들을 검토하고, 신고인과 피신고인, 필요한 경우 다른 직원들을 추가로 면담할 수 있으며, ⑫ 모든 조사를 마친 후 증거에 따라 직장 내 괴롭힘 여부를 판단한다. ⑬ 최종 결과는 보고서로 작성되어 총장에게 보고되며, 당사자들에게 전달된다. 직장 내 괴롭힘이 확인되었다면 그에 따른 구제조치를 권고할 수 있으며, 총장은 이 권고를 검토하여 조치를 취한다. ⑭ 신고인과 피신고인은 모두 재심의를 요청할 수 있으며, 비밀을 보장 받는다.

매사추세츠대학교의 사건 처리 절차의 특징은 비공식적인 해결을 최우선으로 권하고 있다는 점에서 찾을 수 있다. 개인적인 문제제기, 고충처리실을 통한 개인적인 해결 지원, 그 다음 감독자를 통한 해결, 감독자를 통해서도 해결되지 않을 경우 공식 조사와 결정을 받는 단계로 나아가고 있다. 이러한 처리 절차가 제대로 작동하기 위해서는 대학 내 여러 소규모 공동체와 단위의 관리감독자들이 사건에 대응할 수 있는 충분한 역량을 갖추고 있어야 하며, 이에 대한 공동체 구성원들의 신뢰가 담보되어야 가능할 것이다.

② 일본 대학들의 구제조치

일본 와세다대학교의 「하라스먼트 방지에 대한 가이드라인」에 따르면 하라스먼트 방지위원회를 설치, 그 안에 상담창구를 운영하도록 하고 있으며, ① 학내 여러 상담 창구(커리어센터, 인사과, 각 학부와 연구소, 도서관, 유학센터나 보건센터 등)에서 하라스먼트 관련 상담을 받게 되면 하라스먼트 방지위원회에 보고하여 양자가 연계하여 조치를 취하도록 하고 있고, ② 방지위원회는 케이스를 선별(긴급 사건, 중대한 침해나 폭력 등을 동반하는 사건, 경미하거나 오해·인식 부족으로 인한 것 등)하고, ③ 당사자들의 동의를 받아 카운슬링, 조정 등으로 해결하는 것을 우선으로 고려한다. ④ 다만 당사자 동의가 없거나 조정이 되지 않는 경우, 또는 하라스먼트가 중대하며 징계처분의 필요성이 인정되는 경우 하라스먼트 방지위원회는 조사를 통해 조사보고서를 작성, 징계 권한이 있는 권한에 보고서를 제출하도록 정하고 있다. ⑤ 모든 과정에서는 문제제기, 상담 등을 이유로 불이익을 받지 않도록 하며, 비밀이 보장되어야 한다.

도쿄대학교의 「하라스먼트 방지위원회 규칙」에서는 ① 피해를 입었다고 주장하는 사람은 방지위원회에 신고할 수 있으며, ② 위원회는 예비심사를 통해 사건을 다루기에 적정한지 심사한다. 이를 통해 ③ 위원회가 상당하다고 판단하면 위원회는 세 가지 방식으로 사건을 처리하는데, 행위자에게 문제제기 사실을 알리고, 방지와 해결을 위한 조치를 강구하도록 경고하는 방식의 '통지', 위원회가 개입하여 당사자 간 화해를 목표로 조정하는 '조정', '정식 조사와 회의를 거쳐 구제조치 및 징계처분 등을 총장에게 권고하는 방식이 있다. ④ 모든 과정에서 비밀을 유지해야 하며, 당사자들에 대한 부당한 취급이 금지 된다. ⑤ 재심사가 가능하며, ⑥ 부서에서 사안을 다루는 경우 해당 부서는 대응 결과를 신속하게 방지위원회에 보고해야 한다.

니혼여자대학교의 경우 「하라스먼트 방지대책위원회」를 설치하고 괴롭힘 신고를 받고 있으며, 해결 방식은 '통지', '조정(調整)', '조정(調停)', '조사'로 하고 있다. 통지, 조정(調整), 조정(調停)은 방지대책위원회에서 2명을 지명(변호사 등 학외 전문가)하여 대응하며, 조사는 조사위원회를 꾸려 진행하는데, 교직원과 학외 전문가로 임명되며 3명으로 구성된다. 조사위원회의 독립성, 중립성, 공정성 보증을 위해 조사위원에는 사건 당사자가 속한 학부, 부속기관 부서 소속에서 참여할 수 없다. '통지'란 문제제기를 받은 사람에게 사실을 통지하고, 피해 상담이 있었던 문제에 대해 주의를 환기하며, 해결책을 탐색하고 보복을 하지 않도록 경고를 하는 것이다. 이 과정에서 최대한 피해자가 특정되지 않도록 보호해야 한다. '조정(調整)'은 문제제기 내용에 대해 상대방과 관계자들로부터 사정을 청취하고, 필요한 경우 관계부서의 장 등에 협력을 요구, 당사자들에게 조치와 배려를 함으로써 유연·신속하게 문제해결을 도모하는 절차이다. '조정(調停)'이란, 당사자들로부터 사실 확인 및 의견을 청취하여 당사자들의 합의를 목표로 문제해결을 하는 것이다. '조사'는 공정한 조사에 근거해 피해자를 구제하는 절차이다. 이 모든 과정에서 비밀을 엄수해야 하며, 조사와 증언을 이유로 불이익 취급을 해서는 안된다.

일본 대학들은 학교마다 조금씩 다른 사건 처리 절차와 구제 방식을 취하고 있으나, 개인적인 해결을 지원에서 행위자에게 경고하는 방식을 거쳐 당사자 간 합의 도출을 시도하고, 앞선 단계의 해결이 어렵거나 필요성이 있으면 정식 조사를 하는 방식으로 단계적인 대응을 제시하고 있음을 알 수 있다.

2. 실질적 예방과 구제책 마련을 위한 전문가 의견 청취

　　대학 내 괴롭힘에 대한 실효성 있는 예방과 구제책 마련을 위하여 직장 내 괴롭힘과 관련하여 실제 사건을 다양한 방식으로 지원한 경험이 있는 외부 전문가들로부터 의견을 청취하였다. 자문에 참여한 전문가는 직장갑질119 등에서 활동하는 노무사, 변호사, 활동가 및 한국공인노무사회 직장 내 괴롭힘 상담센터의 센터장, 직장 내 괴롭힘 사건을 다수 수행한 변호사 등 총 5명으로 구성되었다.

　　자문은 간담회와 서면 인터뷰로 이루어졌으며, 근로기준법에 따른 직장 내 괴롭힘 사건 처리에서의 문제점과 개선점, 그리고 대학에서 괴롭힘 사건에 실효성 있게 대응하기 위해 필요한 예방책과 구제책에 대한 내용으로 진행되었다. 이에 따라 제시된 예방과 구제방안은 아래와 같다.

1) 근로기준법에 따른 직장 내 괴롭힘 사건 처리의 문제점과 개선점

　　근로기준법에 따라 직장 내 괴롭힘 사건을 처리할 때 생기는 문제점에 대해서 전문가들은 다음과 같은 점을 지적하였다.

　　첫째, 직장 내 괴롭힘 금지 규정을 적용하는 범위가 너무 좁다는 점이다. 괴롭힘 문제에서 가장 취약한 사업장은 노동조합이 결성되어 있지 않거나 사용자가 마음대로 인사를 좌지우지 할 수 있는 소규모 사업장인데 반해 근로기준법에는 4인 이하 사업장에는 직장 내 괴롭힘 금지 규정이 적용되지 않는 문제점이 있다. 또한 괴롭힘 행위자(가해자)가 사업주의 친인척이거나 지인 등 특수관계인일 경우 사업주가 조사의 주체이기 때문에 조사가 제대로 되지 않으며, 해당 사업장에 소속된 근로자가 아닌 경우 사실상 금지 규정을 적용할 수 없다. 근로계약관계가 없거나 하청 관계 등 간접적인 관계가 있다면 이 역시도 근로기준법으로 규율 할 수 없다.

　　둘째, 사건에 대해 조치를 취하지 않거나 조사를 미루는 등 제대로 대응하지 않아도 이를 강제하거나 제재할 수 있는 조항이 없어서 실효성이 떨어진다. 미조치나 부적절한 대응을 막을 수 있는 제재가 필요하며, 신속한 처리를 위해 처리 기한을 정할 필요가 있다.

셋째, 피해자가 괴롭힘을 당했음을 주장, 증명하는 데에 어려움이 있다. 피해자에게 과도한 증명 책임을 지우는 것은 괴롭힘으로 인한 구제를 어렵게 하므로, 증명책임을 전환하거나 완화하여, 사용자가 직장 내 괴롭힘이 없었거나 적절한 조사와 대처를 했는지에 대한 증명책임을 지는 방식으로 변화할 필요가 있다.

끝으로 현행법의 해석과 적용에 있어서 미흡함이 있다. 현재 발간된 직장 내 괴롭힘 매뉴얼을 살펴면, 사건 처리 절차와 유의점들은 성희롱 매뉴얼의 내용을 참고한 것으로 내용이 거의 유사하다. 또한 참고로 제시한 판례도 성희롱과 관련된 판례이다. 기존에 성립되어 있던 성희롱 기준을 직장 내 괴롭힘에 대입하는 것은 직장 내 괴롭힘의 특수성을 충분히 반영하지 못할 위험성이 있으며, 이 틀에서 벗어날 경우 직장 내 괴롭힘으로 인정받기 어려울 수 있다는 문제도 발생한다.[1]

이러한 문제점을 개선하기 위하여 우선 괴롭힘 금지 조항의 적용 대상을 확대하고, 사업주가 미흡하게 대응하지 않도록 제재가 필요하며,

---

1) 이준희, "고용노동부 「직장 내 괴롭힘 대응·예방 매뉴얼」의 문제점과 개선방안", 『강원법학』 제58권, 강원대학교 비교법학연구소, 2019, pp.20-23에서는 특히 직장 내 성희롱의 해설과 판단기준을 직장 내 괴롭힘 매뉴얼에 적용한 문제점을 지적하고 있다. 고용노동부 매뉴얼 p.12에는 '문제되는 행위가 업무관련성이 있어야 하는데, 이 관련성은 포괄적 관련성을 의미한다'라고 설명하고 있다. 하지만 직장 내 괴롭힘 행위는 '업무상 적정 범위를 넘어서 신체적·정신적 고통을 주거나 근무 환경을 악화시키는 행위'라고만 명시되어 있을 뿐 업무와 관련된 행위일 것을 요건으로 삼고 있지 않다. 남녀고용평등법상 성희롱 규정은 업무관련성을 명시적으로 요구하고 있는데, 성희롱 개념과 판례를 예로 들면서 직장 내 괴롭힘 행위에 업무관련성을 요구하는 것은 타당하지 않다는 지적이다. 특히 직장 내 괴롭힘 행위는 뒤통수를 치거나 모욕을 주거나 사적 심부름을 시키는 등 업무와 관련이 없는 경우가 상당히 많기 때문에 이를 성립요건으로 두는 것은 문제가 있다.

피해자의 증명책임을 완화하여 피해 구제를 위해 과도한 부담을 지지 않게 하고, 직장 내 괴롭힘 사건의 특수성을 반영한 매뉴얼과 해설을 만들 필요성이 있다고 지적하였다.

이와 관련하여 일부 대학에서는 인권센터 규정을 통해 괴롭힘 문제를 인격권 침해의 인권 사건으로 파악, 대학 구성원 모두의 인권침해 사건에 개입하고 있다. 이러한 방식에 따르면 근로기준법상 근로자성을 인정받지 못한 사람이라 하여도 대학 구성원이라면 학내 규정으로 보호받을 수 있다. 다만 인권센터와 같은 학내 인권 기구에서 사건을 다루는 경우 그 결정이 권고적 효력을 가지고 있는 경우가 많기에 구제가 제대로 이루어지지 않았을 때 강제적으로 이를 제재할 수단이 많지 않아 이러한 문제를 극복하기 위한 논의가 필요하다.

2) 대학 내 괴롭힘 사건에 대한 실효성 있는 예방책 검토

전문가들은 실제 현장에서 괴롭힘 예방 교육이 큰 효과를 보인다고 설명하였다. 실제 직장갑질119에서 직장인을 대상으로 실시한 설문조사에 따르면, 예방교육을 이수한 직장인들이 이수하지 않은 직장인에 비해 15.6% 높게 '직장 내 괴롭힘이 줄었다'라고 답변하였다. 또한 예방교육을 이수한 경우 하지 않은 경우에 비해 괴롭힘이 발생하였을 때 적극적으로 대응을 했다는 응답도 16.8%가 높았고, 회사나 노동조합에 신고했다는 응답 역시 5% 높게 나왔다.[2]

전문가들은 교육의 효과를 높이기 위해 어떤 행위가 괴롭힘에 해당하는지 이해하기 쉽게 행위를 유형화 하고 이를 알려주는 것이 큰 도움이 된다고 지적하였다. 직장 내 괴롭힘 문제가 악질적인 행동으로 인한 경우도 있지만 잘못된 조직 문화 등으로 인해 유발되기도 하고, 잘못임

---

2) 박점규, "제보 사례와 설문조사를 통해 본 직장 내 괴롭힘 현황", 『직장 내 괴롭힘 금지제도 1주년 토론회 자료집』, 2020. 7., p.67.

을 제대로 인지하지 못하는 언동도 많기 때문이다.

나아가 대학에 적합한 예방교육을 개발하기 위해서는 괴롭힘 실태와 인식 조사를 정기적으로 실시할 필요가 있다고 지적한다. 각 기관마다, 공동체마다 문화적 특성이 다르고, 괴롭힘에 대한 인식의 정도에 차이가 있기 때문에 이를 정확하게 파악하고 그러한 '인식의 차이'를 교육에서 보여주는 것이 효과적이라고 설명하였다. 일례로 직장갑질119에서는 실태조사와 교육을 연계하여 조사 결과를 토대로 교육을 진행한 경우가 있었는데, 해당 회사의 상황과 특징을 잘 전달할 수 있으며, 직급이나 연령별 괴롭힘에 대한 인식의 차이가 크게 나타난다면 이러한 차이를 보여주는 것만으로도 차이를 인식하고 공감하는 데 효과를 보였다고 설명하였다.

따라서 대학 내 괴롭힘 행위 유형과 이에 대한 대응을 체계적으로 정리하여 괴롭힘 예방 교육을 정기적으로 실시할 필요가 있다. 이때 교육은 관리감독자들을 대상으로 한 교육과 직원이나 연구원 등을 대상으로 한 교육을 분리하여 실시해야 한다. 또한 정기적으로 괴롭힘 실태와 인식 조사를 실시하여 조사 결과를 토대로 교육을 진행하며, 조사 결과를 구성원들과 공유하는 것이 바람직하다.

전문가들은 이러한 교육과 함께 최고경영자가 지속적으로 직장 내 괴롭힘에 대한 근절 의지를 전체 구성원들에게 보여야 한다고 설명하였다. 괴롭힘 금지 선언, 공문과 이메일 등을 통한 주의 환기 등의 방식 등이 제안되었으며, 대학의 경우 총장이나 학장, 부속기관 기관장 등이 괴롭힘 금지 정책 선언을 할 수 있을 것이다.

3) 대학 내 괴롭힘 사건에 대한 실효성 있는 구제책 검토

실효성 있는 피해 구제를 위해서는 가장 먼저 신속한 사건 개입과 처리가 필요하다. 신속한 사건 개입을 통해 피해자 보호를 가장 우선하고, 사건 처리는 신중하고 정확하게 할 필요가 있다. 다만 사건 처리에 시간이 너무 오래 걸리면 그 과정에서 2차 피해 등 부가적인 문제가 발생할 수 있으며, 너무 빨리 처리하면 자칫 조사 절차상 문제가 생겨 가해 행위자가 적절한 징계를 받지 못하고 피해자 보호에 어려움이 생기는 등 의도치 않은 피해가 생길 수 있으므로, 신속하되 정확하고 신중하게 임해야 한다.

또 근로기준법에 따른 직장 내 괴롭힘 사건 처리는 사용자가 조치를 취하지 않거나 대응을 잘못하더라도 제재하지 못하는 것이 가장 큰 문제로 지적되었는데, 대학 인권센터에서도 권고 효력을 확보하기 위한 제도적 뒷받침이 필요하다. 해외 대학의 경우 괴롭힘 구제조치를 총장이 내리는 것으로 규정되어 있는 경우도 있고, 사후 모니터링 의무도 규정되어 있기에 참고할만하다. 간담회에서 제안된 방법으로는 인권센터의 구제조치를 제대로 이행하였는지를 평가받은 후 원래 자리로 복귀할 수 있도록 하는 방식이 있다. 평가 주체는 총장, 학장, 기관장 등이 될 수 있으며, 가해자가 인권센터의 권고와 '직장 복귀 프로그램'을 수행하고, 복귀에 적합하다는 평가를 받아야만 복귀할 수 있도록 제한을 두는 내용이다.

또한 피해자와 가해자 모두를 위한 '직장 복귀 프로그램'의 개발과 시행이 제안되었다. 피해자를 위해서는 심리치료 등을 지원하고, 가해자에게는 인식 개선의 기회를 주고 사건이 재발하지 않도록 하는 역할을 한다. 현재 직장 내 괴롭힘 사건에 특화된 프로그램이 개발·시행되고 있는 곳은 없지만, 대학 인권 기구들이 다른 단체·기관 등과 함께 개발하거나 시범적으로 시행해 볼 수 있을 것이다.

직장 내 괴롭힘 사건은 가해행위가 반복되고 심해지기 전에 이를 중지시키고 피해를 키우지 않는 것이 중요하기 때문에, 인권센터나 고용노동부에 신고가 들어가기 전, 사건이 다소 경미했을 때 공동체 내에서 적절하게 대응하는 것이 중요하다고 전문가들은 입을 모았다. 공동체 내에서 초기에 문제를 해결하기 위해서는 무엇보다 소규모 단위에서의 중간 관리자의 역할과 책임이 중요하다. 관리자들에게 특화된 교육을 실시하고, 직원 사이에 불편함이 생겼을 때 그 관리자에게 관리 책임이 있다는 사실을 알리고, 책무를 다할 수 있도록 해야 한다. 특히 사건의 특성상 특정한 개인의 가해행위로 인한 잘못보다는 조직문화나 구조상의 문제로 괴롭힘이 발생한 것이라면 더욱 문화 개선을 위해 관리자의 역할이 강조된다.

피해자는 사건 발생과 신고에 따른 어려움이 없도록 사건 해결 전이라도 임시조치를 통해 피해자를 보호해야 하는데, 물리적인 공간 분리가 어렵다면 임시라도 업무를 분리해 접촉을 줄이고, 분리가 여의치 않아 휴가를 써야 한다면 피해자에게 연차휴가를 소진할 것을 강요하지 않도록 한다. 간혹 사건 조사 중 가해자나 피해자가 퇴사를 하여 조사나 징계에 어려움이 생기기도 하는데, 전문가 간담회에서는 이에 대하여 피해자에게 이익이 있다면 사건에 대한 결론을 내 줄 것을 제안하였다. 특히 피해자는 직장 내 괴롭힘으로 퇴사한 것이 인정되면 실업급여를 받을 수 있기 때문에, 사건 진행 도중에 퇴사하였다 하더라도 결정문을 낼 실익이 있다는 것이다.

3. 대학 내 괴롭힘 예방과 구제책 제안

대학에서 괴롭힘 사건을 다루는 기구와 방식은 각 대학에 따라 다르다. 인권센터와 같은 학내 인권 기구에서 근로자를 비롯하여 근로자가 아니더라도 대학원생, 조교 등에 대한 괴롭힘 사건을 인권침해의 관점에서 모두 다루는 경우도 있다. 반면 근로자에 대한 괴롭힘은 인사나 감사 담당 부서에서 근로기준법에 따른 조치를 취하지만 조교나 학생 등에 대해서는 인권센터 등에서 다루는 등 이원적인 접근을 택하기도 한다. 이러한 사정에 따라 학내에서 취할 수 있는 예방과 구제 노력의 구체적인 방식은 달라질 수 있다. 다만 시행에 있어서 세부적인 차이가 존재하더라도, 괴롭힘에 대응하기 위해 대학 공동체가 해야 하는 노력의 지향점은 동일할 것이다. 따라서 이 연구에서는 대학 공동체를 위한 보편적이면서도 실효성 있는 예방책과 구제책을 제안하는 것을 목표로 하며, 여러 자료들에서 주요하게 언급되는 예방과 구제의 핵심을 바탕으로, 실무 전문가들의 자문을 통해 대학 실정에 맞는 보완을 하였다.

고용노동부 등의 직장 내 괴롭힘 매뉴얼과 해외 대학의 대학 내 괴롭힘 가이드라인, 그리고 전문가 간담회를 통해 실효성 있는 괴롭힘 예방과 구제책을 모색하였다. 대학 내에서 괴롭힘 사건을 다루는 인권기구 등에서 시행할 수 있는 예방과 구제책을 제안하면 아래와 같다.

1) 예방책의 제안

앞선 검토에 따르면 괴롭힘 예방에 가장 효과적인 방식으로 예방교육과 기관장의 메시지, 홍보가 주요하게 언급되었다. 이러한 방식은 기존 성희롱과 인권침해 예방을 위해서도 시행되어 오던 것인데, 대학 내 괴롭힘 예방을 위한 실효성을 거두기 위해서는 좀 더 구체적인 접근이 필요하다.

대학 내 괴롭힘 예방이 실효성을 거두기 위해서는 첫째, 공동체가 가지고 있는 현재의 인식 수준과 실태를 파악해야 한다. 대학 내 괴롭힘 실태와 인식 수준에 대한 조사 실시를 우선적으로 실시할 필요가 있다. 이를 통해 공동체 내에 어떤 괴롭힘이 어떤 양태로 존재하고 있는지 파악하고, 구성원들의 인식 수준과 인식 차이를 확인해야 한다. 공동체의 현재 상황을 파악하는 것에서부터 구체적인 예방 활동이 가능할 것이다.

둘째, 실태조사 결과와 연계한 예방교육을 실시해야 한다. 실태조사를 활용한 예방교육은 조사에서 나타난 구성원 간 괴롭힘에 대한 인식의 차이를 그대로 보여주거나 학내에서 벌어진 괴롭힘 행위 유형을 보여주는 방식부터 시작하여, 실태조사를 통해 알게 된 소규모 공동체의 특성을 반영한 맞춤형 교육까지 다양하게 생각해 볼 수 있다. 이때 실태조사 결과는 정식 사건 조사를 통해 사실 확인이 된 것이 아니기 때문에 실태조사에 언급된 사례를 그대로 사용해서는 안 되며, 통계를 활용하거나 사례를 유형화시키는 등 가공을 거쳐 의도하지 않은 피해가 발생하지 않도록 유의해야 한다. 이때 대학 내 인권 기구에 축적된 괴롭힘 상담 사례와 사건 처리 경험이 있다면, 개인정보와 당사자들의 비밀을 보호하는 내에서 교육적 목적으로 가공하여 예방교육 자료로 활용할 필요가 있다.

예방교육은 다음과 같은 원칙을 세우는 것이 바람직하다. 교육의 대상을 관리자와 직원으로 구분하여 시행하며, 연구원이나 조교, 근로장학생 등 학내에서 일정한 업무를 수행하고 있는 이들도 포함해야 한다. 교육을 할 때에는 괴롭힘에 해당하는 행위가 무엇인지 설명하여 이해에 도움을 주어야 한다. 그리고 상담창구와 대응 방식을 각 공동체의 특성에 맞게 적절하게 안내해 주어야 한다.

셋째, 실태조사 결과와 금지되는 괴롭힘 행위 유형, 근로기준법상 직장 내 괴롭힘 규정과 학내 괴롭힘 금지 규정 등을 홍보한다. 홍보 수단은 포스터나 현수막 부착, 리플렛 배부, 대학 공지 게시판이나 이메일 등을 생각해 볼 수 있으며, 최대한 전체 구성원들이 이를 인지할 수 있도록 적극적으로 홍보할 필요가 있다.

넷째, 기관장의 괴롭힘 금지 정책 선언이 필요하다. 대학에서는 총장, 단과대학 학장, 부속기관의 기관장 등 크고 작은 공동체의 장이 괴롭힘 금지를 선언하고, 공동체 내에서 이를 해결하기 위해 노력할 것을 알릴 필요가 있다. 공동체 장의 이러한 메시지는 내부의 인식 개선에 큰 도움이 되며, 괴롭힘 행위를 예방하거나 가해행위를 멈추게 하는 효과를 기대할 수 있다.

끝으로 괴롭힘 사건이 발생하였을 때 학내에서 믿고 상담 받을 수 있으며, 공정·객관·합리적인 조사를 할 수 있는 신뢰 있는 전담 기구가 설치되어야 한다. 대학 내 인권 기구나 괴롭힘 사건 전담 부서나 직원 등이 이러한 역할을 맡을 수 있을 것이다. 이러한 전담 기구나 부서가 상시적으로 운영될 수 있어야 대학 내 괴롭힘 문제에 장기적이고 근본적인 계획을 세우고 대응할 수 있으며, 피해 발생 시 신속한 대응이 가능하다. 공동체 내에서 신속하게 피해자를 보호하고, 공정하게 사건을 해결해 내는 경험을 하는 것이야말로 공동체 전체에게 강력한 교육의 효과와 예방의 메시지를 줄 수 있으며, 이를 위해서 전담·상시 기구가 필요하다.

---

(1) 대학 내 괴롭힘 실태와 인식 수준에 대한 조사
(2) 실태조사 결과 및 상담사례와 연계한 예방교육 실시
  • 예방교육은 관리자와 직원(연구원, 조교, 근로장학생 등 포함)을 구분
  • 괴롭힘에 해당하는 행위 유형 등을 적시하여 이해를 도움
  • 상담창구와 대응 방식을 각 공동체에 맞게 적절하게 안내
(3) 실태조사 결과와 괴롭힘 유형 등은 다양한 홍보 수단(리플렛, 포스터, 이메일 등)으로 전체 구성원들에게 안내
(4) 총장, 학장, 기관장 등의 괴롭힘 금지 정책 선언
(5) 대학 내 괴롭힘 전담 기구 운영 및 상근(전담) 직원 지정(채용)

---

2) 구제책의 제안

대학 내 괴롭힘의 피해를 구제하기 위해서는 무엇보다 피해자를 보호하고 일상으로 복귀할 수 있게 돕는다는 대원칙에 따라야 한다. 이와 함께 행위자에게는 잘못에 대한 적절한 책임을 지게 하고, 행위가 재발하지 않도록 행위자 개인뿐 아니라 공동체 모두의 인식과 문화 개선을 위한 노력을 해야 한다.

피해 구제를 위한 가장 중요한 점은 바로 사건이 발생했을 때 신속하게 피해자를 보호하는 것이다. 대학 내 괴롭힘 사건을 다루는 기관에서는 피해 사실이 접수되거나 인지하였을 때 곧바로 피해자 보호를 위한 임시조치를 시행하여야 한다. 임시조치는 당장의 괴롭힘 행위 중단을 위한 조치, 피해자 보호를 위해 행위자와 업무나 공간을 분리하는 조치 등을 고려할 수 있다. 신속한 피해자 보호와 함께 사건을 다루는 기관은 신중하고 정확한 사건 처리를 해야 한다. 다만 사건 처리 기한이 너무 길어질 경우 2차 피해가 발생하는 등의 문제가 생길 수 있으므로 주의해서 조사 기한 상한을 정해야 한다.

둘째, 가해 행위를 중단하고 재발하지 않도록 실효성 있는 제재 수단을 둘 필요가 있다. 행위자는 인권 감수성을 키우는 재발방지 교육을 받는 등 잘못된 행위에 적절한 직장 복귀 프로그램을 수행하고, 이를 제대로 이행하였음을 확인받은 후 복귀하는 것이 적절하다. 현재까지는 직장 복귀 프로그램을 정식으로 운영하고 있는 곳은 없으나, 각 학교마다 가능한 범위 내에서의 프로그램을 구상해 운영할 수 있을 것이다. 이를테면 인권 교육 이수와 재발방지 서약, 인권 담당 기구나 관리자와의 면담 등 다양한 방식을 생각해 볼 수 있다. 뿐만 아니라 인권센터와 같은 사건 처리 기관에서 내린 권고를 행위자가 제대로 이행했는지를 모니터링 해야 하며, 인사담당 부서 등과 연계하여 결과를 인사 평가 등에 반영하는 등 실효성 확보를 위한 방안을 마련해야 한다.

셋째, 피해자 보호와 지원을 강화해야 한다. 대학 내 심리상담소는 대체로 학생들을 대상으로 하고 있는데, 학내에 직원과 교원을 위한 상담소 운영도 필요하다. 기존 상담소에 인력 충원 등을 통해 이용 대상을 확대하거나, 직원과 교원을 대상으로 한 별도의 상담소를 설치하는 방법 등을 생각할 수 있다. 만약 이러한 방식의 상담 지원이 어렵다면, 괴롭힘 사건을 담당하는 기구에서 피해자가 외부에서라도 상담을 받을 수 있도록 비용 지원 등을 하는 방법도 있다. 또한 피해자 역시 본래의 일상으로 돌아가기 위한 도움이 필요하므로, 업무나 공간 분리 또는 조정과 그것의 시행 기간, 심리적 지원과 방법 등을 정하고 이행할 수 있는 복귀 프로그램을 개발하고 운영할 필요가 있다. 이때 행위자와 피해자의 분리가 필요한 경우, 공간분리를 원칙으로 하되 기관의 사정상 시행이 어렵다면 업무를 분리하거나 업무 시간을 분리하는 등 가능한 여러 방식을 고려해야 한다. 피해자에게 휴가가 필요한 경우 피해자에게 연차휴가를 소진할 것을 강요하지 않도록 주의한다.

넷째, 피해의 구제는 다양하게 모색해야 한다. 예를 들어, 피해자나 가해자가 조사 도중 퇴사하여 괴롭힘 행위가 중단되었다 하더라도, 학내 절차를 통해 사건을 해결할 필요가 있을 때가 있다. 피해를 인정하는 학교의 결정을 통해 중도 퇴사한 피해자는 실업급여를 받는 등의 실익이 있을 수 있다. 이렇듯 피해자의 상황을 면밀하게 검토하여 피해구제에 적합한 방법을 다양하게 모색해야 한다.

다섯째, 괴롭힘 행위가 심각해지기 전 단계이거나 경미한 행위가 있었을 때 초기에 개입할 방안을 모색한다. 피해자나 주변인이 개인적인 해결을 모색할 때 인권센터가 자문을 통해 해결을 지원할 수 있으며, 혹은 인권센터를 통해 가해 행위를 중지하고 개선할 것을 경고할 수도 있다. 또한 소규모 단위의 공동체의 장 또는 중간관리자는 직원들 사이의 갈등과 불편함을 중재하고 행위를 중지시킬 책임이 있음을 알리고, 관리자는 교육을 받고 적절하게 개입하도록 한다. 단, 섣부른 관리자의 개입은 오히려 상황을 악화시킬 수 있고, 공동체 내 인권 의식과 신뢰가 부족하다면 사용하기 어려운 방식이므로, 반드시 사전에 관리자 교육 등을 받도록 하며, 관리자 단독으로 사건에 개입하기 어려운 경우 인권센터 등에서 자문을 받거나, 사건에 임의로 개입하지 말고 인권센터에서 상담 받도록 안내한다.

(1) 신속한 피해자 보호와 신중한 사건 처리
(2) 가해 행위 중단과 재발방지를 위한 제재 수단 강화
　① 행위자에 대한 직장 복귀 프로그램 개발과 시행
　② 인권센터 권고 이행 여부에 대한 모니터링 시행
　　• 모니터링 주체는 인권센터뿐 아니라 인사담당 부서에서 할 수 있으며, 결과
　　를 인사 평가 등에 반영
　③ 직장 복귀 프로그램 수행 및 이에 대한 평가와 복귀 결정
　　• 평가 주체는 인사담당 부서 또는 가해자 소속 기관에서 할 수 있으며, 결과
　　를 인사 평가 등에 반영
(3) 피해자 보호와 지원 강화
　① 직원과 교원을 위한 심리상담센터 운영
　　• 상담사 인력 충원 등을 통해 상담소를 이용 대상을 확대하거나, 직원과 교원
　　이 이용할 수 있는 별도의 상담소를 운영하는 방법 등이 있음
　② 피해자를 위한 직장 복귀 프로그램 개발과 운영
　③ 행위자와 분리가 필요한 경우, 공간분리를 원칙으로 하되 어려운 경우 업무나
　　시간을 분리하는 등의 방법으로 대처. 피해자에게 휴가가 필요한 경우 피해자
　　의 연차휴가를 소진할 것을 강요하지 않아야 함
(4) 피해 구제책의 다양한 모색
　　• 피해자가 조사 중 퇴사하여 괴롭힘 피해가 중단되었다 하더라도, 피해를 인정하
　　는 인권센터의 결정을 통해 피해자는 실업급여를 받을 수 있는 등의 실익이 있
　　으므로, 피해 구제에 도움이 되는 방향으로 사건을 처리
(5) 경미한 가해 행위에 대한 적절한 대응과 구제
　① 경미한 가해 행위의 경우 인권센터는 개인적인 해결을 지원하거나, 인권센터를
　　통해 가해 행위를 중지하고 개선할 것을 경고하는 등의 초기 개입 절차를 둠
　② 소규모 단위의 공동체의 장 또는 중간관리자에게 직원들 사이의 갈등과 불편함
　　을 중재하고 문제 행위를 중지시킬 책임이 있음을 알리고, 관리자의 책임 하에
　　경미한 사건을 해결하도록 함. 단, 관리자의 개입은 관리자 교육을 받고, 공동
　　체 내 신뢰가 있는 경우에 시행하는 것이 타당하며, 어려운 경우 관리자는 인
　　권센터의 자문을 받아 이행하거나 인권센터의 상담을 통하도록 안내함

V 대학 내 괴롭힘 유형별 사례 연구

Ⅴ. 대학 내 괴롭힘 유형별 사례 연구[1]

1. 교직원 간 사례

1) 언어적 괴롭힘

① 동료 교수에 대한 반복적인 음해 및 협박

☑ 사례

> 대학교수 A와 B는 선후배 관계로 A는 학과 내 동료 교수 전체(약 50여 명)에게 이틀
> 간격으로 총 네 차례 단체 이메일을 보내 B 교수가 예의가 없고 무능하며 성격파탄자
> 라고 비난하였다. 그리고 이틀 후 역시 학과 내 동료 교수 중 친분이 있는 교수 3인에
> 게 B가 다른 과의 모 교수랑 불륜 관계라는 허위사실을 이메일에 적어 보냈다. B에게
> 도 이메일을 보내 자신의 잔여 임기 동안 계속 괴롭혀주겠다고 하였으며 이미 동료 교
> 수들에게 따돌릴 것을 이야기하였으니 학교를 그만두라고 하였다.

⁝ 해설

사내 구성원 간의 갈등을 외부로 전파하면서 지속적인 음해와 명예
훼손을 일으킨 사건이다. 사안의 갈등이 근거가 없는 인격모독적 내용
이고, 타인에게 끊임없이 전파하였다는 점에서 피해자의 심각한 신체적
·정신적 고통이 가늠되고 그의 업무인 연구환경 또한 저해됨을 짐작할

---

1) 본 사례는 노동부 매뉴얼, 서울시 매뉴얼 및 언론 기사 등을 통해 수집한 사례를
　　재가공한 것이다.

수 있다. 지위 또는 관계의 우위 또한 교수 사회의 선후배 간이라는 점에서 인정된다.

▷ 시사점

근로자 처지에서 사내 대인관계는 업무 환경과 밀접하게 연결되어 있다. 공식적인 근로조건이라 할 수는 없지만, 근로자의 정신·신체적 부담과도 연결되어 있어 근로환경 중 중요한 요소이다. 더군다나 일대일의 관계가 아닌 여러 사람에게 지속적인 음해와 명예훼손을 하였으며, 그 대상이 좁은 학계여서 일생 지속해서 마주쳐야 한다는 점에서 더욱 행동이 나쁘다고 할 수 있다. 형법적으로는 모욕죄와 허위사실 적시 명예훼손죄가 될 수 있다.

② 성차별적인 발언

☑ 사례

> 대학교 보직 간부 A는 부하 여직원들에게 상습적으로 "여자는 남자보다 빠르지 못하다.", "여자는 사회생활에 둔하다.", "여자는 육아휴직 등 일보다는 개인사에만 관심 있다.", "이래서 여자는 쓰면 안 된다.", "여자는 군대에 안 가서 상사 무서운 줄을 모른다.", 등의 발언을 하였다.

▷ 해설

이 사안에서 문제가 되는 것은 성차별적 발언이다. 「남녀고용평등 및 일·가정양립 지원에 관한 법률」에서 규정하고 있는 성희롱은 성적 굴욕감 또는 혐오감을 느끼게 하는 '성적 언동'이 필요한 바, 이 성적 언동만큼의 정도는 아니지만, 성차별적 언동을 하여 피해자에게 정신적 고통을 일으키며 근무환경을 악화시킬 수 있다. 과거에는 이러한 성차별적 언동에 대한 대책이 전혀 없었으나, 현재는 직장 내 괴롭힘으로 포섭할 여지가 생겼다.

직장 내 괴롭힘은 신체적인 가혹함이 동반되는 업무지시와 폭행, 협박 등 외에도 언어적 폭력이 수반되는 경우가 많다. 특히 언어적 폭력에는 성희롱이나 형법상의 모욕이나 명예훼손 정도는 되지 않는 수준의 차별적 발언 또는 폄훼 발언이 많아 피해자가 과연 이 정도로 대응을 할 수 있는 것인지 주저하게 하는 것이 많다. 이 경우도 직장에서의 지위 또는 관계 등의 우위를 이용한 것이라면 명백한 직장 내 괴롭힘이 성립한다. 만일 이러한 정신적 괴롭힘으로 피해자가 우울증 등의 정신질병에 시달리게 된다면 업무상 질병이 성립되어 산업재해 처리가 된다.

2) 업무적 괴롭힘

① 관련 없는 강의 배정으로 보복한 행위

☑ 사례

대학교수가 재임용에 부당하게 탈락한 동료 교수를 옹호하고, 재단 비리를 지적하면서 교육부에 감사를 요청하면서 소속 학교법인에 정면으로 대항하자 학교법인은 강의 배정과 관련하여 아무런 연락도 취하지 아니하다가 전격적으로 해당 교수의 소속을 변경시키고, 해당 교수가 이전부터 강의하였고 당시 배정이 되지 않은 전공과목에 대한 배정 요청을 묵살하고, 통상의 경우와 달리 신학기가 시작되기 불과 수일 전에 해당 교수와 아무런 상의도 없이 일방적으로 해당 교수에게 전공과 관련이 없는 강의를 배정하였다. 결국 해당 교수는 새로 맡은 강의를 포기하였고, 해당 교수가 배정 요청한 전공과목은 오히려 비전공자이자 시간강사인 타인에게 배정되었다.

▸ 해설

대학에서 강의 배정은 대학 내 행정기관의 재량이라고 할 수 있다. 그러나 명백한 보복 행위로 관련이 없는 강의 배정은 행정기관이 내리는 업무의 적정범위를 넘어선 것으로 직장 내 괴롭힘이 될 수 있다. 여기서 업무의 적정범위는 사회통념상으로 판단할 수 있는데, 학교가 전격적으로 강의 배정을 무관한 시간강사에게 한 점 등은 사회통념상 업무의 적정범위를 넘어선 것이라 할 수 있다. 지위상 우위에 있는 대학 행정기관의 직장 내 괴롭힘이다.

⫶ 시사점

일반 직장으로 비유하자면 부당한 전보·전근 조치와 비슷하다고 할 수 있다. 이렇게 자신의 평소 업무와 다른 곳으로 발령(예 회사의 문화센터)을 낸다든지 전혀 연고가 없는 지역으로 파견을 보내는 경우 등이 직장 내 괴롭힘이 될 수 있는가 하는 문제에서 핵심은 업무의 필요성이다. 즉, 사용자의 전보·전근 조치가 회사의 운영에 필요한 조치인지를 살펴봐야 한다. 위의 경우에서 비전공자인 시간강사를 원래의 과목에 배치하고 대학교수를 타 과목에 배치한 것은 전혀 업무의 필요성이 인정되지 않는다.

② 불필요하거나 무리한 업무의 반복 지시

☑ 사례

> A와 B는 교수와 조교(직원) 관계로 B는 공식적으로 학사업무만을 하여 왔지만, 관례적으로 교수들의 잔심부름 내지 애로 사항을 해결해 주었다. A는 B에게 자신의 도서 대출 권수가 넘었지만, 도서관 직원과 싸워서라도 원하는 책을 대출해 올 것을 지시하였고, 잔액 확인을 위해 통장 정리 심부름을 시켰으며, 자신의 부재 시 연구실 화분에 물 주기, 컴퓨터 포맷해서 OS와 기타 필요 프로그램 새로 설치하기 등을 여러 차례 시켰다. 그리고 매번 일을 시킬 때마다 천천히 하라면서도 몇 분 단위로 전화를 걸어 멀었냐면서 독촉을 하였다. 이러한 독촉은 카카오톡이나 내선 전화 등을 번갈아 가면 이루어졌고, 자신이 생각나면 조교의 퇴근시간 이후라도 전화를 걸어 내일 해 놓으라며 지시하였다.

⫶ 해설

일반 기업의 직원과 직원 간보다 대학 내 교수와 직원(조교를 포함)의 관계는 대학교에서 교수란 지위가 차지하는 문화상 더욱 어려운 관계이며, 고충처리를 할 통로도 업무 지휘 상에서 미비한 실정이다. 특히 도

제식의 교육을 받은 교수는 과거 사제 간에서 자신이 수행한 사적 업무를 직원 또는 현재의 제자들에게도 당연히 시키는 것을 관습이라 생각한다. 본인은 피해자들이 당연히 수행할 업무 범위라고 생각하지만, 그것이 또 하나의 괴롭힘이 되는 것이다. 따라서 본 사례는 교수라는 우월한 지위를 이용하여 적정한 업무 범위를 넘은 것이다.

▷ 시사점

근로기준법 제17조 제5호가 규정하는 대통령령 제8조 제1호는 근로계약을 체결할 때 사용자는 근로자에게 수행하여야 하는 업무의 범위에 대해 반드시 명시할 것을 규정하고 있다. 따라서 사전에 사용자—사실상의 지휘명령을 내리는 중간 관리자를 포함—가 명확히 규정한 업무의 범위 밖에 지시, 특히 사적 지시를 근로자는 수행하지 않아도 된다. 그러나 교수—직원 간에는 이러한 업무 규정이 많이 미비한 바, 교수와 직원 간의 업무 범위에 대한 매뉴얼 작성이 필요하다.

3) 복합적인 행위를 통한 업무적 괴롭힘

① 폭언과 부당지시 강요

☑ 사례

> 대학교 보직 간부 A가 같은 소속 직원들을 상대로 상습적으로 욕설, 위협 및 부당지시를 한 사건으로, 직원들이 결재를 올리면 고의적으로 반려하거나 책상을 내리치고 고함을 질렀다. 평소 호칭을 "야", "너"로 하였으며 공공연히 해고를 언급하며 불이익을 주려는 언사를 하였다. 그리고 상여금이 지급될 때마다 직원들에게 한턱내라면서 술자리를 마련할 것을 강요하였다.

▷ 해설

직장에서의 지위상 우위를 이용한 전형적인 폭언과 부당지시가 문제가 되는 사안이다. 직원들의 인격을 침해하는 언동을 상습적으로 일삼아 피해 근로자들이 받았을 정신적 고통이 상당했음을 추측할 수 있다.

게다가 직무상의 정당한 대가를 얻은 근로자에게 '한턱'이라는 명목으로 부당한 대가를 요구하는 것은 근로기준법상 규정되어 있는 업무상 적정 범위를 넘은 것이라 할 수 있다.

▶ 시사점

가해자는 상사·동료 간의 농담과 친근함의 표시였다고 주장하더라도 피해자에게는 폭언과 협박이 될 수 있다는 점, 그리고 권한 밖의 사적 강요 역시 직장 내 괴롭힘이 될 수 있다는 점을 잘 보여주는 예시이다. 전자의 경우 통상인의 관점에서 상대방이 어떻게 받아들이는지가 무시되었으며, 후자의 경우 자신의 지휘·명령은 근로계약상 이행의 의무가 있는 범위 내여야 한다는 점을 간과하였다. 폭언과 협박 및 권한 없는 사적 강요는 형법상 모욕죄, 협박죄와 강요죄에 해당할 수 있다.

② 노조 활동을 빌미로 한 폭언, 비품 미지급 및 자리 배치

☑ 사례

> 대학교 보직 간부 A는 다른 부서보다 자기 부서에서 노조 가입률이 높다는 이유로 노동조합원들을 상대로 "노조 활동 외에는 업무를 열심히 안 한다. 넌 방출이다.", "나 있는 한 너는 승진 못 한다.", "노조는 사회악이다." 등의 발언을 지속적으로 하였다. 그리고 비품을 구매할 때는 일부러 소량을 구매한 다음 배분할 때 비노조원들에게 먼저 지급한 다음 노조원들에게는 동이 나 줄 수 없다는 식으로 비품을 지급하지 않아 노조원들은 자기 돈으로 비품을 사서 써야 했다. 특히 적극적으로 노조 활동을 하는 직원은 여름날 일부러 책상을 에어컨에서 제일 먼 자리로 옮기도록 하여 덥게 만들었다.

▶ 해설

명백히 업무상의 지위를 이용하였고 노동조합 활동은 업무와 무관한데도 그 활동을 비난, 또는 불이익을 주겠다는 언사를 하여 해당 근로자에게 정신적 고통을 안겨주었다. 비품 지급에 있어서 사용자(중간 관리자)는 근로조건에 있어 근로자들에게 균등처우를 할 의무가 있다. 비품 지급이 사소한 것 같지만 일에 있어서 필수적인 물품을 받는다는 점에서 근로조건에 해당한다. 에어컨에서 제일 먼 자리에 배정하여 덥게

만든 것도 근무환경을 악화시킨 것이다.

사용자인 중간 관리자가 부하 직원들의 노동조합 활동을 빌미로 폭언, 겁박을 한 것은 직장 내 괴롭힘이 성립하는 것은 물론, 실제로 불이익을 주지 않더라도 노동조합 및 노동관계조정법 제81조 제1항 제4호가 규정하는 사용자의 '지배·개입'에 해당하여 부당노동행위가 된다. 비품 지급에서 제외하거나 자리를 불합리하게 배정하여 근무환경을 악화시킨 것은 동법 동조항 제1호가 규정하는 '불이익 취급'이어서 역시 부당노동행위에 해당한다. 사용자의 부당노동행위는 동법 제90조에 의해 2년 이하의 징역 또는 2천만 원 이하의 벌금에 처해진다.

4) 사적영역 괴롭힘

① 개인의 이메일 및 SNS 공개 강요

☑ 사례

> 대학교 보직 간부 A는 해당 대학교 입시에서 부정이 일어났다는 헛소문이 퍼지자 소문의 발신자를 찾겠다면서 직원 개인의 이메일 아이디와 패스워드를 적어 내라고 요구하였다. 직원들이 반발하자 그렇다면 개인이 운용하고 있는 페이스북, 트위터, 블로그 등이 있으며 그 주소를 제출하라고 요구하였다. 그렇지 않으면 인사고과에서 좋지 않은 점수를 주겠다고 엄포를 놓았다.

시 해설

외관상 직장 내 괴롭힘이 될 수 있는지 명백하지 않다. 사용자의 우월한 지위를 이용한 횡포를 뜻하는 '갑(甲)질'에는 해당하지만, 직장 내 괴롭힘까지 되는가는 요건을 살펴보아야 한다. 사용자(중간 관리자)라는 우월한 지위를 이용하였고, 사용자가 할 수 있는 적정범위의 업무를 벗어나서 근로자들에게 개인정보를 공개할 것을 요구하였다. 그리고 그로 인해 근로자들은 정신적 고통을 받았고 근무환경이 악화되었다. 따라서 행위 요건이 모두 충족하므로 직장 내 괴롭힘이 성립한다.

> ▶ 시사점

개인정보보호법 제2조 제1호에 따라 개인의 이메일 및 SNS 주소는 개인을 알아볼 수 있는 '개인정보'에 해당한다. 그리고 동법 제15조는 개인정보를 수집하기 위해서는 원칙적으로 정보주체인 근로자들의 개별적인 동의를 받아야 한다고 규정한다. 그러나 여기서 동의의 진정성이 문제가 된다. 개인의 사생활인 이메일과 SNS 주소의 수집이 업무와의 연관성이 전혀 있지 않을뿐더러 인사고과에 나쁜 점수를 주겠다고 겁박을 하여 자의가 아닌 동의를 받아낸다면 그것은 개인정보보호법 제15조 규정한 정보주체의 동의라고 볼 수 없다. 따라서 이 경우 직장 내 괴롭힘이 성립하는 것은 물론 끝내 개인정보를 수집한다면 개인정보보호법 위반으로 5,000만 원 이하의 과태료가 부과될 수 있다.

2. 교원과 학생 간 사례

1) 업무적 괴롭힘

① 적정범위를 넘어선 업무지시와 사적 심부름

> ☑ 사례

박사과정 재학 중인 대학원생 A는 지도교수 X의 강의를 지원하는 조교이다. 지도교수 X는 A에게 조교 업무로 다음과 같은 사항을 지시했다. 강의 시작 전 마이크와 강의안을 준비하는 등 수업 준비와 함께 X의 커피를 준비하는 것이었다. 또한 A는 일주일에 한 번 꼴로 수강생들의 과제를 수합해 X의 연구실에 갔는데, 매번 책상이 지저분해 과제를 올려둘 곳이 없어 난감해 하다 연구실을 청소하기 시작했다. 그리고 오전 강의가 끝난 후 "식당에 갈 시간이 없다."라는 X의 말에 A는 샌드위치나 김밥 등을 사다 주었고, 이것이 1~2년 지나자 일상화 되어 매번 수업이 끝난 후 샌드위치와 김밥을 사가야 했다. X는 간혹 A에게 커피, 샌드위치, 김밥 구매 비용을 미리 주지 않거나, 나중에 주더라도 며칠이 지나서 정확하지 않은 금액을 주곤 하였다.

A는 학교에서 멀리 살고 있어서 아침 강의 조교 업무를 하려면 새벽에 일어나야 해서 체력적으로 점점 힘들어졌고, 커피와 샌드위치 심부름, 청소, 그에 대한 비용을 돌려받는 것에 심한 스트레스를 받았다. X는 3년 동안 위 같은 업무를 하다 다른 교수의 조교를 하고자 신청을 한 적도 있으나, X가 이를 알면서도 무시하고 매 학기 A를 조교로 지목했고, A는 지도교수인 X의 지목을 거부할 수 없었다. 4년째 되던 해 A는 결국 몸이 크게 아프게 되었고, 병원에 입원한 후 자퇴를 결심하고 X를 교내 인권 기구에 신고하였다.

X는 자신은 A에게 조교 업무 범위 이상의 일을 시킨 적이 없으며, 지시한 업무 역시 주 10시간 전후로 끝낼 수 있는 통상적인 조교 업무 내의 수업준비와 수강생 과제 관리이며, 청소 역시 시킨 적이 없고 A가 하고 있는 줄도 몰랐으며, 커피는 교수들의 휴게실에 있는 기기에서 무료로 간편하게 가져올 수 있는 것일 뿐 외부에서 사오도록 한 적이 없으며, 샌드위치, 김밥은 A가 선의로 사다준 것이지 자신이 지시한 적이 없다고 항변하였다.

▷ 해설

대학원생 A는 지도교수의 강의와 연구를 보조하고 그 대가로 학비 면제와 소정의 생활비 등을 장학금의 형식으로 받는 조교이다. 따라서 법적으로는 근로기준법상의 직장 내 괴롭힘 규정의 적용을 받는 근로자가 아니다. 다만 직장 내 괴롭힘의 기준을 참고해 대학 내 괴롭힘으로 판단해 본다면, 다음과 같다.

이 사건에서 피해자 대학원생 A와 행위자 교수 X는 모두 대학 구성원으로 인권침해에 관한 학내 규정을 적용 받는다. 이때 교수 X가 학교에서의 지위의 우위를 이용하여 업무·연구·교육·학습상 적정범위를 넘어 A에게 신체적·정신적 고통을 주거나 연구와 학습 환경을 악화시켰는지 문제된다.

교수 X는 대학원생 A의 지도교수이므로 두 사람의 관계상 X가 학내 권력관계에서 우위에 있으며, A가 X의 강의 지원 업무를 하면서 신체적·정신적 고통은 물론 연구에도 악영향을 미친 것도 사실이다. 그렇다면 X가 A에게 지시한 업무가 적정범위를 넘어선 것인지가 이 사건의 쟁점이 된다.

A의 지위는 조교이며, A의 업무상 범위는 조교 및 장학금 관리지침 등 관련 규정에 정해져 있다. 강의를 보조하는 장학생의 업무 범위는 통상 교수의 강의·교양강좌 및 연구 보조, 학생의 수강 지도 및 과제물 처리, 실험실 관리, 학사행정 업무 보조, 기타 복무협약에 따라 협의된 사항이다.

X가 A에게 지시한 업무 중 강의실 마이크를 확인하고 강의안을 챙기는 등의 '교수의 강의 보조'와 '학생의 수강 지도 및 과제물 처리'는 조교의 업무범위 내에 해당한다. 하지만 커피, 샌드위치와 김밥 심부름, 연구실 청소는 업무상 적정 범위를 넘어선 것이다.

X는 커피 구매를 지시한 적이 없고 휴게실에서 간편히 가져올 수 있는 정도를 부탁한 것일 뿐이며, 청소는 지시한 바 없고 A가 하고 있는지 몰랐다고 항변한다. 하지만 A가 교수들의 휴게실에서 무료 커피를 가져온 것이 아닌, 외부에서 구매한 커피를 가져온 것을 X가 매우 쉽게 알 수 있는 상황임에도 불구하고 이를 묵인하였고, A가 취합해 온 학생들의 과제를 올려둘 곳도 없는 연구실 환경은 청소와 책상 정리를 하지 않을 수 없는 상황이 조성된 것이다. 따라서 X의 명시적인 지시가 없었더라도, X가 묵시적으로 동의하거나, 앞선 지시를 이행하기 위해 선행해야 하는 행동이었으므로 X의 간접적, 묵시적인 지시가 있었다고 인정할 수 있다. 김밥과 샌드위치 심부름 역시 처음에는 A가 지도교수를 위해 선의로 한 행동이었고 초반의 선의는 괴롭힘과 무관하더라도, 이것을 고정적인 업무처럼 수행하도록 한 것은 결국 조교 업무의 범위를 넘어선 사적 심부름 지시에 해당한다. 무엇보다 커피, 김밥, 샌드위치 구매 금액을 X가 뒤늦게 돌려주거나 정확하지 않은 금액을 준 행위는 극히 불합리한 지시이며, 부당한 업무 환경을 조성한 행위이다.

또한, 업무범위 내의 지시에 해당하는 부분들이 '적정범위'였는지도 판단할 필요가 있다. A의 업무시간은 일주일에 10~20시간 정도였던 것으로 보여 과하다 할 수는 없다. 다만 여기서 문제는 아침 일찍 시작하는 X의 강의를 준비하기 위해 멀리 거주하는 A가 매번 새벽에 일어나 체력적으로 어려움을 느꼈다는 점과 함께, A가 이러한 어려움을 해소하기 위해 다른 교수의 조교가 되고자 시도했지만 X가 이를 무시하고 A를 지목했고, 지도교수라는 권력관계에서의 우위 때문에 A는 이를 거부할 수 없었다는 점이다. 따라서 X가 A에게 한 강의 준비 및 보조 역할이 조교의 업무범위 내에 있다 하더라도, X의 업무범위를 넘어선 지시와 함께 이루어지면서 종합적으로 A에 대한 대학 내 괴롭힘 행위에 해당한다고 할 수 있다.

▶ 시사점

X가 A에게 명시적으로 지시하지 않았다 하더라도, 지시사항을 이행하기 위해서 필연적으로 사적 심부름과 같은 업무범위를 넘어서는 일도 함께 해야만 한다면, 간접적이고 묵시적으로 이를 지시한 것으로 볼 수 있다. 즉, A가 선의로 시작한 행동이라 하더라도 이를 반복적이고 정기적인 업무처럼 묶인 또는 지시한 것은 결국 X의 지시에 따른 사적 심부름이 될 수 있다. 또한 규정상 업무범위에 포함되는 지시라 하더라도 그것이 적정한지도 함께 살펴보아야 한다.

② 학위논문 지도를 해주지 않음

☑ 사례 1

한국으로 유학을 온 대학원생 A는 한국어 사용이 익숙하지 않다. A는 유학 오기 전 대학 측으로부터 영어 강의가 충분히 개설되며, 영어로 지도가 가능하다는 안내를 받았다. 하지만 막상 A에게 배정된 지도교수 B는 영어로는 충분한 강의를 할 수 없는 사람이었고, 뒤늦게 이를 알게 된 A가 학과에 지도교수 변경을 요청했지만 영어로 지도가 가능한 다른 교수의 연구실에 빈자리가 없다는 이유로 매번 이를 거절당했다. A의 지도교수인 B는 A에게 "한국어를 배우고 와야 지도를 해주겠다."라며 만남을 지속적으로 회피했다.

한국으로 유학을 온 대학원생 X 역시 한국어 사용이 익숙하지 않다. X는 인문·사회계열 전공을 택했는데, 전공의 특성상 한국어 소통 능력이 필요했다. 지도교수 Y는 X와 면담을 한 후 X가 대학원 수업을 듣기에 한국어 능력이 부족하므로 학부 수업 청강과 어학원 등록을 권유했다. 하지만 X는 어학원 등록비용이 없다며 이를 거절했다. 두 학기가 지난 후 지도교수 Y는 X가 대학원 수업을 제대로 따라오지 못해 학점이 낮고, 이대로는 학위논문을 쓸 수 없다고 판단, X를 불러서 "휴학하고 한국어를 배운 후 복학하거나, 그렇지 못할 것이라면 학위 취득을 포기하는 편이 낫겠다."라고 말했다.

▷ 해설

지도교수의 연구와 논문 지도를 통해 학위를 취득할 수 있는 대학원생에게 정당한 이유 없이 적절한 지도를 해 주지 않는 일은 연구·학습권을 심각하게 침해할 수 있다. 위 두 사례는 모두 외국인 학생이 한국어 능력이 부족하다는 이유로 지도교수가 학위논문 지도를 거부한 것이다. 하지만 두 사례에서의 지도교수는 한국어 능력을 갖춘 이후에 학위논문 지도를 해주겠다는 동일한 요구를 하고 있지만, 두 행위가 질적으로 동일하게 평가될 수는 없다. 이 요구가 학생의 학업 능력을 향상시키고 논문을 쓰는데 필요한 능력을 키우기 위한 것이라면 그 정당성을 인정할 수 있기 때문이다.

사례 1에서의 대학원생 A는 학위 과정에서 영어로 수업을 듣고 영어로 지도를 받을 수 있음을 학교 측으로부터 안내 받고 입학한 학생으로, 지도교수와의 관계에서도 영어로 지도를 받을 것이라 생각하는 것은 정당한 기대라 할 수 있다. 또한 A의 학업 내용상 한국어 능력이 반드시 필요한 것이 아님에도 불구, 지도교수의 편의를 위해 한국어 습득을 강요하거나 학생이 써온 논문 초안 검토까지 거부하는 것은 정당한 지도 행위라고 할 수 없다.

반면 사례 2에서 대학원생 X는 전공 특성상 한국어 능력이 필요한 학과에 진학하였고, 지도교수 역시 입학 직후부터 장기간에 걸쳐 X에게 한국어 능력을 키울 것을 지도하고 학부 수업 청강 등 다양한 방식을 제안하였다. 이 사례에서의 지도교수 Y의 요구는 학위논문 작성에 필요한 기본 소양을 갖추도록 하는 것으로 충분히 그 정당성을 인정할 수 있다. 따라서 Y의 행위는 정당한 이유 없이 학위논문 지도를 거부하는 것이라 평가할 수 없으며, 지도교수로서 지도에 필요한 정당한 행위라 할 수 있다.

▷ 시사점

일회적인 행위만을 보았을 때에는 동일한 성격의 인권침해 및 괴롭힘 행위로 보일 수 있더라도, 그 행위의 전후 사정과 그 행위에 이르기까지의 과정을 종합적으로 살펴야 한다.

2) 언어적 괴롭힘

① 여러 사람 앞에서 꾸짖고 반성문 제출을 강요함

☑ 사례

> Y 연구실 소속 대학원생들은 지도교수가 제시한 연구 성과에 도달하지 못한 경우 매주 진행되는 연구실 전체 회의에서 지적을 받았다. 성적이 낮게 나오거나 실험 결과가 제대로 나오지 않은 사실도 연구실 구성원 모두의 앞에서 공개되었다. 지도교수의 지적에 대해 제대로 답변을 하지 못하면 "그게 무슨 말이냐, 변명하지 말라."라며 큰 소리로 꾸짖거나 면박을 주었다.

▷ 해설

지도교수로서 학생들의 연구 성과 등을 지도할 수는 있다. 하지만 성과에 도달하지 못한 것을 이유로 모두가 모인 자리에서 그 사실을 알리고, 공개적으로 꾸짖는 행위는 학생의 인격을 침해하는 것으로 괴롭힘에 해당한다. 이러한 교수의 행동은 반복적, 연속적, 지속적으로 이루어졌으며, 이로 인해 학생들에게 정신적 고통을 주는 것은 물론이고, 연구와 학습 환경을 악화시키는 행위이다.

여러 학생들 앞에서 일부 학생들의 성적이나 실험 결과가 좋지 않음을 반복적으로 알리고 공개적으로 지적하는 행위, 소리를 지르거나 혼을 내는 행위도 교수의 적정한 지도 행위라 할 수 없으며, 학생의 인격권에 대한 침해이다.

3) 대인관계 괴롭힘

① 인간관계 단절과 험담

☑ 사례

교수 X의 지도학생은 대학원생 A, B, C로 3명뿐이다. 교수 X는 학생들에게 매일 학교에 나오도록 명시적으로 지시한 적은 없지만, 학생들의 연구실이 교수 X의 연구실 바로 옆에 위치하고, 아침에 출근해서 빠짐없이 학생들의 연구실에 찾아가 인사를 했다. 또한 점심과 저녁식사, 교수가 참석하는 학회, 세미나에 매번 동행할 것을 제안했다. 때문에 학생들은 교수 X가 매일같이 수시로 자신들을 찾기 때문에 자유롭게 학교를 드나들거나 자리를 비울 수 없었다.
A, B, C가 가장 괴로워 한 일은 바로 교수 X가 동료교수, 학교 직원, 심지어 다른 대학원생과 학부생들에 대해 하는 험담을 항상 들어야 한다는 것이었다. 학생들은 눈치가 보여서 교수 X가 험담한 다른 교수의 수업을 듣거나 행사에 참여하지 못했다. 학생들은 교수 X와 보내는 시간이 너무 길어서 개인 시간이 없었고, X가 시키는 연구과제 외에는 개인 연구나 활동도 하기 어려웠다.

▷ 해설

이 사례에서 교수 X는 학생들에게 폭력이나 폭언을 하지도 않았고, 명시적으로 과도한 지시를 하지도 않았다. 다만 학생들이 거역하기 어려운 방식으로 일상을 지배하였는데, 이를 통해 학생들은 학내 인간관계가 단절되고 연구와 활동에 제약이 생겼다. 학생 A, B, C는 다른 교수, 선배, 학우들과의 관계가 끊어지면서 지도교수와의 관계가 점점 폐쇄적으로 변하였는데, 이 때문에 교수 X의 지도교수로서의 우월적인 지위가 더욱 강화되었다.

교수 X는 교수로서의 지위상 우위를 이용하여 학생들의 인간관계를 단절하였고, 장기간·장시간 타인에 대한 험담을 함으로써 학생들에게 정신적인 고통을 주었다. 이러한 행위는 X가 학생들을 괴롭힐 의도가 있었는지 여부와 무관하게 괴롭힘 행위로 인정될 수 있다. 또한 X의 이러한 언행들이 명시적이거나 구분되는 행위가 아니라 하더라도, 장기간에 걸쳐 인간관계를 단절하는 환경을 조성하였음을 인정할 수 있다.

▶ 시사점

명시적 지시나 행위가 없거나, 괴롭히려는 의도를 가지고 한 행위가 아니라 하더라도 피해자의 입장에서 신체적·정신적 고통을 주고 근로와 학업·연구에 지장을 주는 행위라면 괴롭힘으로 인정될 수 있다.

3. 학생 간 사례

1) 신체적 괴롭힘

① 폭언/폭행 및 음주 강요

☑ 사례

> 같은 학부의 A와 B는 과대 C가 평소 음주를 강요하고 폭언 및 폭력을 행사하였다고 주장하였다. 평소에 C는 후배들과 술자리를 즐기고 강요하는 타입으로, 술자리에 참석하지 않으면 학과 생활 등에 불이익을 주었다. 그리고 술자리에서는 강압적으로 술을 그만 마시고 싶을 때까지 마시게 하고, 욕을 하면서 장난처럼 시작되던 한 두 대씩 때리던 것이 점점 그 정도가 심해져 여러 번 병원 치료를 받아야 할 정도가 되었다고 주장하였다.
> 또 C가 평소 타인의 외모 지적을 많이 하는 편이었는데, B에게는 B가 모욕적으로 느낄 정도의 외모 지적을 하였다고 주장하였다.

▶ 해설

학내 구성원 사이에서 발생한 사건으로 학생 간 피해 사건이다. 선배의 술자리 강요는 반복적 및 지속적으로 이루어졌으며, 피해자 1인에 대해서가 아니라 여러 명에 대하여 이루어져 왔다. 또한 선배(과대)와 후배라는 관계의 우위가 작용하여, 선배가 강요하는 술자리 등을 쉽게 거부할 수 없고, 또한 이러한 거부를 함으로써 학과 생활 등에 불이익 등을 우려한 점에서 보면, 피해자들의 학습환경이 악화되었다고 볼 수 있다. 또한 가해자의 폭언 및 폭행, 그리고 피해자에 대한 외모 지적 등은 피해자에 대한 인격권 침해에 해당한다.

▷ 시사점

이 사례는 가해자가 피해자에게 음주 강요, 폭행, 폭언 등을 반복적 및 지속적으로 행하고 있는 점에 비추어 보아 인권침해에 해당되는데, 이러한 행위의 반복성 및 지속성, 그리고 피해자가 다수에 이른다는 점이 쟁점이라고 볼 수 있다. 또한 폭행 정도가 심하여 병원치료까지 요하는 상태에 이르렀다는 점은 그 행위를 가볍게 볼 수 없는 쟁점이다.

② 기숙사 내 폭행

☑ 사례

학부생인 A와 B는 과는 다르지만, 같은 기숙사 룸메이트 관계이다. 처음 기숙사 생활을 하는 관계로, 서로에게 피해를 주지 않는 범위 내에서 생활에 대한 규칙을 정하여 지내고 있었다. 예를 들면, 청소당번 정하기, 서로에게 피해를 주지 않도록 친구 데리고 오지 않기, 기숙사 방에서 큰 소리로 게임금지, 서로의 취침 시 방해금지 등의 사항을 정하였다.
그런데 처음 한 두 달은 서로가 정한 규칙을 잘 지키던 B가 이 규칙을 점점 무시하고 잘 지키지 않게 되자, A가 여러 차례에 걸쳐 B에게 시정을 요구하였다. 이에 B도 다시 지키려고 노력하는 것 같더니, 계속 무시하는 상황이 계속되었다. 이러한 불만이 쌓여 가던 중, 기말고사 기간에 A가 시험공부를 하고 있는데, B가 컴퓨터로 큰 소리로 게임을 하여 이어폰을 끼고 하라고 A가 말하자, 그게 발단이 되어 서로 폭행을 하는 사건으로 이어졌다. 이 사건으로 A와 B는 기숙사 퇴실을 하게 되었고, A는 B가 자신에게 괴롭힘 행위를 하여 정신적인 피해를 입었다고 주장하여 괴롭힘 신고를 하였다.

학내 구성원 사이에서 발생한 사건으로 학생 간 피해 사건이다. A와 B는 기숙사 룸메이트로 생활환경을 함께 공유해야 하므로 서로 합의하에 생활규칙을 정하여 서로에게 피해를 줄이고자 했으나, 일방(B)의 소홀한 노력으로 인하여 다른 일방(A)의 학습환경이 악화되었다고 볼 수 있다. 다만, 두 사람 사이에 서로에 대한 불만이 쌓여 가던 중 쌍방 폭행을 하였지만, 이러한 폭행은 반복성 및 연속성이 없는 1회성의 행위였다고 보아야 할 것이다. 그러므로 A가 주장하는 것처럼 B의 행위는 괴롭힘 행위라고는 볼 수 없을 것이다.

▷ 시사점

이 사건에서 폭행이 이루어진 것은 비난받아야 하지만, 1회성에 그쳤고 쌍방 폭행이라는 점에 비추어 보아 인권침해라고 까지는 보기 힘들다. A와 B가 정한 생활규칙을 무시한 B의 행위가 반복되어 이에 대한 스트레스 느낀 A가 정신적인 피해를 입은 것은 인정되나, B의 행위에는 A에 대한 배려심이 부족하기는 하지만 고의성이 보이지 않는 점 등이 쟁점이 될 수 있을 것이다.

2) 언어적 괴롭힘

① 운동부에서의 폭행/폭언 및 괴롭힘

☑ 사례

체대 운동부인 A와 B는 선후배 관계이다. 운동부라는 특성상 선후배의 기강이 강하여, 3학년인 B가 2학년인 A에게 입학 후부터 심부름을 많이 시키고 행동에 대한 훈계를 많이 하였다. 예를 들면, 아침에 인사를 했는데 오후에 인사를 다시 하지 않았다는 이유로 구타를 하는 경우가 많았다.
그리고 합숙을 할 때에는 B의 빨래와 심부름 등을 하느라 새벽에 잠드는 생활도 계속되었다. 견디기 힘든 상황이 계속되자 코치 및 학과장 등에게 문제해결을 호소하였지만, 그 동안 선후배 간에 이런 상황은 관례로 괴롭힘이 아니며 문제가 되는 않는다고 하였고, 제대로 조치가 이루어지지 못하였다.
이에 A는 극심한 스트레스를 느껴 몸무게가 20kg 이상 빠졌고, 정신적인 피해를 입었다고 주장하였다.

▷ 해설

학내 구성원 사이에서 발생한 사건으로 학생 간 피해 사건이다. 하지만 선배와 후배라는 관계의 우위에 더불어 강직한 기강이 작동하는 운동부라는 특성으로 인하여 괴롭힘의 정도(반복성 및 지속성)와 피해가 심각하게 되었다고 볼 수 있다. 이러한 괴롭힘으로 인하여 피해자 A에게 신체적 및 정신적 고통을 입었고, 이는 학습환경이 악화된 것으로 평가할 수 있다.

▷ 시사점

이 사건은 운동부라는 특수성에 대한 고려가 필요하다. 피해자가 괴롭힘의 피해를 코치 및 학과장에게 호소했음에도 불구하고, 그러한 행위는 그동안 선후배 간에 있어 왔던 관례이며 괴롭힘이 아니라고 하여 피해 구제 및 조치를 받지 못하였는데, 전체 조직에 대한 인권침해 행위에 대한 교육이 필요하다.

② 폭언 및 괴롭힘

☑ 사례

같은 연구실의 A와 B는 선후배 관계이다. 평소 선배인 B의 언행이 거세다는 이야기가 있었는데, 유독 A에 대해서 폭언의 정도가 심했다. 후배인 A가 수업 등에서 의견을 말하고 나면, 수업이 끝난 후 "제대로 알지 못하면서 건방지다." 등의 폭언을 했다.
또한 학회 행사 등 때문에 학회 업무를 돕는 중에 실수를 하자, 많은 선후배가 있는 앞에서 "너 바보냐? 이런 것도 못하냐?", "벌레만도 못한 놈", "쓸모없는 놈, 너 같은 놈인 인생에 도움이 안된다. 그냥 나가서 죽어버려라." 등의 발언을 하여 수치심 및 자괴감을 느끼게 하였다. 이러한 일이 반복되자 A는 연구실 생활이 불편하고 어려워져 수업 등에 빠지는 날이 많아졌고, 휴학을 심각하게 고민하였다.

학내 구성원 사이에서 발생한 사건으로 학생 간 피해 사건이다. 같은 연구실의 선배와 후배라는 관계의 우위에서 선배 B는 후배 A에 대한 폭언이 지속적 및 반복적으로 이루어졌다. 이에 더불어 타인의 앞에서 수치심을 느끼는 발언을 하여 인권침해를 하였다고 할 수 있다. 또한 피해자에게 정신적 고통을 주고 연구 및 학습환경이 악화되는 등, B의 일련의 행위는 괴롭힘으로 볼 수 있다.

시사점

이 사건은 B가 A에 대하여 평소에 폭언을 한 행위에 대한 합리적이고 정당한 사유가 있는지 판단해 보아야 한다. 또한 피해자의 인격권을 침해하는 행위를 판단함에 있어 타인의 앞에서 공개적으로 수치심을 느끼는 폭언의 발언 내용 및 수위 등도 고려요소이다.

3) 대인관계 괴롭힘

① 연구실 내에서의 따돌림

☑ 사례

대학원생 A는 X대학 박사과정 재학 중이다. A는 평소 연구실 사람들과 잘 어울리지 못하고 겉돌고 있다고 생각해 왔다. A는 연구실에 보통 10시~11시에 도착해서 점심을 먹고 2시쯤 돌아와 실험을 하고 6시쯤 집에 돌아가곤 했는데, 어느 날 연구실 방장이자 선배인 B가 A를 따로 불러서 A가 불성실하고 연구 성과를 내지 못하고 있으니 분발해야 한다고 말했다. 하지만 이후에도 A는 종전과 같은 일과를 보냈고, 일주일 후 B는 A를 다시 따로 불러 "출근 시간이 너무 늦다. 연구실에 9시까지 나와라."라고 말했다. A는 자신이 공부하는 방식을 존중받고 싶다며 반박했고, 9시까지 나오라는 규정도 없으므로 지킬 수 없다고 하였다. 이에 B는 지도교수 Y의 허락을 구한 후 연구실의 모든 구성원들을 모아 회의를 열었고, 다수결로 연구실 출퇴근 시간을 오전 9시 30분부터 오후 6시까지로, 지각 2회 시 벌금을 걷어 연구실 공동 경비로 쓰기로 결정했다. A는 이후에도 자주 10시~11시에 나왔으며, 한 학기 동안 연구실 내에서 유일하게 벌금을 내는 사람이었다. A가 늦게 올 때마다 연구실 동료들은 A를 흘겨보거나 대화를 하다가도 멈추고 자리를 피했으며, 연구실 회의에 A가 나오지 않으면 회의 결과를 알려주지 않았다. A는 연구실 동료들과 함께하는 자리가 점점 불편하게 느껴져 실험 시간이 나날이 줄어들었으며, 실험 결과를 지도교수에게 보고해야 하는 시기가 다가오자 스트레스를 심하게 받아 복통으로 응급실에 가기도 하였다. 병원에 다녀온 후 A는 교내 인권센터에 B를 학내 괴롭힘으로 신고하였으며, B가 의도적으로 A가 지키지 못할 규정을 만들고, 연구실 동료들을 부추겨 따돌리고 있다고 주장하였다.

⫶ 해설

학내 구성원 사이에서 발생한 사건으로 학생 간의 피해 사건이지만, 연구실의 선배(방장)와 후배라는 관계의 우위를 이용하여 출퇴근에 대한 연구실의 규정을 정하여 이에 따르지 않은 A에 대한 괴롭힘으로 이어졌다고 볼 수 있다. 이러한 괴롭힘의 피해로서 A는 심한 스트레스로 인한 정신적 및 신체적 고통을 받았다. 또한 이러한 규정으로 인하여 연구실 내 다른 동료들과의 관계 악화 등, 연구와 학습환경이 침해되었다고 볼 수 있다

⫶ 시사점

B가 A에게 한 행위가 사회통념상 필요성이 인정되는지 검토, 합리적인 피해자의 관점에서도 동일 판단되는지를 검토해 볼 필요가 있다. 특히 B가 연구실 내에서 정한 규정이 A를 비롯한 연구실 내의 연구 및 학습환경을 유지하는데 적정한 범위인지에 대한 판단이 쟁점사항이 된다.

4) 사적영역 괴롭힘

① SNS를 통한 사생활 침해

☑ 사례

A(여성)와 B(남성)는 학부생으로, 서로 다른 학과이다. 교양과목을 듣던 중에 함께 팀플을 하게 되어 알게 되었다. 팀과제를 함께 해야 하다 보니 연락처를 주고 받았다. 팀

과제 발표 이후 크게 접점이 없었는데, B가 A에게 카톡을 통해 과도하게 사적인 질문을 하고 일상생활에 관심을 보였다. 이러한 것을 부담으로 느낀 A가 B를 차단하였는데, 그러자 B는 A의 SNS에 댓글을 달고 계속 과한 관심을 보였다.
이에 스트레스와 부담을 느낀 A가 B에게 자신의 댓글을 달지 말아 달라고 부탁을 하자, B가 학교 커뮤니티 사이트에 A에 대한 저격글을 올렸다. 하지만 문제는 이 저격글의 내용상 A가 누구인지 특정을 할 수 있는 내용이 담겨져 있어 그 글에 대한 댓글에 A의 신상정보가 게재되기도 하였다. 이에 충격을 받아 A는 정신적인 피해를 입었다고 주장하였다.

▶ 해설

학내 구성원 사이에서 발생한 사건으로 학생 간 피해 사건이다. A와 B는 교양과목을 듣던 중 알게 된 사이로 크게 접점이 없던 사이였지만, B가 A에게 과도하게 사적인 질문을 하고 SNS로 지속적으로 연락을 하는 등 개인의 사생활에 대한 인격권 침해를 하였다고 볼 수 있다. 이러한 행위에 부담을 느낀 피해자 A가 B에게 자제를 부탁하자, 학교 커뮤니티에 A를 특정할 만한 내용의 저격들을 올린 행위는 A에 대한 인권 침해로 볼 수 있다.

▶ 시사점

이 사례는 개인공간인 SNS 상에 지속적으로 댓글을 달고 피해자의 사생활에 대한 관심을 보이는 행위가 적정한 수준을 넘어 섰는지에 대한 판단이 중요하다. 또한 학교 커뮤니티 사이트에 올린 게시물이 피해자의 신상을 특정할 수 있는 내용인지, 그러한 게시글 내용의 수위 정도가 쟁점이 될 수 있다.

VI 결론

Ⅵ. 결론

대학은 하나의 작은 사회로서 교직원에게는 일터이고, 학생에게는 교실이며, 학업·연구와 업무를 병행하는 대학원생 등에게는 일터이자 교실로서 삶의 많은 부분을 차지하는 공간이다. 이런 공간에서 일어나는 괴롭힘은 인격을 점진적으로 훼손하고 말살하는 행위라 해도 과언이 아니다. 학문의 양심으로 인권을 수호하고 교육을 하는 대학에서 이러한 인권침해가 일어난다는 것은 매우 부끄러운 일이다.

본 연구는 본문 제2장에서 먼저 법제화된 직장 내 괴롭힘의 해석과 판단기준, 그리고 예방과 구제책에 부족한 점을 메우기 위해 비교법 연구를 하였다. 그 결과 외국과 비교하여 우리의 직장 내 괴롭힘 규정은 인격 보호적 측면이 약하며, 사용자에게는 예방 교육 의무가 없는 등 사전 예방 조치가 미흡하며 고충처리 절차 역시 미비함을 지적할 수 있었다. 그리고 일본 대학의 학내 괴롭힘 규정을 참조하여 우리의 학내 괴롭힘 정의를 제시하였다. 다시 한번 언급하자면 아래와 같다.

대학 구성원이 학내 지위 또는 관계의 우위를 이용하여 업무·연구·교육·학습상의 적정범위를 넘어 다른 대학 구성원에게 신체적·정신적 고통을 주거나 업무·연구·교육·학습 환경을 악화시키는 행위

제3장에서는 대학 내 괴롭힘 판단을 위한 가이드라인을 제시하고 괴롭힘을 유형별로 분석하였다. 어떤 사건이 발생하였을 때 이것이 대학

내 괴롭힘인가를 판단할 수 있는 지표로 업무·연구·교육·학습상의 범위인지 여부와 범위 내라면 업무·연구·교육·학습상의 관련성, 필요성, 그리고 상당성을 충족하는지를 판단기준으로 제시하였다. 괴롭힘의 유형은 국내외의 여러 자료 및 실제 대학 내 사건 유형을 바탕으로 다양한 괴롭힘 행위들을 예시하고 특징별로 묶은 것이다. 이렇게 괴롭힘 행위 유형을 제시함으로써 직장 내 괴롭힘의 양태를 이해하고, 이와 유사한 행위들도 대학 내 괴롭힘이 될 수 있다는 것을 보여주어 예방과 교육에 참고가 되고자 하였다.

제4장에서는 대학 내 괴롭힘의 예방과 구제책을 제안하였다. 먼저 국내의 기존 매뉴얼과 해외 대학의 가이드라인을 분석하여 구체적인 예방 정책 – 실태 조사, 예방 교육, 전담 부서·직원 지정, 기관장 메시지 등 – 을 설명하였고, 구제방안으로 사건 처리 절차를 피해자 등의 문제 제기부터 재발 방지까지 필요한 내용들을 제시하였다. 구제방안에서는 무엇보다 신속한 피해자 보호와 일상의 회복이 중심이어야 한다고 강조하였다. 그리고 직장 내 괴롭힘 전문가들의 자문을 받아 근로기준법상 직장 내 괴롭힘이 실제 일터에 적용될 때의 문제점을 검토하였다. 이러한 자료와 자문을 바탕으로 대학에 적합한 예방과 구제방안을 모색하였다. 대학 내 괴롭힘 예방을 위해 무엇보다 실태조사와 예방교육, 최고책임자의 근절 의지, 실효성 있는 제재 수단이 중요함을 확인하는 등 대학 내 괴롭힘의 예방과 구제책을 제안하였다.

제5장에서는 대학 내에서 일어날 수 있는 괴롭힘의 양태를 구체적으로 정리하였다. ⓐ 교직원 간, ⓑ 교원과 학생 간, ⓒ 학생과 학생 간의 괴롭힘 가상 사례들을 ① 신체적 괴롭힘, ② 언어적 괴롭힘, ③ 대인관계 괴롭힘, ④ 업무적 괴롭힘, ⑤ 사적영역 괴롭힘으로 5분류하여 예시하고 각각 해설과 시사점을 덧붙였다. 이는 현장에서 무엇보다 사례를 중심으로 한 설명이 필요하다고 한 요청에 따른 것이다.

본 연구가 시초가 되어 대학 내 괴롭힘에 대한 문제의식을 높여 각 대학마다 자신의 대학 내 괴롭힘 가이드라인을 작성하는 데 도움이 되었으면 한다. 무엇보다 대학 내 괴롭힘을 사전 예방하는 것을 문화적으로 확립하기 위해 대학 행정에서 할 일과 교수·직원·학생 각각의 차원에서 할 일을 구체화하고, 결국 이것이 상호 존중에 바탕을 둔 대학공동체 조성을 위한 제도 및 문화 개선으로 이어지는 데 보탬이 되었으면 한다.

끝으로 대학 내에는 교수·직원·학생으로 3분류 되지 않는, 중첩적이고 다층적인 지위와 정체성을 가진, 업무와 학업·연구를 병행하고 있는 사람들이 많이 존재한다. 대학원생이면서 강사이자 조교일 수도 있는, 대학에서만 찾아볼 수 있는 특수한 지위와 상황이 있다. 이들은 대학에서 업무를 수행하고 있음은 분명하나, 근로자와 달리 괴롭힘 피해가 생겼을 때 실업급여나 산업재해 보상 등 노동관계법에 따른 피해 구제가 되지 않는다. 또한 이들은 대학 내에서의 지위가 다층적인 만큼 괴롭힘이 발생하면 학업과 생계가 모두 위협받는 등 공동체에서 이탈하기 더욱 어려운 취약성을 가지고 있다. 본 연구는 대학 내 괴롭힘의 정의와 성립요건, 행위 유형과 같은 기본적인 이해와 예방·구제를 목적으로 작성되었는 바, 이러한 특수한 지위와 환경에서 일어나는 괴롭힘, 특수한 형태의 괴롭힘에 대한 집중적인 연구가 별도로 이루어지지 않았다. 앞으로 대학 내 괴롭힘에 더 많은 논의가 적극적으로 이루어져야 할 것이며, 학생이자 연구자이며 노동자이기도 한 대학원생에 대한 괴롭힘 문제, 온라인 괴롭힘 등 새로운 형태의 괴롭힘 등에 대해 후속 연구에서 자세히 살펴볼 필요가 있다.

부록

[부록1] 미국 매사추세츠대학교의 '직장 내 괴롭힘 대응' (Workplace bullying grievance procedure)

직장 내 괴롭힘에 대해 대응하기

매사추세츠대학교 애머스트 캠퍼스는 교수진, 교직원 및 학생들에게 괴롭힘을 당하지 않고 직장 생활이나 학업을 추구할 수 있는 직장 환경을 제공하는 데 전념하고 있다. 직장 내 괴롭힘은 다음의 직원 행동 원칙에 대한 수탁자 정책의 조항(T96-136)에 따라 금지된다.

고등교육 기관은 엄청난 자원과 그에 상응하는 큰 책임을 맡고 있다. 그들은 자신을 지원하는 사회를 진정으로 풍요롭게 하고 대학 공동체에 합류하여 확장된 대학 학습 가족의 평생 구성원이 되는 학생, 부모 및 동문에게 진정으로 봉사하는 방식으로 연구, 교육 및 봉사라는 사명을 충족시켜야 한다. 대학 및 대학교의 리더는 다양한 구성원에게 서비스를 제공하고 모든 교수진, 직원 및 학생이 그들이 맡은 자원을 관리하고 사용하는 데 높은 수준의 윤리적 관행이 수반되도록 보장하는 데 주요한 역할을 한다. 매사추세츠 대학교는 이러한 직원 행동 원칙에 표현된 가치관을 수용하며 모든 직원이 이를 준수할 것을 기대한다.

- 대학의 직원은 공공 자원을 위임받았으며 이해 상충과 관련하여 자신의 책임을 이해하고 법과 대학의 정책에 따라 행동해야 한다.

- 대학의 직원은 실력이 있어야 하며 자신과 타인의 역량을 향상시키기 위해 노력해야 한다. 대학의 직원의 행동은 진실성과 품위가 특징이어야 하며, 다른 사람들의 그러한 행동을 기대하고 장려해야 한다.
- 대학의 직원은 정직해야 하고 자신과 타인을 존중하는 방식으로 행동해야 한다.
- 대학의 직원은 자신의 행동에 대해 전적으로 책임을 지고 다른 사람에게 봉사하고 모두를 공정하고 공평하게 대우하도록 노력해야 한다.
- 대학의 직원은 솔직한 의견 표현과 타인의 견해에 대한 관용을 조장하는 방식으로 행동해야 한다.
- 대학의 직원은 자신의 직무 책임과 관련된 제도적 목표 및 정책을 인식하고 이해해야 하며, 제도 내외에서 적절하게 해석할 수 있어야 하며, 지속적인 평가 및 재구성에 건설적으로 기여해야 한다.
- 대학은 대학 직원들에게 이러한 직원 행동 원칙의 내용을 알리고 여기에 포함된 행동 표준이 충족되도록 할 책임이 있다. 대학은 직원들에게 다음과 같은 것을 제공해야 한다.
- 전문적이고 지원적인 근무환경
- 직책의 의무, 성과 검토 절차, 관련 대학 정책 및 절차에 대한 접근에 대한 명확한 이해, 각 직원에게 할당된 권한 및 책임 영역의 범위 내에서 직무 수행에 있어 적절한 판단과 주도권을 행사할 의무
- 이 원칙에 포함된 윤리 원칙을 위반하는 문제에 대해 적절한 검토를 요청할 권리

직장 내 괴롭힘

직원 행동의 원칙에 따라 직장에서 괴롭힘을 당했다고 생각하는 직원과 자신의 책임의 일부로 그러한 경우를 즉시 처리되게 해야 하는 감독자를 위해 다음 지침이 제공된다. 비공식적 구제책과 공식적 구제책을 모두 제공한다. 목표는 괴롭힘이 발생했는지 여부에 대해 공정하고 즉각적인 결정을 내리고, 그렇다면 반복되지 않도록 적절한 조치를 취하는 것이다.

다른 사람이나 집단을 겨냥한 개인 또는 집단의 위협하거나, 비하하거나, 불쾌하게 하거나, 협박하거나, 굴욕감을 주는 반복적이고 불합리한 행동은 일반적으로 직장 내 괴롭힘을 구성한다. 직장 내 괴롭힘은 하나의 실질적이고 심각한 행동일 수도 있다. 직장 내 괴롭힘은 엄하지만 공정한 감독자, 강인한 노조 옹호자, 폐쇄적인 동료, 또는 기타 유사한 행위가 아니다.

주장된 사건이 괴롭힘을 구성하는지 여부를 결정할 때 감독관은 행동의 본질 및 주장된 사건이 발생한 상황과 같은 상황의 전체를 살펴본다. 적절한 대응에 대한 최종 결정은 이전에 괴롭힘을 당했던 기록부터 주장되는 괴롭힘까지 사례별로 사실을 발견하고, 주장되는 괴롭힘이 신고자와 관련하여 감독 위치에 있는지 여부를 고려하여 내려진다. 신고자에게 징계가 부과되는 모든 경우에 해당 단체교섭 계약의 절차를 준수한다.

총장실은 부총장들과 협력하여 애머스트 캠퍼스의 모든 감독자가 직장 내 괴롭힘 및 신고를 받았을 때 감독자의 책임에 관한 정보와 훈련을 받도록 조치한다.

절차

I. 비공식적 해결

어떤 경우에는 상황에 대한 비공식적인 해결이, 즉시 공식적인 검토를 진행하는 것보다 더 만족스러운 결과를 제공할 수 있다. 합의, 협의 또는 촉진을 통한 해결은 행동이나 작업 환경에서 보다 지속 가능한 변화를 만드는 데 도움이 될 수 있다. 일반적으로 사람들은 권위에 의해 부과된 것보다는 자신의 합의한 해결을 준수할 가능성이 더 높다. 이러한 이유로 대학은 모든 당사자가 그러한 프로세스를 사용하는 데 동의할 때 대체 분쟁해결(ADR)의 사용을 지원한다. 그러한 노력이 성공하지 못한 경우 아래 절차가 시작될 수 있다. 비공식적인 합의의 시도는 해결을 지나치게 지연시키지 않는다.

자조

불만 처리의 목표는 괴롭힘 행위를 중지하는 것이다. 신고자가 부적절한 행동을 경험하고 있다고 생각하고 부적절한 행동에 책임이 있는 개인과 이야기할 수 있는 경우 다음 단계를 취할 수 있다.

- 즉시 그 사람(들)과 대화한다.
- 그 행동과 그 효과를 설명한다.
- 그 행동을 즉시 중단하도록 요청한다.

신고인은 대화를 입증할 수 있는 증인이 있는 상태에서 위의 대화를 하는 것을 고려해야 한다. 이것이 가능하지 않거나 실현 가능하지 않은 경우, 신고인은 위 사항을 포함하는 서신을 작성하여 증인 앞에서 그 사람에게 줄 수 있다. 신고인은 이 서신의 사본을 보관해야 한다.

모든 경우에 신고인은 날짜, 시간, 장소 및 증인을 포함하여 사건(들)

을 문서화해야 한다.

이 조치가 신고인에게 적절한 구제를 제공하지 못할 경우 또는 이 접근방법을 사용하는 대안으로 아래 설명된 조치를 고려할 수 있다.

고충처리실, 823 캠퍼스 센터, 545-0867

고충처리실은 대학 관련 문제에 대해 은밀하고 중립적이며 독립적이고 비공식적인 대안 분쟁 해결 지원을 제공한다. 서비스에는 상담, 갈등 코칭, 중재, 셔틀 외교(당사자들이 대면할 필요가 없는 것), 사회 정의 중재(특정 권력 역학도 다루어 질 수 있는 것), 중개 대화 및 회복 관행이 포함된다.

II. 행정 검토

A. 자신이 직장 내 괴롭힘의 대상이라고 생각하는 매사추세츠대학교 애머스트 캠퍼스의 직원은 괴롭힘 행위에 연루된 것으로 주장되는 사람의 상사에게 구두 또는 서면으로 불만을 제기할 수 있다. 괴롭힘에 대한 불만을 접수한 감독자는

1) 불만 사항 및 해결을 위해 취한 모든 조치에 대한 서면 기록을 유지한다.
2) 신고자를 만난다.
3) 괴롭히는 것으로 주장되는 사람(이하 "피신고자")을 만난다.
4) 당사자 또는 증인에 대한 보복이 없도록 적절한 조치를 취한다.
5) 증인 면담, 증거 조사, 문서 검토를 포함하여 필요에 따라 조사한다.
6) 괴롭힘이 발생했는지 여부를 판단하고, 발생했다면 반복되지 않도록 적절한 조치를 취한다. 이러한 단계에는 피신고자에 대한 구두 및/또는 서면 지시, 당사자 간의 토론 및/또는 징계 조치가 포함될 수 있다.

7) 조사를 위해 취한 조치에 대한 기록을 유지하고 적절한 경우 불만 사항을 시정한다. 이러한 기록은 절차가 진행됨에 따라 검토될 수 있다. 절차 중 어느 시점에서든 감독자는 당사자 중 하나의 보호를 위해 필요하다고 간주하는 임시 조치의 부과를 명령할 수 있다. 이러한 조치에는 피신고자의 업무 할당 또는 위치 변경 또는는 신고자와 그 상사의 상호 동의 하에 신고자의 업무 할당 또는 위치 변경이 포함될 수 있지만 이에 국한되지 않는다.

직장 내 괴롭힘이 될 수 있다고 생각하는 것을 관찰한 감독자는 직원의 불만 신고를 요구하지 않고 위의 절차에 따라 상황을 해결하기 위한 즉각적인 조치를 취해야 한다.

B. 위의 절차에 따라 불만을 제기했는데 관련 행위가 중단된 것으로 받아들이지 않은 직원은 괴롭힘 행위를 했다고 주장되는 개인이 고용된 수준의 다음 감독 수준에 이의를 제기할 수 있다. 원래 불만 사항이 학장/이사에게 제출된 경우 해당 부총장 또는 총장보에게 항소를 제기해야 한다. 이러한 항소를 접수하는 학장/이사 또는 부총장/총장보는

1) 신고자를 만난다.
2) 감독자가 보관한 기록을 검토한다.
3) 필요한 경우 추가 조사를 수행한다.
4) 괴롭힘이 발생했는지 여부를 판단하고, 발생했다면 반복되지 않도록 적절한 조치를 취한다. 징계 조치가 고려되는 경우 학장/이사 또는 부총장/총장보는 먼저 신고자를 만나야 한다.
5) 조사를 위해 취한 조치에 대한 기록을 유지하고 적절한 경우 불만 사항을 시정한다.

절차 중 어느 시점에서든 학장/이사 또는 부총장/총장보는 당사자

중 하나의 보호를 위해 필요하다고 간주하는 임시 조치의 부과를 명령할 수 있다. 이러한 조치에는 피신고자의 업무 할당 또는 위치 변경 또는 신고자와 그 상사의 상호 동의 하에 신고자의 업무 할당 또는 위치 변경이 포함될 수 있지만 이에 국한되지 않는다.

학장/이사 또는 부총장/총장보는 여기에 설명된 기능 중 일부 또는 전부를 수행할 피지명자를 지명할 수 있다.

이 절차는 주 또는 연방법에 따라 구제책을 구할 수 있는 사람의 권리를 손상시키거나 제한하기 위한 것이 아니다. 신고인은 대학 결의에 대한 권리를 위태롭게 하지 않고 주 및 연방 기관의 기한을 맞추기 위해서 외부 기관에 불만을 제기할 수 있다.

Ⅲ. 공식적 검토

위에서 설명한 비공식적인 행정 절차에 대한 대안으로 또는 이러한 절차로 상황이 해결되지 않은 경우 자신이 직장 괴롭힘의 대상이었다고 생각하는 매사추세츠대학교 애머스트 캠퍼스의 직원은 누구든지 총장실에 검토 요청을 제출할 수 있다.

대부분의 경우 대학은 해결에 대한 비공식적 접근 방법이 모든 당사자에게 최선의 이익이라고 믿는다. 따라서 검토 요청이 접수되면 총장실은 공식적 검토를 진행하기 전에 당사자들이 비공식적 해결을 수행하도록 지원하려고 시도한다. 그러한 노력이 성공하지 못하면 아래 절차가 시작된다. 비공식적인 합의 시도는 해결을 과도하게 지연시키지 않으며 일반적으로 신고자와 피신고자의 동의없이 30일 이상 연장되지 않는다.

직장 내 괴롭힘 이니셔티브의 목표는 괴롭힘이 주장될 때 발생한 괴롭힘이 중단되고 재발하지 않도록 적절한 조치를 취하는 것이다. 따라서 절차 중 언제라도 괴롭힘 불만이 조직 변경, 절차 변경 또는 불만의 근거를 형성한 행동을 분명히 중단한 감독자의 기타 조치로 인해 고려할 가치가 없게 되는 경우 총장실은 해당 불만을 기각할 수 있다. 신고자가 나중에 동일한 피신고자의 이후의 행동에 대해 불만을 제기하면 이전 행동이 새로운 불만에서 참조될 수 있다.

위의 괴롭힘의 정의에서 시사하듯이, "괴롭힘은 … 엄격하지만 공정한 감독자가 아니다."

따라서 총장실은 징계가 노조의 고충처리에서 이미 인정된 경우 전적으로 징계 조치에 근거한 사건을 기각할 권한이 있다.

고충 처리 절차에서와 마찬가지로 정의는 신고자와 피신고자의 법적 권리는 물론 학문적 자유에 대한 권리가 완전히 보장되도록 요구한다. 대학은 이러한 권리를 보호하기 위해 모든 노력을 다할 것이며 이를 위협하거나 손상시키는 어떠한 조치도 알면서 수행하지 않을 것이다.

그러나 이러한 절차의 어떤 것도 불만에 대한 최종 판결에 도달할 때까지 대학 행정부가 한 명 이상의 당사자를 보호하기 위한 적절한 임시 조치를 취하지 못하도록 하는 것이 아니다. 이 절차는 주 또는 연방법에 따라 구제책을 구할 수 있는 사람의 권리를 손상시키거나 제한하도록 의도되지 않았다. 신고자는 대학 심사를 받을 권리를 위태롭게 하지 않고 주 및 연방 기관의 기한을 맞추기 위해서 외부 기관에 불만을 제기할 수 있다. 개인이 외부 기관에 불만을 제기했다는 공식 통지를 받으면 대학은 불만 신고자가 공식적인 검토 절차를 계속하기를 원하는지 문의할 것이다.

피신고자가 총장의 직원의 일원인 경우 총장은 이 절차에서 피신고자의 부총장에 대해 설명된 역할을 수행할 피지명인을 지명한다[참고: 이 문서 전체에서 부총장이라는 용어가 사용되는 모든 경우에서 해당 용어는 총장 또는 피지명인 중 적절한 것을 지칭하는 것으로 이해된다]. 피신고자가 학부생 또는 대학원생인 경우 신고자는 총장실에 연락해야 하며 총장실은 사건의 상황을 검토하고 적절한 절차를 결정해야 한다.

A. 검토 요청 절차

검토 요청은 공식적 검토 요청 양식(총장실에서도 구할 수 있음)에 서면으로 작성하여 총장실에 제출해야 한다. 요청은 불만을 제기하는 행동에 대한 설명을 명확하고 간결하게 기술해야 하며 추구하는 구제책도 시사할 수 있다. 양식은 신고자가 서명하고 날짜를 기입해야 한다. 총장실은 요청 접수 후 10일 이내에 피신고자와 피신고자의 부총장에게 요청의 사본을 제공한다. 피신고자는 총장실로부터 통지를 받은 후 20일 이내에 총장실에 서면 응답을 제출해야 한다. 공식적인 양식(총장실에서도 구할 수 있음)으로 제출해야 하는 이 응답에는 검토 요청의 각 청구에 대한 완전하고 구체적인 응답, 인정, 부인 또는 협의에 대한 완전한 설명이 포함된다. 응답에는 피신고자가 서명하고 날짜를 기입해야 한다. 총장은 답변서 사본을 신고자와 신고자의 부총장에게 전달한다.

B. 사실 발견 검토

총장이 임명한 4명의 위원과 노조들, MSP, PSU, USA/MTA, AFSCME의 각각이 임명한 2명의 위원으로 구성된 상설 사실 발견위원회가 있어야 한다. 이 위원회에 대한 모든 임명은 노조와 행정처의 승인을 받아야 한다.

사실 발견위원회 위원은 임기 3년 동안 근무해야 하며, 임기는 갱신될 수 있고 시간이 지남에 따라 시차를 두어야 한다. 사실 발견위원회 위원은 조사 기법에 대한 집중적이고 지속적인 교육을 받아야 한다.

검토 요청서를 받은 후 20일 이내에 총장실은 사실 발견위원회 위원 중에서 선발된 2인 사실 발견 팀을 소집한다. 2인 사실 발견 팀은 노조가 임명한 사실 발견위원회 위원 1명과 행정처가 임명한 1명을 포함한다. 조합 위원은 조합이 선택하고, 행정 위원은 총장실에서 선택한다. 사실 발견 팀은 불만 사항에 대한 예비 검토를 수행하고 신고자와 피신고자를 면담해야 한다. 사실 발견 팀은 또한 자신의 검토에 관련되고 필요한 정보가 있다고 생각하는 다른 대학 직원과 인터뷰할 수 있다. 소집 후 20일 이내에 사실 발견 팀은 다음 결론 중 하나 이상에 도달해야 하고 결과에 대한 서면 보고서를 총장실에 제출하고 사본을 피신고자의 상사 및 부총장, 신고자 및 피신고자에게 제공한다. 신고자와 피신고자는 사실 발견 팀의 보고서에 부정확하게 기록된 논쟁의 여지가 없는 사실을 10일 이내에 식별해야 한다.

1) 사실 발견 팀은 괴롭힘이 발생했다는 주장을 뒷받침하기에 불충분한 사실이 존재하고 불만을 기각해야 한다고 결정할 수 있다. 불만이 다른 사무실이나 다른 포럼에서 가장 잘 해결될 문제를 제기하는 경우 사실 발견 팀은 해당 문제를 적절하게 회부해야 한다.

2) 사실 발견 팀은 괴롭힘이 발생했을 가능성이 높다고 판단할 수 있으며 총장실, 피신고자의 부총장, 상황에 가장 가깝고 가장 잘 해결할 수 있는 감독자 또는 기타 관리자(이하 "감독자"라고 함)에게 알려야 한다. 감독자는 괴롭힘이 재발하지 않도록 적절한 조치를 취해야 하며 신고자에게 적절한 구제를 제공하고 피신고자에게 적절한 교육과 가능한 징계를 부여할 수 있다. 감독자는 적절한 작업 환경을 보장하기 위해 중재, 조정 또는 기타 대체 분쟁 해결을 추가로 마련할 수 있다. 감독자는 총장실 [직원관계실] 및 부총장과 협의하여 해결책을 개발 및 구현하고 괴롭히는 행동의 재발 가능성을 줄이기 위한 적절한 조치를 취해야한다. 감독자, 부총장 및 총장실은 해결책을 개발하기 전에 사실 발견 팀과 상의할 수 있다. 총장실[직원관계실]은 단체교섭 계약의 적용 가능한 요건에 대해 감독자에게 조언하고 모든 징계 조치가 캠퍼스 전체의 유사한 상황과 관련하여 공평한지 확인하기 위해 노력해야 한다.

3) 위의 2)에 추가하여 또는 대안으로 사실 발견 팀은 불만을 유발

한 상황이 신고자 및 피신고자보다 더 많은 개인 그룹을 수반하며 전체 부서 또는 상응하는 단위에 대한 검토가 필요하다고 판단하고 총장실에 알리고 적절한 감독자 및 부총장에게 사본을 제공할 수 있다. 부총장은 직장 내 괴롭힘이 발생했는지 여부를 판단하고 발생했을 경우에 상황을 해결하기 위한 적절한 조치를 취하기 위해서 그러한 검토를 마련해야 한다.

위의 2) 또는 3)에 따른 결정 후 2개월 이내 또는 사실 발견 팀이 필요하다고 판단하는 경우 더 빨리 사실 발견 팀은 신고자 및 피신고자와 면담하여 제안된 개입이 괴롭힘 행위가 없는 근무환경 복구에 성공했는지 여부를 판단해야 한다. 사실 발견 팀이 상황이 해결되었다고 결론을 내리면 문제는 종결된다. 사실 발견 팀이 상황이 해결되지 않았다고 결론을 내리면 사실 발견 팀은 결과에 대한 서면 보고서를 준비하여 총장실에 제출하고 검토 패널의 검토를 위해 불만 사항을 회부해야 한다. 이 절차의 어느 단계에서든 사실 발견 팀이 합의에 도달할 수 없는 경우 불만 사항은 검토 패널로 가야 한다.

공식적인 검토가 수행될 경우 아래 요약된 절차에 따라 수행된다.

C. 직장 내 괴롭힘 위원회

직장 내 괴롭힘 위원회는 총장이 임명한 대학 공동체 구성원 30명으로 구성되며 각 구성원은 3년 임기이며 임기는 갱신될 수 있다. 널리 대표되고 다양한 그룹이 되도록 모든 노력을 기울인다. PSU, USA/MTA, AFSCME, GEO 및 MSP는 각각 8명을 이사회에 지명하도록 요청된다. 총장은 비노조 직원과 함께 이러한 각 지명자 그룹에서 4명의 개인을 임명해야 한다. 후보자를 제출하도록 요청된 조직이 그렇게 하지 않을 경우 총장은 관련 구성 그룹에서 이사회 구성원을 임명한다.

임명 후 위원은 직장 내 괴롭힘 검토를 수행하는 절차뿐만 아니라 직장 괴롭힘에 대해 교육하기 위해서 설계된 초기 워크숍 및 지속적인 교육에 참여하게 된다. 위원은 교육에 참여하고 검토 패널에서 근무하기 위한 적절한 자유 시간을 받아야 한다.

D. 직장 내 괴롭힘 검토 패널

사실 발견 팀의 위탁을 받은 후 10일 이내에 총장은 3인의 검토 패널을 임명한다. 각 검토 패널의 최소 한 명은 신고자와 피신고자의 각각의 지지층(즉, 분류된 직원, 교수진 대학원생 또는 학부생 직원, 또는 전문 직원)에서 추출된다. 검토 패널 지명자는 적절한 사유가 있을 경우 제외할 것을 요청할 수 있다. 총장실은 그러한 요청에 대해 결정을 내려야 한다. 그러한 요청이 승인되면 총장실은 공석을 채울 다른 위원을 임명해야 한다. 총장실에서 의장 역할을 할 위원 한 명을 지명한다.

검토에 참여하기 전에 총장실은 검토 패널과 만나 직장 내 괴롭힘 문제 및 검토 패널 절차를 검토한다. 신고자와 피신고자 모두가 회의에 참석하도록 초대된다. 검토 패널 임명 후 2일 이내에 당사자들은 총장실에서 패널 임명에 대한 서면 통지를 받게 된다. 절차의 각 당사자는 입증할 수 있는 이해 상충에 근거하여 해당 위원의 참여가 공정하고 신뢰할 수 있는 검토에 대한 당사자의 권리를 위태롭게 한다는 이유로 패널 위원의 임명에 이의를 제기할 권리가 있다. 모든 이의 제기는 총장실에 서면으로 제출해야 하며 통지 후 5일 이내에 총장실에 접수되어야 한다. 총장실은 이의 제기가 가치가 있는지 여부를 결정한다. 패널 멤버의 착석 여부를 판단한다. 그리고 이의 제기 접수 후 5일 이내에 이의 제기 당사자에게 서면 결정을 제공한다. 이 결정은 최종적이다.

검토 패널의 의무와 책임이 책임 없는 기간으로 연장되는 경우 총장실의 재량에 따라 검토는 책임 기간이 재개될 때까지 일시 중지될 수 있다.

E. 검토 패널 절차

임명 후 5일 이내에 총장실은 불만 원본, 피신고자의 답변, 사실 발견 팀의 서면 보고서, 신고자와 피신고자가 사실 발견 팀의 서면 보고서를 받은 후 제출한 모든 진술의 사본을 검토 패널에 전달해야 한다. 임명 후 14일 이내에 검토 패널 구성원은 사실 발견 팀 구성원과 만나야 한다. 사실 발견 팀은 결과를 검토 패널에 제출하고 검토 패널이 할 수 있는 모든 질문에 답변해야 한다. 검토 패널은 단독 재량으로 신고자, 피신고자, 피신고자의 감독자 또는 검토 패널이 검토에 관련되고 필요한 정보를 가지고 있다고 생각하는 다른 대학 직원을 추가로 인터뷰할지 여부를 결정한다. 검토 패널이 신고자 또는 피신고자와 인터뷰하기로 결정한 경우 두 사람 모두 인터뷰해야 한다. 모든 경우에 검토 패널은 신고자 및 피신고자에게 검토 패널과 만날 기회를 제공해야 한다.

검토 패널은 검토에 관련되고 필요하다고 판단되는 모든 서면 문서를 추가로 요청할 수 있다.

F. 검토 패널의 결정

사실 발견 팀 및 검토 패널이 인터뷰하기로 선택한 다른 당사자가 제공한 정보와 접수된 문서를 검토한 후 검토 패널은 피신고자가 신고자가 당한 직장 내 괴롭힘에 관여했다고 생각하는지 여부를 결정해야 한다. 직장 내 괴롭힘 발생 여부를 결정하는 기준은 증거의 우세이다. 직장 내 괴롭힘이 발생했다는 결정은 패널의 3명 중 2명 이상이 동의해야 한다. 패널은 결론을 기록한 서면 보고서를 준비한다. 이 보고서는 사건의 신빙성 있는 사실과 뒷받침하는 증거를 명시하며 결론은 사실 발견 팀 또는 패널의 인터뷰 및 문서 검토에서 제공한 증거로 완전히 뒷받침되어야 한다. 패널의 결론은 패널의 검토 완료 후 30일 이내에 총장실에 제출되어야 한다.

결과

패널이 직장 내 괴롭힘이 발생하지 않았다고 판단할 경우에는 총장실은 적절한 해설과 함께 패널의 보고서를 사본과 함께 피신고자의 부총장에 전달하고 사본을 총장에게 전달한다. 부총장은 자료를 검토하고 20일 이내에 최종 결정을 신고자, 피신고자, 총장실에 제출한다.

패널이 직장 내 괴롭힘이 발생했음을 발견하면 패널은 구제조치를 권장할 수 있다. 총장실은 패널의 권고를 검토하고 부총장에게 적절한 해설을 제공한다. 이 논평에는 대학 기록을 검토한 결과 피신고자가 과거에 이 정책을 위반한 적이 있다고 판단되는 경우 권장되는 구제책에 대한 조정이 포함될 수 있다. 조정된 구제책에 대한 구체적인 서면 이유를 제공해야 한다. 그 후에 총장실은 패널의 보고서, 전체 검토 기록 및 적절한 해설을 피신고자의 부총장에 전달하고 사본을 총장에게 전달한다.

부총장은 패널의 권고 사항을 검토하고 위에 언급된 모든 자료를 수령한 후 20일 이내에 패널의 결과 또는 권고 사항에서 벗어난 이유를 포함하여 결정을 직접 신고자, 피신고자 및 총장실에 제공한다. 부총장이 직장 내 괴롭힘이 발생하지 않았다고 결정할 경우에는 해당 사건과 관련된 모든 대학 기록에 해당 결과를 등록해야 한다. 부총장이 직장 내 괴롭힘이 발생했다고 판단할 경우에는 부총장이 구제조치를 결정하고 시행할 책임이 있다. 부총장의 구제책 결정(각각 시행일 포함)은 신고자, 피신고자 및 총장실에 제출하는 서면 결정에 포함된다. 신고자 및 피신고자에게 제공된 부총장 보고서 사본은 각 당사자의 개인 정보 보호 권리를 보호하기 위해 필요에 따라 삭제된다. 총장실은 최종 결정을 패널에게 알린다.

부총장의 결정을 받은 후 당사자는 서면 기록의 사본을 요청할 수 있다. 요청은 총장실에 서면으로 제출해야 한다.

G. 항소

부총장의 결정서 사본을 받은 후 30일 이내에 피신고자, 신고자 또는 총장실은 총장에게 서면 청원서를 제출하여 검토를 요청할 수 있다 (총장은 검토를 처리할 피지명인을 지정할 수 있음). 검토 청원은 검토가 필요한 구체적인 근거를 자세히 설명한다. 총장은 피신고자의 부총장, 총장실, 패널 및 당사자가 청원서 사본을 받도록 한다. 총장은 사실 발견 팀의 보고서, 패널이 고려한 문서, 패널의 조사 결과 및 권고, 그리고 이전 위반 기록을 포함한 사건 기록을 검토한다. 이 검토를 기반으로 총장은 부총장의 결정을 수정하거나 취소할 수 있다. 예를 들면, 총장은 패널의 결과가 증거의 우세함에 의해 뒷받침되지 않거나 처리의 일부 측면이 개인의 법적 권리, 학문적 자유 또는 이러한 절차를 위반했다고 결정할 수 있다.

총장 또는 피지명인은 a) 부총장의 결정에 동의하거나 수정하거나 b) 패널에게 구체적인 결과를 요청하거나, c) 새 검토 패널 앞에서의 새로운 검토를 위해 사건을 총장실로 되돌려 보낼 수 있다. 검토 과정에서 총장은 대학 법률 고문과 상의하고 그는 사건의 전체 기록에 접근할 수 있게 된다. 총장 또는 피지명인은 검토 청원서 및 고충과 관련된 모든 자료를 수령한 후 20일 이내에 서면 결정을 내린다. 총장의 결정은 피신고자의 부총장, 신고자, 피신고자, 사실 발견 팀, 검토 패널, 총장실로 전달된다. 총장의 결정은 문제에 대한 최종적인 대학의 처분이 된다.

H. 비밀유지

이 절차의 어느 측면이든 관련된 모든 당사자는 항상 이러한 절차의 기밀성을 유지하도록 행동한다. 정보는 합법적이며 운영상 정보를 받아야하는 개인과 이 절차의 효율성을 유지하는 데 필요한 한도 내에서 공유된다.

I. 기한

여기에 날짜로 표시된 모든 기한은 달력일을 의미한다.

신고자는 기한이 면제되게 할 정당한 이유를 보여줄 수 없는 한 사건 후 6개월 이내에 이러한 절차에 따른 검토를 요청해야 한다. 제출 기한에 대한 예외 요청은 총장실에 서면으로 해야 하며 총장실은 요청 검토 후 서면으로 결정을 내린다. 이 결정을 내리기 위해 법률 고문과 상의할 수 있다.

일부 경우, 특히 행동 패턴이 불만의 대상인 경우 증빙 자료에는 6개월 제출 기한을 벗어나서 일어난 행동의 보고서가 포함될 수 있다. 이러한 경우에는 예외에 대한 서면 요청은 필요하지 않다. 그러나 피신고자는 총장실에게 그러한 증거의 허용 여부를 결정하도록 요청할 수 있다. 이 경우 총장실의 결정이 최종이다.

이 절차에 명시된 기한을 충족하지 못하는 것이 결석 결정이 내려지게 하거나 절차가 계속되는 것을 막지는 않는다.

J. 참여 및 철회 요건

피신고자가 고발에 응답하지 않거나 이 절차에 참여하지 않을 경우 총장실은 해당 사실을 부총장에 알린다. 주장에 응답하지 않거나 요청 시 사실 발견 팀 또는 검토 패널에 출두하지 않으면 책임 위반으로 간주되어 징계 조치를 받을 수 있다.

또한 신고자 또는 피신고자는 침묵 또는 부재로 이 절차가 진행되는 것을 막지 못한다. 불만 사항에 응답하지 않거나 사실 발견 팀 또는 검토 패널에 출두하지 않으면 사용 가능한 증언 및 증거에 근거하여 절차가 진행될 수 있다.

신고자는 철회 사유서를 총장실에 제출하여 심사 청구를 접수한 후 철회를 요청할 수 있다. 총장실은 피신고자에게 철회 요청을 알릴 책임이 있다. 총장실은 피신고자 및 필요한 경우 법률 고문을 포함한 해당 관리자와 협의한 후 철회 요청에 대해 당사자들에게 서면 결정을 내린다.

K. 증명 기준

이러한 절차에 따른 직원 행동 원칙 위반은 직장 내 괴롭힘이 발생했다는 증거가 우세한 경우에만 결정된다. 사실 발견 팀, 검토 패널, 부총장, 총장은 이 증명 기준에 따라 결정을 내릴 의무가 있다.

L. 잠정 조치

검토 과정 중 언제든지 총장실은 양 당사자의 보호를 위해 필요하다고 판단되는 임시 조치의 부과를 명령할 수 있다. 이러한 조치에는 신고자 또는 피신고자의 업무 할당 또는 위치의 변경이 포함될 수 있지만 이에 국한되지 않는다.

Ⅳ. 보복

어떤 사람도 이러한 절차에 참여한 것에 대해 보복을 받거나 차별을 받지 않아야 한다. 보복에 대한 항의는 총장실로 해야 하며, 총장실은 적절한 조치를 결정할 것이다.

Ⅴ. 기록

Ⅱ-Ⅲ에 따른 모든 절차의 기록은 총장실에 보관되며 필요한 경우 승인된 직원이 접근할 수 있다. 예를 들어, 후속 직장 괴롭힘 호소에 대한 적절한 처벌을 결정할 때, 보복에 대한 불만이 제기된 경우, 결정이 검토될 때, 또는 피신고자가 관리감독직 후보인 경우 기록에 접근할 수 있다.

기록은 대학 내부 절차이든 또는 대학, 수탁자, 임원, 직원 또는 대리인이 당사자인 사법 또는 행정 절차이든 관계없이 이러한 정책 또는 절차와 관련된 모든 절차에 대해 대학 법률 고문에게 제공된다.

VI. 처벌

이 정책을 위반한 것으로 밝혀진 사람들에 대한 처벌에는 다음 중 하나 또는 그 조합이 포함될 수 있지만 이에 국한되지는 않는다. 구두 훈계, 인사 파일에 들어가는 서면 경고, 보호 관찰, 무급 정직, 강등, 행정직에서 제거 및 해고. 부과되는 징계 조치는 해당 조합 계약 조항과 일치한다.

VII. 연례 보고

매 학년 말에 총장실은 II 및 III에 설명된 절차에 따라 검토된 모든 문제에 대한 통계 및 관련 논평의 연례 보고서를 작성한다. 연례 보고서는 총장실에 서면 요청 시 교수진과 직원에게 제공된다. 연례 보고서에는 이름이 포함되지 않지만 당사자의 기밀성을 손상시키지 않고 정보를 제공할 수 있는 한도까지 당사자의 신분(예 면제 또는 비면제 직원 또는 교수진), 부서 또는 기타 캠퍼스 소속, 불만의 성격, 결과를 포함하되 이에 국한되지 않는 기타 관련 통계 데이터가 포함될 수 있다.

[부록2] 일본 니혼대학교 '인권침해 방지 가이드라인'

1. 목 적

　니혼대학교(이하 "대학"을 말함)는 성희롱 등의 인권침해 발생을 방지함과 동시에, 인권침해에 관한 구제 및 문제해결을 적정·신속하게 실시하고, 학생 및 아동(이하 "학생 등"이라고 함)과 교직원이 공정하고 안전또한 쾌적하게 배우고, 교육연구를 하고 일할 수 있는 양호한 취학·취업환경을 유지 향상하기 위해서 대학의 여러 규정에 준한 효력을 가지는 것으로서 이 가이드라인을 규정한다.

2. 인권침해의 정의

　이 가이드라인이 대상으로 하는 인권침해란, 일본국 헌법이 보장하고 있는 법 아래의 평등, 사상·신조·양심의 자유 및 언론의 자유에 관한 차별적 취급, 프라이버시의 침해, 취학·취업에 관한 기회균등과 환경확보, 그 외 기본적 인권을 침해하는 차별적 취급으로 인하여 개인의 존엄을 부당하게 상처 입히는 행위를 말한다.

　성희롱도 이 가이드라인이 금지하는 인권침해에 속한다. 성희롱은 상대방의 의사에 반한 성적인 언동을 하거나 성적인 언동으로 인하여 일정한 불이익 또는 이익을 주거나 혹은 취학·취업환경을 악화시키는 행위를 말한다. 대학은 "성희롱 방지에 관한 지침"을 별도로 정하고 그 방지에 노력한다.

3. 대학은 인권침해를 왜 허용하지 않는가?

대학은 어떠한 인권침해도 허용하지 않는다. 배울 권리나 교육연구를 할 자유가 저해되고 안전하고 쾌적하게 일할 수 없는 차별적 취급을 대학이 간과하는 것은 대학이 완수해야 하는 사명을 포기하는 것과 같고, 취학·취업환경에 대한 배려를 소홀히 하게 되기 때문이다.

교직원과 학생 간에는 지도·평가 등을 통한 권력관계가 구조적으로 형성되기 쉽다. 또한 교직원 간에도 조직운영의 필요에서 지휘명령관계가 형성된다. 이러한 관계는 때로는 강제 지배적으로 남용될 위험이 있는 것을 대학은 인식하고 그 방지에 노력한다.

4. 인권침해에 대한 대학의 기본자세

대학은 인권침해 문제에 대하여 다음의 세 가지의 기본자세를 가지고 임한다.

① 철저한 방지활동

대학은 인권침해의 발생을 방지하기 위해서 학생 및 교직원의 인권의식을 더욱 향상시키기 위한 의식계발에 노력한다. 또한 제도적·문화적 배경에서 인권침해가 이루어지지 않도록 항상 문제점의 발견, 해명 및 개선에 노력한다.

② 문제의 적정·신속한 해결

대학은 불행하게도 인권침해가 발생한 경우에는 적정하고 신속한 조치를 취하고 문제해결에 노력한다. 또한 발생한 문제는 충분히 해명하고, 문제가 재발하지 않도록 대책을 개선한다.

③ 인권침해를 받은 자에 대한 보호·구제

대학은 인권침해를 받은 자의 보호·구제를 기본으로 하면서 문제해결에 임한다. 보호·구제에 있어서는 인권침해를 받은 자의 의사나 입장 및 프라이버시에 충분히 유의하여 해결을 도모한다.

5. 가이드라인의 대상과 적용범위

이 가이드라인은 취학형태와 취업형태를 불문하고, 학생(대학원·학부·단기대학부·전문학교학생, 고등학교·중학교 학생, 초등학교 학생, 유학생, 과목 등 이수생 등) 및 교직원(전임교직원, 비상근교원, 임시직원 등)을 대상으로 한다. 또한 명칭이나 지위를 불문하고 대학구성원으로서 인정되는 자도 원칙적으로 대상으로 포함된다.

이 가이드라인은 학교 내외를 불문하고 대학구성원 간 및 대학구성원에서 학외자에 대하여 이루어진 인권침해에 대해서도 적용된다. 또한 학외자와의 관계에서 대학구성원이 피해를 입은 때에는 인권침해를 한 자가 소속된 기관에 대하여 처분과 재발방지를 강하게 요구한다.

6. 방지·문제해결을 위해서 대학이 설치하는 체제

대학은 인권침해의 방지·해결을 목적으로 하는 내외로부터의 어떠한 간섭도 받는 일이 없는 독립된 체재로서 인권침해방지·해결체제(이하 "방지·해결체제"라고 함)를 설치한다.

방지·해결체제는 인권침해방지위원회, 인권구제위원회, 인권상담오피스의 3부문으로 구성된다[표 1]. 대학은 방지·해결체제의 조직 및 역할을 별도로 내규 등으로 규정한다.

① 인권침해방지위원회

인권침해방지위원회는 방지·해결체제를 감독·지원하고, 인권침해가 발생한 때에는 총장·이사장 앞으로 그 경과 및 전말을 보고한다. 인권침해의 방지대책(재발방지도 포함됨)에 대하여 기획·입안하고, 홍보 및 계발활동을 전개한다. 또한 인권문제에 관한 정보 수집 및 분석, 방지·해결체제 및 가이드라인의 재검토 등도 한다. 인권침해방지위원회 위원장은 총장·이사장으로부터 인권침해방지 전반에 걸친 권한의 위임을 받고 방지·해결체제 전체를 총괄한다.

② 인권구제위원회

인권구제위원회는 인권침해를 받은 자의 보호·구제를 기조로 상담에 응하고, 사실관계의 확인, 문제해결을 실시하는 위원회로 인권침해방지위원회 하에 놓인다. 위원은 학내외의 관계분야의 전문가를 중심으로 구성되고 위원 중에서 인권 어드바이저가 위촉된다. 위원회는 내용의 중요성, 긴급성, 제기자의 의사 등을 종합적으로 감안하여 문제해결을 도모한다. 위원회는 인권침해를 받은 자의 보호·구제, 문제해결을 위해서 독자적으로 행동할 수 있는 일정한 권한을 부여받고 있다.

③ 인권상담 오피스

대학은 인권침해에 관한 해결 및 구제를 신속하게 실시하기 위해서 상담 및 구제의 제기(이하 "제기"라고 함)를 접수하는 기관과 면담을 하는 장소로서 인권상담 오피스를 설치하고, 제기를 수리하는 접수 담당자를 배치한다. 단, 원격지에서의 제기에 대해서는 필요한 조치를 별도 강구한다.

7. 방지에 대하여

대학은 인권침해의 방지를 위해서 인권침해 문제와 이에 대한 대학의 대응에 대하여 대학구성원의 인식을 심화하기 위해서 리플렛이나 포스터의 작성, 연수나 오리엔테이션에 의한 계발, 홍보 매체에 의한 주지, 학생 편람·교직원 편람에 대한 가이드라인 기재 등을 실시한다. 특히 성희롱에 대해서는 다양한 불안과 오해가 있기 때문에 리플렛 등을 작성하여 주지에 노력한다.

또한 대학은 인권침해의 발생을 솔선하여 방지하는 책무를 가지는 관리직위의 교직원과 새롭게 채용된 교직원 및 신입생에 대한 연수·계발에 대하여 특히 노력한다.

8. 제기에 대하여

인권침해를 받은 자는 인권상담 오피스의 접수 담당자에게 제기를 할 수 있다.

제기는 인권상담 오피스에 직접 방문하여 행한다. 방문기일은 전화, 이메일, 우편 등으로 사전에 예약할 수도 있다. 단, 전화나 메일에만 의한 제기는 접수하지 않는 것으로 한다. 그 이유는 대학은 문제를 정확하게 파악하여 해결을 도모하는 수단으로서는 적당하지 않다고 생각하기 때문이다.

구제의 제기는 인권상담 오피스의 접수 담당자에게 직접 제기하여 시작된다. 접수 담당자는 신속하게 제기자와 면담하고, 신고내용의 확인과 구제절차 개시의 동의를 얻은 후에 안건을 수리한다.

접수 담당자는 수리한 안건을 신속하게 인권구제위원회에 송부한다. 또한 인권침해를 받은 자 및 그 대리인 이외의 자에 의한 제기는 허위신고배제의 관점에서 원칙적으로 수리하지 않는 것으로 한다.

9. 문제해결 · 구제에 대하여

인권구제위원회는 인권상담 오피스로부터 송부받은 안건에 대하여 즉시 문제해결에 착수한다. 인권구제위원회는 인권 어드바이저 중에서 안건에 따라 1명에서 2명의 담당자를 선임한다. 담당인권 어드바이저는 제기자와 직접 연락을 취하고 제기자와의 면담을 통하여 문제해결 프로세스를 책정 · 선택하고, 필요가 있다고 인정하는 때에는 학내 또는 학외 기관의 소개, 상대방과의 면접, 조정(調停) 등을 실시한다. 조정은 제기자의 동의를 얻은 후에 당사자 간의 대화를 기조로 상호 이해를 도모하면서 행한다. 인권 어드바이저는 인권구제위원회와 연계를 밀접하게 취하면서 제기자의 동의를 얻은 후 당사자 이외의 관계자와의 사실확인, 학내외 관련기관과의 연계, 협력의뢰 등의 수단을 강구하고 문제해결을 도모한다.

담당인권 어드바이저에 의한 문제해결이 부진하게 끝난 경우, 인권구제위원회는 담당인권 어드바이저를 제외한 다른 위원을 소집하고, 구제 및 문제해결의 수단 · 방침에 대하여 협의하고 문제해결을 도모한다.

인권구제위원회는 조사, 구제 및 문제해결의 결과를 인권침해방지위원회에 신속하게 보고한다. 단, 부진하게 끝난 안건, 방지대책상 인권침해방지위원회에서의 심의를 필요로 하는 안건에 대해서는 인권침해방지위원회에 심의요청을 할 수 있다.

인권침해방지위원회는 인권구제위원회로부터의 보고내용 및 인권침해방지위원회에서의 심의내용을, 이사장 · 학장 앞으로 보고한다. 또한 필요에 따라서 처분 등에 관한 권고적 의견을 부칠 수 있다.

이사장 · 학장은 해당 보고를 존중한 후, 관계기관에 대하여 신속하게 지시한다. 지시 받은 관계기관은 인권침해방지위원회로부터의 보고내용만을 심의자료로 하여 처분 등을 결정한다[표 2].

10. 긴급보호조치

안건은 매우 중대하고, 인권침해를 받은 자의 긴급한 보호를 필요로 한다고 인정될 때에는 제기자의 동의를 얻은 후, 인권구제위원회는 관계기관 등에 대하여 긴급보호조치를 강구할 수 있다. 긴급보호조치가 필요하다고 인정되는 경우에는 다음의 두 가지로 구별된다.
  ① 사법기관, 의료기관 등의 조력이 필요하다고 인정되는 때
  ② 학내에서 보호조치가 필요하다고 인정되는 때

11. 운용상의 기본 원리

① 프라이버시 보호의 엄수

방지 · 해결체제에 소속되는 위원회 구성원, 접수 담당자 및 문제해결 과정에서 사정을 안 자는 관계자의 프라이버시를 보호하고, 비밀을 엄수할 의무가 있다. 또한 방지 · 해결체제가 수리한 안건에 관해서는 관계자가 상장자로부터의 정보개시 요청은 허용되지 않는다.

② 허위 신고의 금지

대학은 허위 신고를 고의로 하는 것을 강력하게 금지한다. 또한 조정이나 사정청취에서도 허위 진술을 하는 것은 허용되지 않는다.

③ 불이익취급 등의 금지

대학은 제기자 및 사실 확인에 노력한 자에 대하여 개인적 혹은 조직적으로 부당한 압력을 가하는 것을 강력하게 금지한다. 이러한 언동

은 이차적 인권침해에 해당되고, 그리고 방치하면 방지·해결체제가 기능하지 않게 되기 때문이다. 또한 방지·해결체제에 소속된 자에 대한 부당한 압력도 마찬가지로 금지한다.

④ 처분대상

①에서 ③까지의 규정에 위반하는 행위를 한 학생·교직원은 학칙 또는 취업규칙의 규정에 따라 처분의 대상이 된다. 제3자를 개재하여 행한 경우도 마찬가지이다.

⑤ 제기자의 안전배려

대학은 제기 후의 제기자의 취학·취업환경 상의 안전배려에 노력하는 것으로 한다.

⑥ 제기자의 보고의무

대학은 제기자에 대하여 순차안건의 처리경과 및 결과에 대하여 보고를 할 의무가 있다. 보고는 인권구제위원회로부터 행하는 것을 원칙으로 한다.

⑦ 고충제기

제기자는 방지·해결체제에 소속된 위원회 구성원, 접수 담당자로부터 부당한 대응을 받은 때에는 인권침해방지위원회 위원장에 대하여 고충제기를 할 수 있다.

⑧ 재검토의 의무

대학은 방지·해결체제, 가이드라인 등에 대하여 항상 재검토를 하고 필요가 있는 때에는 조속히 개선한다.

12. 시행일

이 가이드라인은 2015년 4월 1일부터 시행한다.

[표 1] 인권침해방지·해결체제 개념도

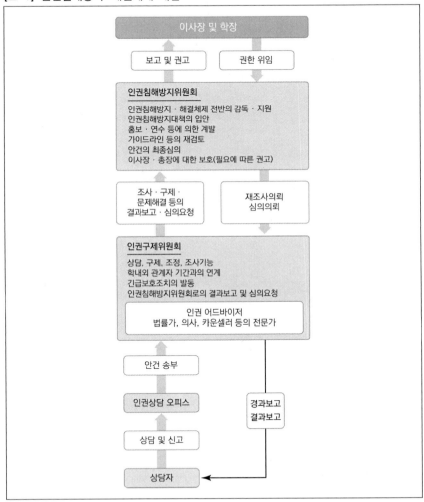

[표 2] 문제해결·구제의 흐름

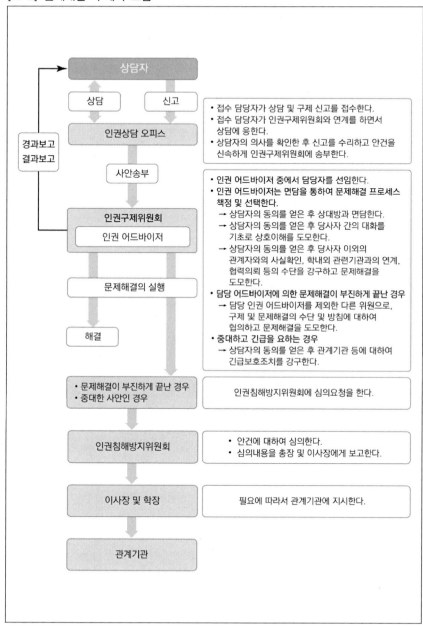

상담자

상담   신고

경과보고
결과보고

인권상담 오피스

- 접수 담당자가 상담 및 구제 신고를 접수한다.
- 접수 담당자가 인권구제위원회와 연계를 하면서 상담에 응한다.
- 상담자의 의사를 확인한 후 신고를 수리하고 안건을 신속하게 인권구제위원회에 송부한다.

사안송부

인권구제위원회

인권 어드바이저

- 인권 어드바이저 중에서 담당자를 선임한다.
- 인권 어드바이저는 면담을 통하여 문제해결 프로세스 책정 및 선택한다.
  → 상담자의 동의를 얻은 후 상대방과 면담한다.
  → 상담자의 동의를 얻은 후 당사자 간의 대화를 기초로 상호이해를 도모한다.
  → 상담자의 동의를 얻은 후 당사자 이외의 관계자와의 사실확인, 학내외 관련기관과의 연계, 협력의뢰 등의 수단을 강구하고 문제해결을 도모한다.
- 담당 어드바이저에 의한 문제해결이 부진하게 끝난 경우
  → 담당 인권 어드바이저를 제외한 다른 위원으로, 구제 및 문제해결의 수단 및 방침에 대하여 협의하고 문제해결을 도모한다.
- 중대하고 긴급을 요하는 경우
  → 상담자의 동의를 얻은 후 관계기관 등에 대하여 긴급보호조치를 강구한다.

문제해결의 실행

해결

- 문제해결이 부진하게 끝난 경우
- 중대한 사안인 경우

인권침해방지위원회에 심의요청을 한다.

인권침해방지위원회

- 안건에 대하여 심의한다.
- 심의내용을 총장 및 이사장에게 보고한다.

이사장 및 학장

필요에 따라서 관계기관에 지시한다.

관계기관

[부록3] 니혼여자대학교 '하라스먼트 방지·배제를 위한 가이드라인'

니혼여자대학교(이하 "본 학원"이라 함)에서는 "니혼여자대학교 성희롱 등 방지선언"을 선언하고, 그 정신의 구현화를 위해 "니혼여자대학교 하라스먼트 방지·배제에 관한 규정", "동세칙"을 제정하고 있다. 본 학원에서의 어떠한 개인에 의한, 어떠한 하라스먼트도 간과하지 않고 방지하고 배제하기 위해서 이러한 선언, 규정 등에 근거로 하여 여기에서 "니혼여자대학교 하라스먼트 방지·배제를 위한 가이드라인"을 작성하여 학원 구성원의 공유를 도모한다.

1. 하라스먼트의 정의

(1) 성희롱

성희롱이란 상대방의 의사에 반하는 성적인 언동으로 인하여 불쾌감, 기타 불이익을 주어 교육·연구·취업환경을 악화시키는 것을 말하며, 성별에 의해 역할을 분담해야 한다는 의식에 근거로 하는 언동도 포함한다.

본 학원에서는 학원 내외에서 면학·교육·연구·과외활동·직무상의 관계를 이용하여 이루어지는 다음과 같은 행위는 모두 성희롱으로 간주된다.

① 이익 또는 불이익을 조건으로 명확히 또는 암시하면서 상대방에

게 성적인 요구·권유를 하는 것. 즉, 교육, 연구, 지도, 조언, 고용, 관리, 기타 학원 내에서의 활동에 대한 참가와 취학·취업의 조건으로 성적인 요구를 하거나 성적인 언동을 감수시키고자 하는 것이다.

② 성적인 요구·권유에 응했는지에 여부에 의하여 상대방에게 이익 또는 불이익을 주는 것. 즉, 성적인 요구나 성적인 언동을 거부하는 것이나 감수하는 것이 해당 개인의 성적이나 졸업 판정 또는 승임이나 인사 고과의 기초로서 이용되는 경우이다.

③ 성적인 함의가 있는 언행을 반복하거나 성적인 그림과 문서의 제시 또는 게시로 교육 연구상, 직업상, 상대방에게 굴욕감·불쾌감·불안감 등 정신적 고통을 느끼게 하는 것. 또한 그 결과, 개인의 면학·연구 의욕이나 직무수행을 부당하게 저해하고, 교육연구 환경 및 직무환경을 악화시키는 경우이다.

일반적으로 ①과 ②는 지위 이용형 또는 대가형 성희롱, ③은 환경형 성희롱으로 유형화된다.

(2) 아카데믹 하라스먼트

아카데믹 하라스먼트란, 교육·연구의 장에서 교육·연구상의 지위 또는 권한을 이용한 부당한 언동으로 인하여 상대의 교육·연구 의욕을 저하시키거나 또는 교육·연구환경을 악화시키는 것을 말한다.

권한있는 동료 등에 의한 연구 방해나 승임 차별, 부당한 퇴직권장 등 교원과 대학원생 및 학생 간이라면, 지도교원으로부터의 교육적인 배려가 없는 퇴학·유급 권장, 지도거부, 지도상의 차별행위, 학위의 취득방해, 취직상의 지도별 및 공평성이 결여된 성적평가 등을 생각할 수 있다.

보다 구체적으로는 승임 심사, 학위 심사 및 연구 지도에서 특정한 자를 다른 자와 차별하고, 필요 이상으로 엄격한 조건을 부과하는 것, 지도를 넘어 인격을 부정하는 행동을 반복하는 것 등을 생각할 수 있다.

(3) 파워 하라스먼트(직장 내 괴롭힘)

파워 하라스먼트란, 직장에서 직무상의 지위 또는 권한을 이용한 부당한 언동으로 인하여 상대의 취업의욕을 저하시키거나 또는 노동환경을 악화시키는 것을 말한다.

말에 의한 하라스먼트뿐만 아니라, 다수의 사람이 있는 곳에서 매도, 따돌리기, 악의에서 의도적으로 승임·승급을 방해, 위법행위를 강제, 직무상 필요한 정보를 의도적으로 전달하지 않는 등의 직무권한 등에 근거로 하는 행위를 들 수 있다.

단, 교육훈련의 의미에서 직무상 엄격한 지도가 이루어지는 경우가 있는데, 이것은 이 파워 하라스먼트와는 구별되어야 한다.

또한 개개인이 느끼는 방법이나 미묘한 뉘앙스의 차이도 있어 판단이 어려운 케이스도 있는 것은 사실이다.

그러나 교육훈련의 이름으로 감정적인 언동이나 기분전환으로서의 언동은 허용되어서는 안되고, 주관적으로는 교육훈련으로서의 언동이었다고 해도, 그것이 지나쳐서 본인의 인격이나 라이프 스타일 등을 부정하는 결과가 될 가능성도 있다.

2. 가이드라인의 대상 및 적용범위

(1) 가이드라인은 본 학원의 구성원인 교원·직원(전임, 비전임의 구별은 불문한다), 학생(대학원생, 학부생, 유학생, 과목 등 이수생 및 연구생 등, 본교에서 교육을 받는 자), 학생 등(아동, 원아를 포함)의 모든 자를 대상으로 한다.

(2) 이 가이드라인은 하라스먼트가 본 학원의 구성원 상호 간에 문제가 되는 경우에는 학내·외, 과외활동중·외, 근무시간내·외 등, 그것이 일어난 장소·시간대를 불문하고 적용된다.

(3) 하라스먼트가 본 학원의 구성원과 학원과 교육 연구상 또는 직무상 관련성이 있는 학외의 관계자 간에 문제가 되는 경우에는 이 가이드라인을 적용한다.

(4) 하라스먼트가 본 학원의 구성원과 구성원·관계자 이외의 학외자간에 문제가 되는 경우에는 이 가이드라인을 준용하여 대처한다.

3. 하라스먼트에 대한 상담

(1) 본 학원에서는 하라스먼트 등의 피해 상담을 하기 쉽고 문제해결에 신속하고 적절하게 대응할 수 있도록 학원 내에 "상담원"을 배치한다. "상담원"은 이사장에게 임명받은 교직원으로, 하라스먼트에 관한 연수를 받는 것으로 되어 있다.
"상담원"은 상담자의 명예와 프라이버시를 엄중하게 지키고 상담자의 성명 및 상담한 사실은 일체 외부에 누설하지 않는다.

(2) 또한 "상담창구"도 설치되어 있어 상담자는 "상담원"에게 상담을 직접 신청하는 것도, "상담창구"에 신청하여 "상담원"에게 연락받을 수도 있다. 하라스먼트를 당하면 혼자서 고민하지 말고, "상담원", "상담창구"를 불문하고 가장 이용하기 쉬운 곳을 이용한다.

(3) "상담원" 및 "상담창구"의 연락처는 "성희롱 등 상담 절차" 등의 팜플렛 및 JAMINE-Navi의 게시에서도 누구라도 잘 알 수 있도록 되어 있다. 또한 상담은 편지, 전화로도 접수한다. 그 경우는 성명과 연락처를 명시한다.

(4) 상담은 하라스먼트를 직접 당한 사람뿐만이 아니라, 다른 본학학생이나 교직원에 대한 하라스먼트를 불쾌하게 생각하는 학생 및 교직원과 학생 등의 보호자에 의해서도 실시할 수 있다.

(5) "상담원"은 상담자의 고민을 진지하게 듣고 문제가 되는 하라스먼트의 실태와 성격을 파악하는 것에 노력한다. 언동이 하라스먼트인지의 여부를 판단하고자 하는 상담자에게도 "상담자"는 친절하게 대응하고 상담자의 인식이 심화되는 것을 돕는다.

상담자가 당면하는 하라스먼트에 대하여 해결 방법을 취하고 싶을 때에는 "상담원"은 그 취해야 하는 방법을 상담자가 자신의 의사로 결정할 수 있도록 필요한 상담에 응한다. 또한 필요한 경우에는 카운슬링 등을 준비한다.

4. 문제해결 방법

상담자의 의사에 근거로 하여 문제해결의 방법을 검토하여 실시하는 것은 하라스먼트 방지대책위원회(이하 "방지대책위원회"라고 함) 및 그 아래에 두는 조사위원회이다. 방지대책위원회는 하라스먼트의 방지, 조사 및 구제를 총괄하는 학내 기관으로, 그 활동의 일환으로서 이사장 책임 하에서 문제해결에 임한다.

5. 제기 절차

(1) 상담자는 하라스먼트의 피해에 대하여 문제해결을 요구하는 절차를 행할 수 있다. 이를 제기 절차라고 한다.
(2) 이 절차에서 하라스먼트의 피해를 주장한 자를 "제기인", 가해자로 지목되는 사람을 "피제기인", 그 양측을 "당사자"라고 한다.
(3) 신청 절차는 방지대책위원회에 대하여 제기인 자신이 작성한 "하라스먼트 제기서"를 상담원 또는 상담창구를 경유하여 제출

함으로써 시작된다. 그때 제기인은 문제해결의 절차로서 "6. 문
제해결의 절차"에 있는 "통지", "조정(調整)", "조정(調停)" 및 "조
사" 중에서 제기인이 희망하는 절차를 선택할 수 있다.

(4) 하라스먼트에 관한 문제해결은 "통지", "조정(調整)", "조정(調
停)" 및 "조사"마다 방지대책위원회가 담당위원을 지명하여 대응
한다.

"통지", "조정(調整)" 및 "조정(調停)"은 방지대책위원 중에서 2명
이 담당한다. 그 중에서 학외 전문가(변호사 등) 1명이 추가되는
경우가 있다.

"조사"는 "조사위원회"를 설치한다. 조사위원회의 구성원은 본학
의 교직원 중에서 방지대책위원장이 지명한 3명이다. 단, 해당 3
명 중 1명은 방지대책위원장이 지명한 학외 전문가(변호사 등)가
추가되는 경우가 있다.

또한 방지대책위원장이 필요하다고 인정한 경우는 교직원 약간
명을 추가할 수 있다.

이에 더불어 조사위원회의 독립성, 중립성 및 공정성을 보증하기
위하여 조사위원에는 당사자의 소속 학부, 부속 학원 및 부서로
부터의 위원은 포함하지 않는다.

(5) 방지대책위원회는 제기인의 의향을 최대한 존중하고, 동시에 하
라스먼트의 상황을 고려한 후, 문제해결을 위해 적합한 절차를
취하도록 노력한다.

(6) 제기인은 언제라도 제기를 취하하고, 제기 절차를 종료할 수 있다.

(7) 방지대책위원회는 제기에 관계되는 사실이 명확하게 존재하지
않는 등 절차를 시작할 필요가 없다고 판단한 경우는 절차를 실
시하지 않는 경우가 있다. 또한 제기 절차를 진행하는 것이 곤란
하다고 인정되는 경우에는 필요에 따라서 제기인에게 통지한 후,
제기 절차를 종료할 수 있다.

6. 문제해결의 절차

방지대책위원회는 "하라스먼트 제기서"를 수리한 후 신속하게 제기인이 당초 선택한 "통지", "조정(調整)", "조정(調停)" 및 "조사" 중의 한 가지 절차를 시작한다. 안건에 따라서는 "통지", "조정(調整)", "조정(調停)" 및 "조사"의 방법을 탄력적으로 이용하여 신속한 해결을 목표로 한다.

(1) "통지"의 절차

"통지"란 피제기인에게 통지하고, 피해 상담이 있었던 것에 대하여 주의를 환기함과 동시에, 제기인의 탐색과 보복을 하지 않도록 경고를 하는 절차이다.

① 방지대책위원장에게 지명받은 위원 2명(이하 "통지담당위원"이라고 함)이 제기인으로부터 사정을 듣고, 방지대책위원회에 보고한다. 단, 이 보고는 제기인에게 직접 상담을 받은 상담원의 보고에 의해 대신하는 경우가 있다.

② 방지대책위원회가 제기인이 선택한 "통지"를 할 필요가 있다고 판단한 때에는 피제기인에게 "통지"하고, 피해 상담이 있었던 것에 대하여 주의를 환기함과 동시에, 제기인의 탐색과 보복을 하지 않도록 경고한다.

③ 방지대책위원회는 통지에 의해서 제기인이 특정되지 않도록 익명으로 최대한의 안전과 프라이버시를 보호한다.

④ "통지"는 통지담당위원의 입회 하에서, 방지대책위원장으로부터 피제기인에 대하여 서면을 교부하여 실시한다. 단, 방지대책위원장은 특단의 필요가 있는 경우에는 피제기인이 소속된 부서의 책임자 또는 감독권한자의 입회를 요구할 수 있다.

⑤ 방지대책위원회는 제기인이 당면한 하라스먼트를 해결하는 방법

으로서 유효라고 판단한 때에는 ②, ④의 통지에 대신하여 피제기인에게 직접이 아니라 해당 부서에 대하여 방지책을 권고할 수 있다.

⑥ 피제기인은 통지에 불복이 있을 경우, 방지대책위원회에 이의를 말할 수 있다.

⑦ 통지 후에도 피해가 지속하는 경우, 제기인은 방지대책위원회에 "통지" 절차를 재차 제기하거나 다른 문제해결 절차를 요구할 수 있다.

(2) "조정(調整)" 절차

"조정(調整)"은 제기인으로부터의 제기에 근거로 하여 제기인, 피제기인, 기타 관계자로부터 사정을 청취하고, 필요에 따라 관계부서 등의 장 등(이하 "관계부서의 장"이라고 함)의 협력을 요구하고, 당사자에게 취학상, 취학상의 조치, 배려를 함으로써 유연하고 신속하게 문제해결을 도모하는 절차이다.

① 방지대책위원장에게 지명받은 위원 2명(이하 "조정담당위원"이라고 함)이 제기인으로부터 사정을 듣고, 방지대책위원회에 보고한다. 단, 이 보고는 제기인으로부터 직접 상담을 받은 상담원의 보고에 의해 대신하는 경우가 있다.

② "조정"은 방지대책위원회가 제기인이 선택한 "조정"의 필요가 있다고 판단하고 동시에 피제기인이 수락한 경우에 이루어진다.

③ 조정담당위원은 피제기인의 의향을 청취하고, 조정이 원활하게 진행되도록 필요한 지원을 한다.

④ 방지대책위원회는 진행 상황과 제반 사정을 고려하여 조정안을 제시하는 경우가 있다. 당사자 쌍방이 조정안을 수락한 경우에는 조정이 성립된다.

⑤ 방지대책위원회는 다음의 어느 하나에 해당하는 경우에는 "조정"을 중단할 수 있다.

가. 제기인이 "조정" 중단을 신청했을 때

나. 당사자의 일방 또는 쌍방이 조정안을 수락하지 않을 때

다. 방지대책위원회가 조정이 안 된다고 판단했을 때

⑥ 제기인은 "조정"이 중단된 때에는 방지대책위원회에 대하여 다른 문제해결 절차를 요구할 수 있다.

(3) "조정(調停)"의 절차

"조정(調停)"은 제기인으로부터의 제기에 근거로 하여 피제기인에게 사실을 확인함과 동시에, 피제기인의 의향을 청취하여 문제해결을 위해서 당사자의 합의를 목표로 하는 절차이다.

① 방지대책위원장에게 지명받은 위원 2명(이하 "조정담당위원"이라고 함)이 제기인으로부터 사정을 청취하고, 방지대책위원회에 보고한다. 단, 이 보고는 제기인으로부터 직접 상담을 받은 상담원의 보고에 의해 대신하는 경우가 있다.

② "조정"은 방지대책위원회가 제기인이 선택한 "조정"의 필요가 있다고 판단하고 동시에 피제기인이 수락한 경우에 이루어진다.

③ 조정담당위원은 피제기인에게 사실을 확인함과 동시에, 피제기인의 의향을 청취하고 당사자 간의 조정이 원활하게 이루어지도록 필요한 지원을 한다.

④ 방지대책위원회는 진행 상황과 제반 사정을 고려하고 조정안을 제시하는 경우가 있다. 당사자 쌍방이 조정안을 수락한 경우는 조정이 성립된다.

⑤ "조정"이 성립한 때에는 합의 사항을 문서로 확인하고, 당사자 쌍방이 여기에 서명한다.

기타 사항은 "조정(調整)"과 같다.

(4) "조사"의 절차

"조사"는 하라스먼트의 사실관계의 공정한 조사에 근거로 하여 피해자의 불이익 구제를 요구하는 절차이다.

① 방지대책위원장에게 선임된 위원으로 구성된 조사위원회(이하 "조사위원회"라고 함)는 제기인으로부터 사정을 청취하고 방지대책위원회에 보고한다.

② "조사"는 방지대책위원회가 제기인이 당초 선택한 "조사"의 필요가 있다고 판단한 경우에 이루어진다.

③ 조사위원회는 당사자 쌍방과 필요에 따라서 관계자에게 사실관계 조사를 실시하고, 조사 내용을 확인하고 하라스먼트 사실관계(피해자, 가해자)를 인정한 후에 조사보고서를 방지대책위원회에 보고한다.

④ 방지대책위원회는 조사보고서를 검토하고 신속하게 조치안을 첨부한 보고서를 이사장에게 제출한다. 또한 해당 부서(학부, 부속교원, 사무국부과 등, 부속기관. 이하 같음)에 필요한 조치를 권고하는 경우가 있다.

⑤ 해당 부서는 방지대책위원회로부터 권고를 받았을 때는 적절한 조치를 취하는 것으로 한다.

⑥ 이사장은 방지대책위원회로부터 보고서를 받았을 때는 필요에 따라 조치를 취한다. 필요한 경우에는 교직원 취업규칙에 근거로 하여 인사위원회에서 심의를 실시한다.

⑦ 방지대책위원장은 이사장이 취한 조치에 대하여 제기인, 피제기인에게 통지한다.

⑧ 이사장은 학원으로서 교직원 취업규칙에서 규정하는 징계해고를 실시한 경우에는 당사자의 프라이버시 보호를 배려하면서 해당 안건에 대하여 원칙적으로 공표하는 것으로 한다. 또한 재발방지를 위해서 필요한 경우에는 환경개선의 조치를 취한다.

⑨ 방지대책위원회는 다음의 어느 하나에 해당하는 경우에는 "조사"를 중단할 수 있다.

가. 제기인이 "조사" 중단을 신청한 때

나. 조사위원회가 조사가 완료될 전망이 없다고 판단한 때

다. 기타 조사위원회가 조사를 계속할 수 없다고 판단한 때

7. 상담자의 프라이버시 엄수

(1) 하라스먼트의 상담 및 문제해결 과정은 상담자의 동의가 없는 한 엄중하게 비밀이 지켜진다.

(2) 하라스먼트 상담과 문제해결을 요구함으로써, 또한 사실조사에서 증언 등을 한 자가 차별적·불이익적 취급을 받는 일은 결코 없다.

(3) 하라스먼트 상담이나 문제해결을 결정한 것에 대해서 보복 행위나 차별적·불이익적인 취급이 이루어진 경우에는 신속하게 필요한 조치를 취한다.

(4) 하라스먼트 상담이나 문제해결 과정에서의 사정 청취 시에, 허위 제기 및 증언을 한 자는 학칙 또는 교직원 취업규칙에 따라서 처벌의 대상이 된다.

8. 하라스먼트 방지를 위한 교육, 연수 및 계발활동

본 학원에서는 하라스먼트의 방지·배제를 위하여 "방지대책위원회"는 이하와 같은 계발활동 등을 실시한다.

(1) 하라스먼트의 상담에 대한 안내 및 계발을 위한 팜플렛이나 포스터의 작성과 배포

(2) 다양한 기회를 파악하여 학생에 대한 계발을 위한 오리엔테이션

과 강습회 개최

(3) 교직원, 특히 관리직에 대한 연수 실시

(4) 상담원 질의 향상을 목표로 하는 연수회 개최

9. 가이드라인의 재검토 및 개정

본 가이드라인은 해마다 운용상황을 보아 필요가 발생한 경우에는 방지대책위원회에서 그때마다 적절하게 재검토 및 개정을 하는 것으로 한다.

10. 기타

본 가이드라인에 기재가 없는 사항은 "니혼여자대학교 하라스먼트의 방지·배제에 관한 규정", "동세칙"에 따른다.

도쿄대학교 아카데믹 하라스먼트 방지선언

　도쿄대학교는 도쿄대학헌장 전문에서 "대학은 인간 가능성의 무궁한 발전에 대하여 열린 구조를 가져야 하는 학술의 근원적 성격에서 유래하여, 그 자유와 자율성을 필요로 하고 있다."라고 주장하고 있듯이, 교육 연구의 충실한 발전이라고 하는 사회적 사명을 완수해 나가는데 있어서 대학에서의 자유와 자율성이 중요하다는 것을 깊이 인식하고 있다. 이 자유와 자율성은 바로 대학이라는 아카데믹 커뮤니티(Academic Community)의 구성원 개개인의 자유와 타율성을 기초로 하여 성립되고 있으며, 대학교에는 이를 보장하기 위한 여러 제도가 존재하고 있다.

　그런데 자유와 자율성이 이만큼 극진히 보장되어 있는 대학교에서는 구성원 간에 일반사회와는 다른 권력관계가 발생한다. 교원과 학생 및 이에 준하는 자와의 관계를 예로 들면, 거기에는 교육·지도·평가를 제공하는 자와 이것을 받는 자라는 비대칭적인 힘관계가 존재한다. 교원은 학생 등에게 큰 영향력을 미치는 존재이다. 그 권력은 당연히 교육이라는 목적의 실현을 위해 각 교원에 부탁된 것이다. 교육에는 엄격함이 필요하지만, 그것은 학생을 대등한 인격으로서 인정하고, 그 인격을 존중하는 것이 전제이다. 교원이 학생에게 제공하는 교육·지도·평가는 어디까지나 엄정·중립·공정·공평한 것이어야 한다.

  권력이 있는 곳에는 항상 남용의 위험이 존재한다. 교육·연구를 위해 많은 자유와 자율성이 보장된 대학에서는 더욱 그러하다. 도쿄대학헌장이 정하고 있는 "모든 구성원이 그 개성과 능력을 만전에 발휘할 수 있도록 공정한 교육·연구·노동환경의 정비"(도쿄대학헌장 19)를 도모하기 위해서는 이러한 권력의 남용을 방지하기 위한 체제가 정비되어야 한다.

  아카데믹 하라스먼트(Academinc Harassment)란, 대학의 구성원이 교육·연구상의 권력을 남용하여 다른 구성원에게 부적절하고 부당한 언동을 함으로써 그 자에게 수학·교육·연구 내지 직무수행 상의 불이익을 주거나 또는 그 수학·교육·연구 내지 직무수행에 지장이 있는 정신적·신체적 손해를 입히는 것을 내용으로 하는 인격권 침해를 말한다. 도쿄대학헌장 19에서 정하는 기본적 인권을 침해하는 행위도 여기에 포함된다. 또한 아카데믹 하라스먼트의 가해-피해는 좁은 형식적 의미에서의 교원-학생이라는 신분 관계에서만 발생하는 것은 아니다. 도쿄대학교가 구성원 전원에게 보장하고 있는 "그 개성과 능력을 만전에 발휘할 수 있는 공정한 교육·연구·노동환경"을 당사자 간의 힘관계의 비대칭을 배경으로 하는 권력의 남용에 의해 파괴하거나 빼앗는 언동은 널리 아카데믹 하라스먼트에 포함되는 점에 유의하길 바란다.

  아카데믹 하라스먼트의 방지와 해결에는 각 부서의 교육·연구현장의 실정에 입각한 대응과 환경 개선에 노력하는 것이 무엇보다 중요하다. 그러한 까닭에 각 부서가 스스로의 책임에 있어서 아카데믹 하라스먼트의 방지와 해결을 위한 체제를 정비하는 것이 매우 중요한 과제가 된다.

  도쿄대학교는 대학 전체 및 각 부서의 총력을 기울여 아카데믹 하라스먼트의 방지와 해결에 임해 갈 것을 결의한다.

도쿄대학교 하라스먼트 방지위원회 규칙

2013년 3월 28일 東大規則 제113호
개정 2017년 3월 30일 東大規則 제93호

(설치)

제1조   도쿄대학교는 도쿄대학교 하라스먼트 방지위원회(이하 "방지위원회"라고 한다)를 둔다.

(임무)

제2조   방지위원회는 성희롱, 아카데믹 하라스먼트 및 그 외 하라스먼트, 이러한 것과 유사한 인격권 침해와 이러한 것에 기인하는 문제(이하 "하라스먼트"라고 한다)의 방지 및 해결을 위하여 다음 각호에서 열거하는 사항을 실시한다.

(1) 하라스먼트를 방지하기 위한 연수 및 계발·홍보 활동에 관한 사항

(2) 하라스먼트의 상담체제에 관한 사항

(3) 부서(도쿄대학교 기본조직 규칙 제3장 및 제4장에서 열거하는 조직과 교육학부 부속 중등교육학교 및 의학부 부속병원을 말한다. 이하 같다)에 의한 하라스먼트의 방지 및 해결 노력의 지원에 관한 사항

(4) 하라스먼트 사안의 통보 및 조정(調停)에 관한 사항

(5) 하라스먼트 사안에 대한 사실조사에 의한 구제조치방안 및 재발방지조치방안의 책정 및 총장에 대한 권고에 관한 사항

(6) 하라스먼트 사안에 관하여 징계처분이 상당하다고 사료되는 경우의 총장에 대한 권고에 관한 사항

(7) 기타 하라스먼트 방지 및 해결을 위하여 필요한 사항

(조직)

제3조 방지위원회는 위원장, 부위원장 2명 및 위원 약간 명으로 조직한다.

(위원장 및 부위원장)

제4조

1. 위원장은 총장이 지명하는 이사 또는 부학장으로 한다.
2. 부위원장은 총장이 지명하는 교육연구평의회의 평의원, 평의원 경험자 또는 이러한 자에 준하는 자로 한다.
3. 위원장은 위원회를 소집하고, 회무를 총괄한다.
4. 위원장에 사고가 있을 때는 사전에 위원장이 지명하는 부위원장이 그 직무를 대리한다.

(위원)

제5조 위원은 다음 각호에서 열거하는 자에 총장이 위촉한다.

(1) 이사 또는 부학장 가운데 총장이 지명하는 자
(2) 총장이 필요하다고 인정하는 교수 또는 준교수 남녀 각 약간 명
(3) 학외의 법률학 및 심리학·정신의학 등의 전문가
(4) 기타 총장이 필요하다고 인정한 자

(임기)

제6조

1. 전조 제2호 및 제3호의 위원의 임기는 2년으로 하고, 재임을 막지 않는다.
2. 위원에 결원이 발생한 경우의 보궐 위원의 임기는 전임자의 잔임 기간으로 한다.
3. 제1항의 규정에 관계없이 제11조의 규정에 의한 조정반 및 제12

조의 규정에 의한 사실조사반의 반원이 된 자의 임기는 해당 사
안에 관한 임무가 종료될 때까지 연장되는 것으로 한다.

(간사회)

제7조

1. 방지위원회는 하라스먼트의 사안에 관한 제기(이하 "제기"라고 한
   다)의 수리여부 및 사안의 취급을 검토하기 위하여 간사회를 설치
   한다.
2. 간사회는 위원장과 부위원장 2명으로 조직한다.
3. 간사회는 제기가 있는 경우, 해당 제기가 제8조의 요건을 충족하
   고 있는가를 확인하고, 제기의 수리 여부를 결정한다.
4. 간사회는 수리의 결정을 내린 제기에 관한 사안에 대하여 해당
   사안의 내용 및 성질 등에 따라 통지, 조정 또는 사실조사에 의한
   구제조치 중 어느 절차로 취급할지 및 부서 또는 전학에서 취급
   할지를 결정한다.
5. 간사회는 전항의 결정에 있어서는 특별한 사정이 없는 한, 제기인
   의 의향을 존중해야 한다.

(하라스먼트 사안에 관한 제기)

제8조

1. 다음 각호에서 규정하는 하라스먼트 사안의 피해를 입었다고 하
   는 자(이하 "피행위자"라고 한다)는 방지위원회에 통지, 조정 또는
   사실조사에 의한 구제조치를 제기할 수 있다.
   (1) 피행위자 및 피행위자로부터 가해자로 지목된 자(이하 "행위
       자"라고 한다)가 함께 본학의 구성원인 것
   (2) 행위자가 본학의 구성원이고, 피행위자가 본학의 구성원인
       자 또는 본학의 관계자(본학에 있어서의 교육·연구활동 및 직무

수행에 관계하여 본학의 구성원이 접하는 학외자를 말한다. 이하 같다)로, 동시에 해당 하라스먼트가 본학에서의 교육·연구활동 및 직무 관계에서 발생한 것

(3) 피행위자가 본학의 구성원이고, 행위자가 본학의 구성원인 자 또는 본학의 관계자로, 동시에 해당 하라스먼트가 본학에서의 교육·연구활동 동 및 직무 관계에서 발생한 것

2. 전항의 규정에 따른 제기는 해당 하라스먼트가 발생한지 10년을 경과한 경우 또는 제기인이 학적 혹은 직적을 상실한지 5년을 경과한 경우에는 원칙으로 할 수 없는 것으로 한다. 단, 학위취득에 관한 연구가 계속되고 있는 등, 배려가 필요한 경우에는 이에 해당되지 않는다.

3. 제1항의 규정에 의한 제기는 원칙적으로 하라스먼트 상담소를 통하여 이루어지는 것을 필요로 한다. 단, 하라스먼트 상담소를 통하여 이루어지지 않은 제기에 대하여 방지위원회가 수리하는 것도 지장은 없다.

(예비심사)

제9조

1. 방지위원회는 간사회에서 제기를 수리하고, 전체 학교에서 다루는 것을 결정한 경우, 예비심사를 하기 위하여 사안마다 예비심사반을 설치한다.

2. 예비심사반은 위원장이 방지위원회 중에서 선출한 위원 2명으로 구성한다.

3. 예비심사에서는 다음의 각호에서 열거하는 사항에 대하여 심사한다.

(1) 해당 제기가 전조의 요건을 충족시키고 있는지 여부의 확인

(2) 해당 사안에 대하여 통지, 조정 또는 사실조사를 하는 것의 상당성

    (3) 해당 사안에 대하여 통지, 조정 또는 사실조사를 하는 것이
        상당하지 않다고 판단된 경우에는 이러한 것을 대신하는 조
        치의 필요성 및 그 내용
    (4) 그 외 위원장이 해당 사안의 처리를 위해서 필요하다고 인정
        하는 사항
4. 예비심사에서는 필요에 따라서 제기인, 하라스먼트 상담소 상담
   원 및 그 외 관계자로부터 사정을 청취한다.
5. 예비심사반은 예비심사의 결과를 원칙적으로 설치 후 2개월 이내
   에 방지위원회에 보고하도록 노력해야 한다.

(통지)

제10조

1. 방지위원회는 예비심사의 결과, 통지를 하는 것이 상당하다고 판
   단된 경우, 제기의 상대방(이하 "상대방"이라고 한다)에 대하여 제기
   가 있었던 것을 통지하고, 하라스먼트의 방지 및 해결을 위해서
   필요한 조치를 강구하도록 경고한다.
2. 방지위원회는 제기인이 희망하고 또한 방지위원회가 통지하는 것
   을 적당하다고 판단할 때에는 상대방이 소속된 부서의 장에게 제
   기가 있었음을 통지하고, 하라스먼트의 방지 및 해결을 위해서 필
   요한 조치를 강구하도록 권고한다.
3. 방지위원회는 전 2항의 통지에 있어서 제기인이 익명으로 하는
   것을 희망하는 경우에는 제기인이 특정되지 않도록 가능한 한 주
   의를 기울여야 한다. 전항의 규정에 의한 통지를 받은 경우의 상
   대방이 소속된 부서의 장에 대해서도 마찬가지이다.
4. 제1항의 통지를 받은 상대방은 해당 통지를 받은 날로부터 1개월
   이내에 한하여 방지위원회에 통지에 대한 반론을 서면으로 제출
   할 수 있다.

5. 제기인은 제1항 및 제2항의 통지가 이루어진 후에도, 방지위원회에 조정 또는 사실조사에 따른 구제조치를 제기할 수 있다.

(조정)

제11조

1. 방지위원회는 예비심사의 결과, 조정을 하는 것이 상당하다고 판단된 경우, 사안마다 조정반을 설치한다.
2. 조정반은 위원장이 방지위원회 위원 중에서 선출한 위원 3명으로 구성한다. 단, 간사회가 필요하다고 인정한 경우는 방지위원회 위원이외의 본학 교직원을 조정반원으로 1명 추가할 수 있다.
3. 조정반의 구성에 있어서 제기인 또는 상대방이 소속된 부서의 교직원은 각 1명(제기인과 상대방이 동일한 부서에 소속된 경우는 1명)까지로 한다.
4. 조정반은 필요에 응하여 당사자, 하라스먼트 상담소 상담원 및 그외 관계자로부터 사정을 청취한 후, 당사자 간의 화해를 목표로 하여 조정에 임한다.
5. 조정반은 조정의 결과(조정이 성립하지 않는 경우를 포함한다)를 원칙적으로 설치 후 6개월 이내에 방지위원회에 보고하도록 노력해야 한다.
6. 제기인은 조정이 성립되지 않는 경우에는 방지위원회에 사실조사에 의한 구제조치를 제기할 수 있다.

(사실조사)

제12조

1. 방지위원회는 예비조사의 결과, 사실조사를 하는 것이 상당하다고 판단된 경우, 사안마다 사실조사반을 설치한다.
2. 사실조사반의 구성에 대해서는 전조 제2항 및 제3항의 규정에 준

용한다.

3. 사실조사반은 사안의 사실관계를 명확히 하기 위해서 다음의 각 호에 열거하는 사항을 행한다.

    (1) 당사자 및 관계자로부터 사정을 청취하는 것
    (2) 당사자 및 관계자에 대하여 관련된 자료의 제출을 요구하고 이를 수령하는 것
    (3) 학생 상담소, 하라스먼트 상담소 등에 의견조회를 하는 것
    (4) 그 외 해당 사안의 사실관계를 명확히 하기 위해서 필요한 사항

4. 사실조사반은 조사의 결과와 구제조치 및 재발방지조치의 필요 여부 및 그 내용을 원칙적으로 설치 후 6개월 이내에 방지위원회 에 보고하도록 노력해야 한다.

(확대간사회)

제13조

1. 방지위원회는 전조 제4항의 규정에 의한 사실조사반의 보고 또는 제18조의 규정에 의한 부서의 장의 보고 내용에 대하여 익명성, 전례와의 정합성 및 그 외 조사보고서의 적정성에 관한 사항을 사전에 검토하기 위하여 확대간사회를 설치한다.

2. 확대간사회는 간사회의 구성원 외에, 위원장이 지명하는 2명의 방지위원회 위원으로 조직한다.

(구제조치 등의 권고)

제14조 방지위원회는 확대간사회에 의한 검토를 거친 사실조사반의 보고 내용에 대하여 조사하고, 이에 근거로 하는 총장에 대한 권고안을 결정한다.

(구제조치 등의 집행)

제15조 총장은 방지위원회의 구제조치 및 재발방지조치를 권고받은 경우, 상대방 및 부서의 장에 대하여 권고에 따라 필요한 조치를 강구하는 것으로 한다.

(징계처분상당의 권고)

제16조 방지위원회는 사실조사반의 보고를 심사하고, 징계처분이 상 당하다고 사료되는 경우, 그 취지를 총장에게 권고할 수 있다.

(재심사)

제17조

1. 제12조의 규정에 의한 사실조사의 결과 통지를 받은 제기인 또는 상대방은 다음 각호의 요건 중 하나를 충족하는 경우에는 해당 통지를 받은 날로부터 2주간 이내에 1회에 한하여 방지위원회 위 원장에게 재심사를 청구할 수 있다.
   (1) 사실조사에 절차상의 중대한 하자가 인정되는 경우
   (2) 사실조사 시에 제출할 수 없는 새로운 증거가 발견되어 해당 증거가 사실 인정에 영향을 미치는 것이 명확한 경우
   (3) 사실 인정에 영향을 미치는 것이 명확한 증거가 위조·변조 등으로 인하여 허위라는 것이 증명된 경우
2. 전항의 재심사 청구가 있는 경우에는 간사회에서 재심사의 필요 여부를 결정한다.
3. 방지위원회는 간사회에서 재심사를 하는 것을 결정한 경우, 이미 행해진 사실조사와는 전체 구성원을 달리하는 사실조사반을 설치 하여 재심사를 한다. 또한 이 경우의 사실조사반의 구성에 대해서 는 제12조 제2항의 규정을 준용한다.
4. 방지위원회는 재심사의 결과, 제1항의 각호의 요건의 어느 하나가

인정되고, 결론에 영향을 미치는 것으로 판단하는 경우에는 원조
사 보고의 전부 또는 일부를 취소하고, 새로운 조사보고에 근거로
하여 총장에 대한 권고, 그 외 필요한 추가 조치를 강구하는 것으
로 한다.

(부서의 보고의무)
제18조 부서의 장은 간사회에서 부서에서 다루기로 된 사안에 대하
여 부서에서의 대응 결과를 신속하게 방지위원회에 보고해야 한다.

(전문위원회)
제19조
1. 방지위원회는 특정 사항을 검토하기 위하여 전문위원회를 둘 수
   있다.
2. 전항에서 규정하는 전문위원회의 임무, 조직 및 운영에 대해서는
   방지위원회가 별도로 정한다.
3. 전문위원회의 위원은 총장이 위촉한다.

(수비의무)
제20조 위원장, 부위원장, 위원, 조정반원 및 사실조사반원은 그 임
기 중 및 임기 만료 후(위원이 아닌 조정반원 및 사실조사반원에 대해서는
반원인 동안 및 그 후)에 본규칙에 근거로 한 절차에 의해 알 수 있었던
비밀을 누설해서는 안 된다.

(부당한 취급의 금지)
제21조 모든 본학의 구성원은 제기인 및 상대방을 비롯하여 사실조
사에 대한 협력자, 사안을 담당한 방지위원회 위원 및 하라스먼트 상담
소 상담원, 그 외 하라스먼트 사안에 관계된 자에 대하여 보복행위, 괴

롭힘, 차별적 대응, 명예 또는 프라이버시의 침해 등의 부당한 취급을
해서는 안 된다.

(서무)
제22조 방지위원회의 서무는 본부 노무·근무환경과에서 처리한다.

(보칙)
제23조 이 규칙에서 규정하는 것 외에 방지위원회의 운영에 관하여
필요한 사항은 방지위원회가 정하는 바에 의한다.

부칙

1. 이 규칙은 2013년 4월 1일부터 시행한다.
2. 다음에 열거하는 규칙은 폐지한다.
   (1) 도쿄대학교 하라스먼트 방지위원회 규칙(2000년 7월 11일 제정)
   (2) 도쿄대학교 아카데믹 하라스먼트 방지위원회 규칙(2006년 4월
   1일 제정)

부칙

이 규칙은 2017년 4월 1일부터 시행한다.

도쿄대학교에서의 하라스먼트 방지를 위한 윤리와 체제 강령

도쿄대학교는 성희롱, 아카데믹 하라스먼트 및 그 외 하라스먼트(이하 "하라스먼트"라고 한다)에 대하여 교육·연구의 장인 대학에 적합한 윤리를 명확히 함과 동시에, 하라스먼트에 대한 방지 및 구제를 위한 학내 체제를 정비하기 위하여 이 강령을 규정한다.

Ⅰ. 하라스먼트 방지를 위한 윤리

1. 성희롱 방지를 위한 윤리

(1) 기본적 견해

대학은 학생·교직원을 주요 구성 멤버로 하는 아카데믹 커뮤니티이다. 도쿄대학교는 이 커뮤니티에 속하는 모든 멤버가 개인으로서 존중받고 자율적으로 활동할 권리를 가지는 것을 확인한다. 이 권리를 침해하는 성희롱을 방지하고, 피해에 대한 공정한 구제를 보장하는 것은 보다 좋은 교육·연구환경의 유지에 반드시 필요하다.

학문의 중심으로서의 대학이 그 사회적 사명을 완수해 나가기 위하여 교원을 비롯하여 그 구성원에게는 많은 자유와 자율성이 보장되어 있다. 이 자유와 자율성은 동시에 구성원 간에 일반사회와는 다른 힘관계를 만들어내고 있다. 예를 들어, 교원과 학생 간에는 교육·지도·평가를 제공하는 자와 이를 받는 자라는 관계가 존재한다. 교육에만 교원에 부탁된 학생에 대한 이러한 영향력을 교원이 남용하게 된다면, 교원에 대한 학생의 신뢰를 저버릴 뿐만 아니라, 사회적으로 인지되어 온 대학의 교육·연구의 자유와 자율성의 기초를 잃게 된다. 교육·연구에 종사하는 모든 대학인은 대학에서의 자유의 보장에는 자기규율의 의무가 따른다는 것을 충분히 인식해야 한다. 즉, 본학의 아카데미 커뮤니티에 속하는 모든 구성원은 교육·연구·취업의 바람직한 환경으로부터 혜택을 받는 입장에 있을 뿐만 아니라, 스스로도 또한 그러한 환경의 유지와 향상의 일익을 담당하고 있음을 깊이 자각하고 행동해야 한다. 또한 본학의 유형무형(有形無形)의 교육·연구환경은 개학 이래 남성을 중심으로 하는 상황 하에서 형성되어 왔다. 그러나 향후에는 성별을 불문하고 모든 멤버가 쾌적하게 활동할 수 있는 교육·연구환경을 보장하기 위한 적극적 노력이 필요하다.

(2) 성희롱의 정의와 기본적인 대응방법

성희롱은 "다른 사람을 불쾌하게 만드는 성적 언동"으로 정의된다. 그 양태로는 신체적 접촉, 시선, 성적 내용의 발언 등 다양한 것이 포함된다. 또한 "성적인 언동"에는 성적인 관심 및 욕구에 근거로 하는 언동 외에, 성별에 따라 역할을 분담해야 한다는 의식에 근거로 한 언동 등도 포함된다. "성적인 언동"에 대하여 상대방이 "불쾌"하다고 느끼면, 기본적으로 그것은 모두 성희롱이다. 개인의 존엄을 깊게 상처를 입히는 성희롱은 인격권의 침해이다.

성희롱은 다음의 두 가지로 대별된다. 첫째는 상대방에게 교육, 연구, 지도, 조언, 채용, 취업 등의 관계에서 이익이나 불이익을 줄 수 있는 입장에 있는 자, 특히 교원이나 상사가 그러한 입장을 이용하여 상대방에게 성적 대응을 요구하는, 이른바 지위 이용형(또는 대가형) 성희롱이다. 두 번째는 "불쾌한 성적 언동"에 따라 교육·연구·취업의 환경을 저해하는 환경형 성희롱이다. 여기에는 성적 언동의 대상자 이외의 자가 "불쾌"하다고 느낀 경우, 혹은 성적 언동이 특정 상대에게 향해진 것이 아닌 경우(예를 들어, 성적인 화상이나 문서의 제시, 게시 등)도 포함된다.

본학은 이러한 다양한 형태를 갖는 성희롱을 철저히 방지하기 위한 체제를 갖춘다. 또한 성희롱의 피해나 이를 원인으로 하여 발생했다고 판단되는 교육상, 취업상의 불이익에 대해서는 신속하고 적절하게 대처하는 체제를 준비한다. 어떤 종류의 성희롱의 경우에는 피해자가 불쾌하다는 것을 표명함으로써 해결도 가능하다고 생각된다. 그러나 개개인이 느끼는 방법의 차이 등 때문에, 가해자는 피해자가 불쾌하다고 느끼고 있는 것을 인정하지 않는 등, 당사자 간에서의 해결이 어려운 경우도 많다고 예상된다. 그래서 본학에서는 개개의 상황에 유연하게 대응할 수 있는 상담체제와 고충처리절차의 체제를 준비한다.

2. 아카데믹 하라스먼트 방지를 위한 윤리

(1) 기본적 견해

도쿄대학교에서는 도쿄대학헌장의 전문에서 "대학은 인간의 가능성의 무궁한 발전에 대하여 끊임없이 열린 구조를 가져야 하는 학술의 근원적 성격에 유래하여, 그 자유와 자율성을 필요로 하고 있다."라고 주장하고 있듯이, 교육 연구의 충실한 발전이라는 사회적 사명을 완수하고 있으며, 대학에서의 자유와 자율성이 중요하다는 것을 깊이 인식하고 있다. 이 자유와 자율성은, 즉 대학이라는 아카데믹 커뮤니티의 구성원 한 사람 한 사람의 자유와 자율성을 기초로 하여 성립되어 있으며, 대학에는 이를 보장하기 위한 다양한 제도가 존재하고 있다.

그런데 자유와 자율성이 이렇게 극진히 보장되어 있는 대학에서는 구성원 간에 일반사회와는 다른 권력관계가 발생한다. 교원과 학생 및 이에 준하는 자와의 관계를 예로 들면, 거기에는 교육·지도·평가를 제공하는 자와 이를 받는 자라는 비대칭적인 힘관계가 존재한다. 교원은 학생 등에게 큰 영향력을 미치는 존재이다. 그 권력은 당연히 교육이라는 목적의 실현을 위해서 각 교원에게 부탁된 것이다. 교육에 엄격함이 필요한데, 그것은 학생을 대등한 인격으로서 인정하고 그 인격을 존중하는 것이 전제이다. 교원이 학생에게 주는 교육·지도·평가는 어디까지나 엄정·중립·공정·공평해야 한다.

권력이 있는 곳에는 항상 남용의 위험이 존재한다. 교육·연구를 위해서 많은 자유와 자율성이 보장되어 있는 대학에서는 더욱 그렇다. 도쿄대학헌장이 규정하고 있는 "모든 구성원이 그 개성과 능력을 만전에 발휘할 수 있도록 공정한 교육·연구·노동환경의 정비"(도쿄대학헌장 19)를 도모하기 위해서는 이러한 권력의 남용을 방지하기 위한 체제가 정비되어야 한다.

(2) 아카데믹 하라스먼트의 정의와 기본적 대응방법

아카데믹 하라스먼트란, 대학의 구성원이 교육·연구상의 권력을 남용하고, 다른 구성원에 대하여 부적절하고 부당한 언동을 함으로써, 그 자에게 수학·교육·연구 내지 직무수행 상의 불이익을 주거나 혹은 그 수학·교육·연구 내지 직무수행에 지장을 주는 정신적·신체적 손해를 주는 것을 내용으로 하는 인격권 침해를 말한다. 도쿄대학헌장 19에서 규정하는 기본적 인권을 침해하는 행위도 여기에 포함된다. 아카데믹 하라스먼트의 가해─피해는 좁은 형식적 의미에서의 교원─학생이라는 신분 관계에서만 발생하는 것이 아니다. 도쿄대학교가 구성원 전원에게 보장하고 있는 "그 개성과 능력을 만전에 발휘할 수 있는 공정한 교육·연구·노동환경"을 당사자 간의 힘관계의 비대칭을 배경으로 하는 권력의 남용으로 파괴하거나 빼앗는 언동은 널리 아카데믹 하라스먼트에 포함되는 것에 유의하길 바란다.

아카데믹 하라스먼트의 방지와 해결에는 각 부서의 교육·연구현장의 실정에 입각한 대응과 환경개선에 노력하는 것이 무엇보다 중요하다. 그러한 까닭에 대학 전체적인 아카데믹 하라스먼트 방지체제에 더불어, 각 부서가 스스로의 책임에 있어서 아카데믹 하라스먼트의 방지와 해결을 위한 체제를 정비하는 것이 매우 중요한 과제가 된다.

도쿄대학교는 대학 전체 및 각 부서의 총력을 기울여 아카데믹 하라스먼트의 방지와 해결에 임해 나갈 것을 결의한다.

3. 그 외의 하라스먼트 방지를 위한 윤리

성희롱 및 아카데믹 하라스먼트 이외에도 소위 파워 하라스먼트 및 수학·교육·연구 내지 직무수행과는 떨어진 장소에서의 하라스먼트(예를 들어, 음주 강요, 부정행위 강요 및 종교·사상에 대한 관여 등)를 생각할 수 있다.

도쿄대학교는 이러한 성희롱 및 아카데믹 하라스먼트에는 분류되지 않는 그 외의 하라스먼트에 대해서도 성희롱 및 아카데믹 하라스먼트와 비슷한 체제에서 방지와 해결에 임해 나간다.

II. 하라스먼트 방지 및 구제를 위한 체제와 절차

도쿄대학교에서는 하라스먼트를 방지하기 위해서 하라스먼트 방지위원회를 설치함과 동시에, 하라스먼트 상담소를 설치하여 하라스먼트의 고충상담을 접수한다. 이에 따라 하라스먼트가 이루어진 경우는 물론, 이것을 원인으로 하여 피해자가 수학상, 취업상, 기타 불이익을 입은 경우에도 신속하고 적절하게 대처한다.

1. 하라스먼트 상담

하라스먼트의 피해를 입거나 이와 관련하여 어떠한 형태의 불이익을 받거나 한 경우에는 결코 자신을 자책하거나 자기 혼자서만 문제를 끌어안지 않고 본학의 하라스먼트 상담창구 등을 적극적으로 이용하여 문제를 해결하는 것이 바람직하다. 하라스먼트 상담소에서는 카운슬링 경험이 풍부한 전문원이 대기하고 있으며, 상담자의 입장에 선 상담을 받을 수 있다. 그 외에 학생 상담소, 보건·건강추진본부, 부서에 있는 상담창구를 이용할 수도 있다.

상담은 직접 면담에 의한 것 외에, 편지, 전화, 팩스, 이메일로도 접수한다. 상담에 있어서는 상담자의 프라이버시가 최대한 보호되는 것은 말할 필요도 없다. 상담의 목적은 어디까지나 문제해결과 피해 확대의 방지이며, 상담자는 카운슬링을 받는 것 등을 통하여 어떠한 해결방법이 있는지를 알 수 있다. 물론 문제해결을 위한 여러 절차에 대한 설명을 받을 수도 있다.

2. 하라스먼트 방지위원회에 대한 제기(고충제기 절차)

하라스먼트 방지위원회는 계발활동 및 구성원에 대한 연수를 실시하는 외에, 하라스먼트의 피해를 당한 경우의 제기에 대하여 책임을 가지고 대처한다. 그 구체적 방법으로는 대학 전체 또는 부서에서 ① 통지 ② 조정 ③ 사실조사반의 사실조사에 근거로 하는 구제조치와 재발방지를 위한 조치 권고의 세 가지가 있다. 제기인이 어떠한 절차를 이용하는지는 당인의 판단에 맡겨진다.

통지는 제기인의 희망에 따라 고충제기가 있었다는 것을 상대방 또는 상대방이 소속된 부서의 장에게 통지하여 해결과 방지를 도모하는 것이다. 통지를 희망하는 제기가 이루어진 경우, 하라스먼트 방지위원회는 하라스먼트 피해의 해결과 장래의 방지를 위해서 통지를 하는 것이 적당한지를 심사하고, 적당하다고 판단된 경우에는 통지를 하고, 이에 아울러 해결과 방지를 위한 필요한 조치에 대하여 권고한다. 통지가 이루어진 후에도 제기인이 조정과 사실조사반의 설치를 요구할 수 있다. 조정은 당사자 간의 대화를 통하여 해결방법을 찾는 것이다. 제기인의 희망으로 조정을 하는 경우에는 예비심사를 거쳐 설치된 하라스먼트 방지위원회의 조정반은 조정 시에 제기인의 의향을 가능한 한 존중하고 해결책을 강요하는 일은 하지 않는다. 조정절차를 선택한 경우에도 제기인은 어느 시점에서도 이를 중단할 수 있고, 사실조사반에 의한 사실조사로 이행하는 것을 요구할 수 있다.

구제조치를 요구하는 호소가 이루어진 경우에는 하라스먼트 방지위원회는 예비심사를 거쳐 사실조사반을 발족시킨다. 사실관계 조사에 필요한 조사권한을 가지고, 원칙적으로는 6개월 이내에 하라스먼트 방지위원회에 조사결과를 보고한다. 하라스먼트 방지위원회는 이 보고를 받고, 신속하게 구제 및 재발방지에 필요한 조치에 대한 방안을 마련하여 총장에게 권고한다.

하라스먼트 방지위원회의 결정은 공표된다. 이때, 어떠한 피해에 대하여 어떠한 구제·방지 조치가 필요하다고 판단되었는지는 공표(대학기자회 가맹 보도기관에 대한 자료배포 또는 기자회견)하지만, 당사자의 성명, 기타 당사자가 특정될 만한 정보는 감추는 등, 당사자의 프라이버시는 최대한 보호되어야 한다.

단, 징계처분 절차가 후행하는 경우에 대해서는 징계처분의 공표에 맡긴다. 또한 사안의 성질, 관계자의 의향, 당사자의 재직퇴직별, 기타를 고려하여 당사자가 특정되는 형태로 공표할 수도 있거나 또는 공표하지 않지 않는 것으로도 할 수 있다. 후자의 경우, 위원장은 하라스먼트 방지위원회에 그 취지를 보고해야 한다.

3. 기타

(1) 보복 및 무마 등의 방지

상담 및 보복을 위한 제기를 한 자, 사실조사에 협력한 자, 기타 절차에 관계된 자가 보복을 받는 일은 있어서는 안 된다. 명확한 보복이 아니라도 보복을 암시하는 것도 마찬가지이다. 사건이 발각된 후, 사건의 무마를 꾀하는 일도 있어서는 안 된다. 또한 상담이나 제기를 한 자가 그러한 일을 상대방뿐만 아니라, 관계자, 제3자로부터도 불이익 취급을 받아서는 안 된다. 만약 그러한 사태가 발생한 경우에는 그러한 행위에도 본 강령을 적용하고 이러한 것에 대해서도 대학의 관련 제규칙에 근거로 하여 엄정한 태도로 대처한다.

(2) 상담원 등의 수비의무

하라스먼트의 상담원에는 수비의무가 있다. 상담이나 구제의 제기에 관여한 상담원 등은 상담하여 알게 된 상담내용 등의 당사자 및 관계자의 프라이버시나 비밀을 누설해서는 안 된다.

(3) 허위제기 등의 금지

허위라는 것을 알고, 거짓 상담이나 구제제기를 해서는 안 된다. 또한 사실조사 시에 허위의 증언이나 충분한 근거가 없는 채로 무리하게 진실이라는 취지의 증언을 해서는 안 된다. 단, 자신이 실제로 보고 듣거나 내지는 경험한 것에 대해서는 이를 다른 증거를 제시하여 증명할 수 없다고 하여 "근거가 없다."라고 간주되는 것은 아니다.

Ⅲ. 이 강령이 적용되는 범위

이 강령은 본학의 구성원인 학생(연구생, 과목이수생 등을 포함한다) 및 교직원(비상근을 포함한다)에 대하여 그 행위가 이루어진 장소(학내외)나 시간을 불문하고 넓게 적용된다. 피해자가 이미 본학의 구성원이 아니게 된 경우에도 그것만으로 본 강령에서 정한 학내 제도의 이용을 못하게 되는 것은 아니다. 또한 본학에서의 교육·연구활동 및 직무수행과 관련하여 본학의 구성원이 접하는 학외자(이하 "본교의 관계자")와 본학의 구성원 간에 발생한 하라스먼트인 경우에는 본학의 구성원이 가해자이면서 동시에 교육·연구활동 및 직무관계에서 발생한 때에 이 강령을 적용한다. 가해자가 본학의 관계자인 경우에도 피해자가 본학의 구성원인 때에는 이 강령을 준용하고, 그 정신에 따라 적절한 조치를 요구하는 경우가 있다. 피해자는 어느 경우라고 해도 하라스먼트 상담과 고충제기의 절차를 이용할 수 있다.

[부록5] 릿쿄대학교의 '캠퍼스 하라스먼트 대책'

릿쿄대학교 캠퍼스 하라스먼트 대책

릿쿄대학교 인권·하라스먼트 대책 센터는 릿쿄대학교의 학생, 교직원의 인권의식을 환기하고, 인권침해가 일어나지 않도록 인권의식을 고조시킴과 동시에, 캠퍼스 하라스먼트와 차별문제 등의 인권침해가 발생한 경우에 문제해결을 위해 노력하는 것을 목적으로 1999년부터 활동하고 있던 인권센터와 성희롱방지대책위원회를 통합하여 2006년 4월 1일에 설립했다.

인권·하라스먼트 대책 센터에 대하여

역할

인권문제의 기본은 우리 개개인이 인권의 중요함을 이해하고, 서로의 인권을 존중하는 것에 있다. 따라서 센터의 주요 활동은 본학 구성원의 인권의식이 높아지는 다양한 대응을 뒤에서부터 지지하고 지원하는 것이다. 즉, 인권문제의 주체는 어디까지나 본학의 구성원 한 사람한 사람이며, 그 활동이 원활히 진행되도록 지원하는데 센터의 역할이 있다.

1. 계발

릿쿄대학교의 학생, 교직원에 대해서 인권·하라스먼트 문제에 관한 계발 프로그램의 기획·운영, 인권·하라스먼트 문제에 관한 각종 연수의 개최나 자료 수집, 또한 각 학부·사무부서가 실시하는 계발 프로그램 등에 대한 협력 및 연락·조정을 실시한다.

2. 점검

각 학부와 사무부서의 운영과 업무를 인권·하라스먼트라는 관점에서 점검하고, 필요에 따라 제언한다.

3. 지원

릿쿄대학교의 각 학부, 부서와 전체 구성원에 대하여 인권·하라스먼트 문제에 관한 지원, 협력한다.

4. 문제해결

릿쿄대학교에서 인권·하라스먼트 문제가 발생한 때에 상담자에 대한 대응과 피해자의 구제 등의 문제해결에 임한다.

대응

릿쿄대학교에 관련되는 모든 사람들이 인권침해를 허용하지 않고, 그것을 바로잡아 가는 자세를 몸에 익히기를 바라며, 계발활동이나 캠퍼스 하라스먼트의 상담·문제해결에 노력하고 있다.

상담접수

캠퍼스 하라스먼트라고 생각되는 행위를 당하거나 목격한 학내자는 센터에 상담한다.

우선 상담해 본다.

인권침해, 캠퍼스 하라스먼트일지도 모른다고 고민하고 있는 분은 가볍게 문의한다. 혼자서 고민하지 말고 상담하는 것이 중요하다.

상담원과 함께 해결하자.

해결방법은 상황이나 개인에 따라 다양하다. 상담원이 당신이 납득할만한 해결을 얻을 수 있도록 함께 생각한다. 필요에 따라서 상대방과의 조정을 한다. 부진하게 끝난 경우에는 필요에 따라서 조사를 하고 그 결과에 따라서 적정·공정한 조치를 취한다.

상담원은 상담자의 프라이버시를 엄수한다.

인권침해, 캠퍼스 하라스먼트의 행위자라고 생각되는 사람으로부터의 보복을 포함하여 상담자의 불이익이 되는 일이 발생하지 않도록 충분히 배려하기 때문에 안심하고 이용한다.

이벤트 개최/학생 서포터 제도

매년 "인권주간 프로그램"을 마련하고 있으며, 누구라도 참가할 수 있는 공개강연회 등의 이벤트를 실시하고 있다.

◆ **최근 주제**

- 과로사방지계발 강연회 너무 일하는 사회로부터 몸을 지킨다! ~과로사의 실태와 방지대책~
- 아동양호시설출신자인 학생생활지원을 생각한다.

학생 서포터 제도

인권·하라스먼트 대책 센터에서는 학생 서포터 제도를 도입하고 있다. 학생 서포터에게는 "평상시 인권·하라스먼트 문제에 관하여 캠퍼스 내에서 신경이 쓰이는 것", "당 센터에게 무엇을 기대하는가", "어떻게 하면 환경을 보다 잘 할 수 있을까" 등에 대하여 의견이나 아이디어를 모집하여 센터의 대응에 활용하고 있다.

캠퍼스 하라스먼트(Campus Harassment, 학내 폭력) 방지 선언

1. 취지

릿쿄대학교는 개개인의 인격과 인권이 존중되고, 각자의 능력이 최대한 발휘되는 자유로운 학문과 교육의 장을 지향하고 있다. 그리고 그 전제로서 학생과 교직원 등 대학의 모든 구성원들이 대학의 학습, 교육, 연구, 노동과 그 외 모든 활동을 상호 신뢰를 바탕으로 수행할 수 있도록 대학 생활의 환경을 갖추는 것이 중요하다고 생각한다.

캠퍼스 하라스먼트(Campus Harassment)는 대학의 교육, 연구, 업무 가운데 취학과 취업에 관련된 권력 관계를 이용해서 상대방이 원하지 않는 언동을 함으로써 상대에게 불이익이나 불쾌감을 주는 것, 또한 취학 및 취업 환경을 현저히 저해하는 것을 말한다. 성희롱, 아카데믹 하라스먼트, 파워 하라스먼트 등은 그 대표적인 것이라 할 것이다.

캠퍼스 하라스먼트(Campus Harassment)는 개인의 인격적 존엄에 상처를 입히고 인권을 침해하는 행위이다. 동시에 대학의 교육, 연구를 뒷받침하는 환경을 손상시키는 행위이기도 하다. 대학은 이와 같은 행위를 용납하지 않을 뿐만 아니라 발생하지 않도록 지켜나갈 책임이 있다. 또한 캠퍼스 하라스먼트가 발생한 경우, 개인의 존엄과 인권을 옹호하기 위해 엄정하게 대응하며 해결하도록 노력하지 않으면 안 된다.

2. 선언

릿쿄대학교는 단호한 태도로 캠퍼스 하라스먼트(Campus Harassment, 학내 폭력)을 배제하고 방지할 것을 선언한다. 또한 <릿쿄대학 인권, 하라스먼트 대책센터 규정>에 근거하여 대응과 해결을 위한 제도적 정비를 실시함과 동시에, 대학의 구성원들이 캠퍼스 하라스먼트에 관한 바른 이해와 인식을 얻도록 다양한 활동을 계속적으로 실시하여 캠퍼스 하라스먼트가 없는 환경을 만들고자 실천할 것이다.

릿쿄대학 2008년 1월

캠퍼스 하라스먼트란?

캠퍼스 하라스먼트란, 학생 및 교직원 등 간에 개인적 속성 및 인격과 관계되는 사항 등에 관하여 타인을 상처입히는 발언이나 행동을 하고, 그 사람에게 불이익이나 손해를 주고 인권을 침해하는 것이다. 개인적 속성에는 성별·성 정체성·성지향·나이·능력·신체적인 상황, 출신지, 가족 관계, 신조, 국적, 민족, 인종, 직업 등의 사회적 지위 등이 포함된다. 대학 내·외에서 구성원에게 일어날 수 있는 모든 유형의 하라스먼트 문제를 캠퍼스 하라스먼트라고 부르며, 주로 다음과 같은 타입이 있다.

파워 하라스먼트와 아카데믹 하라스먼트

캠퍼스에서 우위인 지위나 입장에 있는 사람이 권한이나 지위를 이용하여 종속적 입장에 있는 사람에 대하여 개인의 존엄이나 인격을 침해하는 행동을 하거나, 지도나 업무의 범위를 초월하여 정신적·신체적 고통을 주거나 혹은 수학·취업 환경을 악화시키는 것이다.

이러한 하라스먼트 행위가 일어나는 장면에 따라 파워 하라스먼트와 아카데믹 하라스먼트가 구별된다. 예를 들어, 장면이 클럽 서클 내나 취업의 장에서는 파워 하라스먼트, 수학·교육·연구의 장에서는 아카데믹 하라스먼트라고 부른다. 수업 중의 사담은 학생의 수업을 들을 권리뿐만이 아니라, 교원의 강의할 권리도 빼앗는 아카데믹 하라스먼트이다.

- 상급생의 명령에는 불합리한 것이 있어도 절대 복종하는 분위기가 있다. 거역하면 연습시켜주지 않는다.
- 세미나의 교수님은 "너는 머리가 좋고 의욕이 있으니 가르친 보람이 있다."라고 평가를 하고는 여러 가지 부탁을 해온다. 실수를 하

면 "무엇을 시켜도 안 된다.", "대신해 줄 사람은 얼마든지 있다." 등 여러 사람 앞에서 질책을 받는다.

- 휴일근무를 강요받아 불만인데, 고용계약을 연장하지 않을지도 모른다고 내비치면 따를 수밖에 없다.
- 과대한 양의 업무를 도저히 무리인 기간에 자신에게만 부과하였다.

알코올 하라스먼트

20세 미만 학생에게 음주를 권장하는 것은 위법이다. 또, 마시고 싶지 않다고 말하는 사람에게 음주를 강요하는 등의 대인 관계에 관계되는 문제행위와 술에 취해 민폐행위를 하는 등의 사회적인 문제행위를 알코올 하라스먼트라고 한다.

- 술자리에서 옆에 앉아 술을 따르는 것을 상사나 선배가 강요한다.
- 술 취한 선배에게 얽혀 무리하게 2차, 3차로 끌려 다녀 집에 귀가할 수 없다.
- 클럽 서클 선배가 술김에 가게 간판을 부수었다.

알코올 하라스먼트 방지를 위해서 이런 노력이 있다!

- 술자리에서는 반드시 논알코올과 소프트 드링크를 준비하여 술을 마시고 싶지 않은 사람이나 미성년자에게는 음주나 술을 따르는 것을 강요하는 것은 금지한다는 룰을 만들었다.
- 친목회 때에 음주를 하지 않고 돌봐주는 역할을 하는 사람을 당번제로 2명 정하여 알코올 사고에 대비하고 있다.

성희롱과 젠더 하라스먼트

의도하고 있는지의 여부에 관계없이 성적 언동으로 인하여 상대의 인격을 손상시켜 불쾌하게 만드는 것이다. 성희롱의 경우에는 양자의 관계에 파워(힘)의 차이가 있는 경우가 많아, 상처를 입어도 관계의 악화, 평가 등에 대한 영향을 두려워하여 상대방에게 "No"를 말할 수 없기 때문에, 수학·연구·취업에 지장을 초래할 정도로 심신에 영향을 입거나 환경이 악화되는 경우가 있다.

또한 고정적인 성차별 언동으로 인하여 상대에게 불쾌감을 주는 것을 젠더 하라스먼트라고 부른다.

신체적인 접촉이나 성폭력, 시선이나 성적인 농담 등은 개개인이 느끼는 방법이나 미묘한 뉘앙스의 차이가 있으므로 주의한다.

- 선배는 매일 아침 앉아있는 내 어깨에 손을 얹고 "안녕."이라고 말한다. '그냥 인사'라고 신경쓰지 않으려고 노력하지만 사실은 항상 불쾌하다.
- 미팅 때 등, 차를 준비하거나 뒷정리를 하는 것은 여성이라는 암묵적인 양해가 있는 것 같아 이상하다고 생각한다.

에이지 하라스먼트

연령적인 것을 이유로 상대방의 인격을 침해하거나 불쾌하게 만드는 언동이다.

- 사회인 입학생인 나는 반에서도 최연장자. 반 친구들로부터 아저씨(아줌마)로 불리고, "역시 나이 많은 사람은 촌스럽네.", "나이에 비해 경험이 적구나.", "아저씨인 주제에 이런 것도 모르는구나."라는 말을 자주 듣게 된다.

- "젊으니깐."이라고 항상 잔류 당번을 시킨다.

따돌림(이지메)

상대의 약점을 이유로 인격을 부정하거나 배타적·차별적으로 취급하는 것이다. 주위 사람들이 따돌림이 있다는 것을 알고도 아무것도 하지 않는 것은 따돌림 행위를 용인하게 되고, 괴롭힘을 당하고 있는 사람의 인권을 침해하는 행위이다.

- "좋은 아침."이라고 말하고 방에 들어간 순간 그때까지 들리고 있던 이야기 소리가 그치고 이상한 분위기가 되었다. 최근 이러한 일이 매일같이 계속되어 정신적으로 피로하다.
- 같은 과의 사람들이 업무에 필요한 정보를 가르쳐주지 않거나 회의에 부르지 않거나 하는 따돌림을 받고 있다.

데이트 DV

친밀한 관계의 두 사람 사이에 지배·복종의 관계가 생기고, 지배하는 쪽이 다른 한쪽에 대해 신체적·정신적 폭력을 가하는 것이다.

- 남자친구와 사귀게 되고 나서부터 서서히 속박당하게 되었다. 나는 분명히 그에게 깊은 사랑을 받고 있는거야. 남자친구가 이메일 비밀번호를 물었다. 거절하면 기분이 안 좋아지고, 가르쳐주는 수밖에 없을까?
- 남자친구가 말하는 대로 하지 않으면 폭력을 휘두르는 경우가 있다.

기타

- 인터넷 등에서의 비방 및 중상
- 교실이나 화장실 등의 공공장소에서의 특정인에 대한 소문
- 성수소자(성 정체성이나 성지향 등이 소수파인 사람들)에 대한 차별적 언동

성소수자분들은 이렇게 느끼고 있다!

- 남성용 화장실도 여성용 화장실도 가기 힘든 나에게 "모두를 위한 화장실"의 존재는 도움이 된다.
- 연애감정이 누구에게 향하는지나 복장 등의 취향 등 자신을 바꿀 수 없는 것에 대하여 "이상해!"라는 말을 듣는 것은 인권침해이다.

[부록6] 와세다대학교의 '하라스먼트 방지에 대한 가이드라인'

Ⅰ. 하라스먼트 방지에 관한 기본 정책(policy)

와세다대학교(이하 '본학'이라고 함)는 모든 학생 및 교직원 등이 개인으로서 존중받고 하라스먼트를 당하는 일 없이 취학 또는 취업할 수 있도록 충분한 배려와 필요한 조치를 취하는 것을 선언한다. 상기 목적을 달성하기 위하여 본학은 인권에 관한 법령에 따라 학내에서의 다양한 하라스먼트의 방지에 노력하고, 만일 이러한 사태가 발생한 경우에는 이에 대하여 신속하고 적정한 조치를 취하는 것에 최선의 노력을 기울인다.

본학은 피해를 입은 학생 및 교직원 등이 안심하고 하라스먼트 고충에 대하여 상담을 받을 수 있는 창구를 설치한다. 게다가 또한 본학은 하라스먼트의 고충에 대해서는 학내에서의 적절한 조사와 신중한 절차를 거친 후, 엄정한 처분을 포함한 효과적인 대응을 하는데, 그때 관계자(사안의 당사자 외에, 감독·지도 책임을 지는 자 등, 해당 사안에 이해관계를 가지는 자를 포함함)의 프라이버시 존중과 비밀 엄수에는 특히 유의한다.

본학은 본 가이드라인에 따라 하라스먼트의 정의, 하라스먼트 방지의 이유와 목적을 명확히 하고, 고충·상담창구의 설치, 고충처리절차 등을 정하고, 고충신고에 대한 불이익 취급의 금지, 기타 보복조치의 금지, 관계자의 프라이버시 보호, 징계처분의 권고, 연수와 교육을 통한 예방·계발 촉진에 노력한다.

Ⅱ. 하라스먼트의 정의

본 가이드라인에서 말하는 하라스먼트란, 성별, 사회적 신분, 인종, 국적, 신조, 연령, 직업, 신체적 특징 등의 속성 혹은 넓게 인격에 관계되는 사항 등에 관한 언동으로 인하여 상대방에게 불이익이나 불쾌감을 주거나 혹은 그 존중을 저해하는 것을 말한다.

본 가이드라인은 대학에서의 우월적 지위나 지도상의 지위, 직무상의 지위, 계속적 관계를 이용하여 상대방의 의사에 반하여 행해지고, 취학 취업이나 교육연구환경을 악화시키는 하라스먼트 일반을 다룬다. 대학에서의 하라스먼트로는 성적인 언동으로 의한 성적 괴롭힘(Sexual Harassment), 면학·교육·연구에 관련된 언동으로 의한 아카데믹 괴롭힘(Academic Harassment), 우월적 지위나 직무상의 지위에 근거로 하는 언동으로 인한 파워 하라스먼트(Power Harassment) 등이 있다. 여기에서 대학에 특유한 이러한 세 가지 하라스먼트를 보다 상세하게 설명한다. 또한 이러한 정의를 현저하게 엄격하게 해석하는 것보다는 가능한 한 넓게 이의제기를 인정하는 것이 긴요하다.

(1) 성적 괴롭힘(Sexual Harassment)

1) 교육, 연구, 지도, 조언, 고용, 관리, 기타 대학 내에서의 활동에 대한 참가나 취학 취업조건으로서 성적인 요구를 하거나 성적인 언동을 감수하게 만드는 경우, 2) 성적인 요구나 언동을 거부하는 것이나 감수하는 것이 해당 개인의 성적 평가나 졸업 판정 또는 승진승급 등의 인사고과의 기초로 이용되는 경우, 3) 성적 요구나 언동이 개인의 직무수

행을 부당하게 저해하고, 불쾌감을 주고, 취학 취업이나 교육연구환경을 현저하게 저해하는 경우를 가리킨다.

단, 성적 괴롭힘은 신체적인 접촉이나 성폭력, 시선이나 성적 농담 등 다양한 형태를 포함하고 있으며, 개개인이 느끼는 방법이나 미묘한 뉘앙스의 차이도 있어 판단이 어려운 케이스도 있다. 그래서 대학 내에서 무엇이 구체적으로 상대방의 의사에 반하는 성적 언동이 되고, 취학 취업 환경을 현저하게 저해하고 능력발휘의 지장이 될 수 있는가를 그레이 존(gray zone)에 포함하여 유형화해 두어야 한다.

성적 괴롭힘에는 성적인 언동에 대한 상대방의 대응으로 인하여 교육연구조건, 근로조건에 불이익을 받는 것(대가형 성적 괴롭힘)과, 해당 성적인 언동으로 인하여 취학 취업, 교육연구환경이 저해되는 것(환경형 성적 괴롭힘)이 있다.

여기에서 말하는 성적인 언동이란, 성적인 내용의 발언 및 성적인 행동을 가리키고 있다. 구체적으로는 성적인 내용의 발언에는 성적 농담이나 놀림을 포함하여 '성경험이 있는가', '첫경험은 언제였나' 등의 성적인 사실관계를 묻거나, '화려하게 논거 같다' 등 성적인 내용의 소문을 유포하거나 '가슴이나 엉덩이가 크다'라는 것이 포함된다. 또한 성적인 언동에는 '오늘밤 함께 하자', '호텔에 가자' 등 성적인 관계를 강요하거나 외설 사진이나 그림을 보여주거나 신체를 만지는 것 등이 해당된다.

또한 동성 간의 성적 괴롭힘, 스토킹 행위 및 상대방의 의사에 반하는 기타의 성차별적 언동도 포함된다.

(2) 아카데믹 괴롭힘(Academic Harassment)

교원 등의 권위적 또는 우월적 지위에 있는 자가 의식적이든 무의식적이든 불문하고 그 우위의 입장이나 권한을 이용하거나 또는 일탈하여 그 지도 등을 받는 자의 연구의욕 및 연구환경을 현저하게 저해하는 결과가 되는 교육상 부적절한 언동, 지도 또는 대우를 가리킨다.

예를 들어, 교원 간이라면 권한이 있는 동료 등에 의한 연구 방해나 승임 차별, 퇴직권장 등, 교원과 대학원생 및 학생 간이라면 지도교원으로부터의 퇴학·유학권유, 지도거부, 지도상의 차별행위, 학위 취득방해, 취직상의 지도차별, 공평성이 결여된 성적평가 등이 고려된다. 보다 구체적으로는 승임심사, 학위심사 및 연구지도에서 특정한 자를 다른 자와 차별하고, 필요 이상으로 엄격한 지도를 부과하는 것, 지도를 초월하여 인격을 부정하는 언동을 반복하는 것 등을 생각할 수 있다.

단, 교육상의 지도에는 지도의 방법이 다양하고 또한 지도를 받는 측의 개개인이 느끼는 방법이나 미묘한 뉘앙스의 차이도 있어 판단이 어려운 케이스도 있는 것은 사실이고, 또한 지도하는 측이 무의식적으로 행하고 있는 것이 적지 않다. 그러나 교육에서는 지도하는 자와 지도를 받는 자와의 적절한 커뮤니케이션이 성립하고 있는 것이 필요하다는 것을 고려하면, 지도를 받는 자가 지도하는 자에게 이의제기를 할 기회를 마련하는 것이 필요하고 불가결하다.

(3) 파워 하라스먼트(Power Harassment)

직무상 우월적 지위에 있는 자가 의식적이든 무의식적이든 불문하고 그 지위 및 직무상의 권한을 이용하거나 또는 일탈하여 그 부하나 동료의 취업의욕 및 취업환경을 현저하게 저해하는 결과를 초래하는 하라스먼트가 되는 부적절한 언동, 지도 또는 대우를 가리킨다.

예를 들어, '아무것도 못하는군', '불만이 있으면 빨리 그만둬라. 너를 대신하는 사람은 얼마든지 있다' 등의 말로 인한 하라스먼트 뿐만 아니라, 다수의 자가 있는 곳에서 매도하거나 왕따를 시키거나 악의로 의도적으로 승진·승급을 방해하는 본인이 싫어하는 부서로 의도적으로 배치전환

하거나, 담합 등 위법행위를 강제하거나, 직무상 필요한 정보를 의도적으로 전하지 않는 등의 직무권한 등에 기초로 한 행위를 들 수 있다.

단, 교육훈련의 의미에서 직무상 엄격한 지도가 이루어지는 경우가 있는데, 이것은 이 파워 하라스먼트와는 구별되어야 한다. 또한 개개인이 느끼는 방법이나 미묘한 뉘앙스의 차이도 있어 판단이 어려운 케이스도 있는 것은 사실이다. 그러나 교육훈련이라는 명목하에 감정적인 언동이나 기분전환으로서의 언동은 허용되어서는 안 되고, 주관적으로는 교육훈련으로서의 언동이었다고 해도 그것이 과도하게 본인의 인격과 라이프스타일 등을 부정하는 결과가 될 가능성도 있다.

Ⅲ. 본 가이드라인의 적용범위 및 대상

본 가이드라인은 본학의 전임교원, 조수, 비상근강사 등 교원, 전임직원, 파견사원, 아르바이트 등, 대학원 학생, 학부 학생, 과목 등 이수생 및 유학생 등에게 적용된다. 또한 TA(교무보조), 연구보조원 등 명칭의 여하를 불문하고 본학의 교육과 연구에 대하여 계속적인 관계를 가지고 본학의 커뮤니티 구성원으로 인정되는 자에 대해서도 본 가이드라인은 적용 내지 준용된다. 더 나아가서는 캠퍼스 내외를 불문하고 실질적으로 본학의 취학 취업환경에 중대한 지장을 미친다고 인정되는 하라스먼트에 대해서는 피해자 또는 가해자가 본학의 교원, 직원, 학생 등이라면 본 가이드라인이 넓게 적용 내지 준용되게 된다.

단, 캠퍼스 내를 출입하는 업자나 본학 관계회사 사원, 타대학 학생 등 본학의 구성원이 아닌 자에 대해서는 본 가이드라인의 취지, 목적, 개념을 설명하고 그 자가 소속된 기관에 대하여 예방, 재발방지, 행위자의 처분 등을 하도록 강력하게 요구하는 것으로 한다.

Ⅳ. 하라스먼트에 관한 상담창구

본학은 하라스먼트가 행해진 경우 피해의 구제와 문제해결을 위해서 상담창구를 설치하여 신속하고 적절하게 대응한다.

고충이나 상담의 제기에 대해서는 Ⅴ에서 언급하는 하라스먼트 방지위원회에 설치된 상담창구에서 접수한다. 고충이나 상담의 방법은 전화나 메일, 팩스, 편지 등의 방법으로 상담창구에 제기한다. 상세한 방법은 홈페이지에 공개한다.

학내의 각 개소, 예를 들어 학생생활과 커리어센터, 인사과, 각 학부 및 각 연구과사무소, 도서관, 유학센터, 보건센터 등이 학생과 교직원 등으로부터 하라스먼트에 관계되는 상담을 받는 때에는 원칙적으로 하라스먼트 방지위원회에 보고하고 양자가 연계하여 적절한 처치를 취한다.

교직원 등이 개인적으로 하라스먼트에 관한 상담을 받은 때에도 가능한 한 하라스먼트 방지위원회에 문제해결을 하도록 상담자에게 권하는 것이 적당하다.

Ⅴ. 하라스먼트 방지위원회

하라스먼트 방지위원회는 구체적으로 어떠한 케어와 조정이 필요한지의 여부를 공정 중립한 입장에서 판단해야 한다. 특히 동위원회에서는 긴급성이 높은 것, 중대한 인권침해나 폭행 등을 동반하는 것에서 경미하고 오해나 인식부족에 근거로 한 인간관계의 조정을 필요로 하는 것 등 수리면접(intake)을 통하여 케이스 선별을 하고, 그 처리방침을 결정하여 문제해결에 임한다.

또한 하라스먼트 방지위원회는 다른 기관과의 연계와 협력을 얻으면서 하라스먼트에 관한 정보의 수집, 고충처리, 교육·연수, 조사·홍보

활동 등을 통하여 하라스먼트 방지에 관한 학내의 중심적인 역할을 완수하는 기관으로 자리매김한다. 따라서 하라스먼트 방지위원회는 관련된 학내 기관이나 부서와 연계 하에서 하라스먼트 방지를 위한 팜플렛의 작성, 학생·교직원 등에 대한 정보제공이나 실태조사, 연수 등에 노력하게 된다.

게다가 하라스먼트 방지위원회는 필요한 사실의 확인을 위한 조사절차, 인간관계의 조정을 위한 카운슬링, 자주적 해결을 알선하기 위한 조정절차 및 각종 징계처분 발동에 관한 권고절차를 하지만, 각 절차에서의 당사자의 반론권, 변명권, 프라이버시의 보호 등 절차보장이 특히 중요하다. 하라스먼트 방지위원회의 구체적 기구, 구성원, 권한, 절차의 기본원칙, 카운슬링 및 조정절차 등에 대해서는 별도 정하는 것으로 한다.

VI. 사안의 해결절차

하라스먼트에 관한 분쟁은 대학에서의 계속적 인간관계 및 신뢰관계의 유지를 고려하여 당사자의 합의를 얻어 카운슬링, 조정 등 인간관계의 조정으로 해결하는 것이 바람직하다고 할 수 있다. 따라서 분쟁해결에 있어서는 조정절차를 원칙으로 한다.

한편, 조정절차에도 관계없이 당사자의 동의를 얻지 않고 조정이 부진하게 끝난 경우, 또는 하라스먼트가 중대한 경우, 하라스먼트 방지위원회가 징계처분 등의 필요성을 인정한 경우에는 교원, 직원, 학생 등의 처분 등을 권고하기 위한 관계기관에 조사보고서를 제출할 수 있다.

Ⅶ. 고충의 제기와 상담에 대한 불이익취급의 금지

하라스먼트로 고민하여 피해를 받았다고 고충을 제기하거나 상담을 함으로써 피해자가 고충의 상대방으로부터 협박, 위압 등을 받거나, 보복, 기타 불이익 취급을 받는 경우가 있어서는 안 된다. 또한 해당 조건에 관계되는 관계자나 하라스먼트 방지위원회가 고충의 상대방으로부터 협박, 위압 등을 받거나 보복, 기타 불이익 행위를 당하는 경우가 있어서는 안 된다. 그러하지 않다면, 힘이 강한 자가 항상 약한 자를 지배하고 복종시키는 풍조는 없어지지 않는다. 또한 피해자는 보복이나 반격을 두려워하여 언제까지나 구제를 요구하지 않고 관계자나 하라스먼트 방지위원회는 해당 안건의 해결을 위해 충분한 조치를 취할 수 없기 때문이다. 고충의 제기나 상담을 한 자, 또는 해당 안건에 관계된 자가 불이익 취급을 받거나 협박, 강요 등의 언동, 보복, 기타 불이익 행위를 받는 경우, 징계절차를 발동하는 것도 가능하게 된다. 또한 피해를 입은 자는 법적으로 민사 또는 형사책임을 추구하는 것도 가능하다.

Ⅷ. 비밀엄수

하라스먼트의 상담이나 고충처리의 프로세스에서는 이 절차에 관여한 담당자, 카운슬러 등의 상담원, 교원, 직원은 관계자의 프라이버시와 비밀을 지켜야 한다. 본인의 동의나 승낙이 없는 한, 카운슬러 등의 상담원과 조정위원은 그 직무상 알게 된 클라이언트의 성명, 주소, 전화번호 등의 개인정보뿐만 아니라, 상담내용이나 상담사항에 대하여 정당한 이유없이 누설해서는 안 된다.

이러한 클라이언트와 카운슬러 등의 상담원 간의 엄격한 비밀유지 의무는 신뢰관계를 구축하고 유지하기 위한 기본으로 안심하고 무엇이

든지 말할 수 있기 위한 보장이다. 또한 하라스먼트에 대한 고충을 제기받은 자의 입장에서도 비밀이 지켜짐으로써 솔직하고 성실한 대화의 장을 가질 수 있게 된다.

이상의 점에서 보아도 매우 섬세한 문제인 하라스먼트의 문제처리에 있어서는 관계자의 프라이버시에 최대한 배려가 이루어져야 한다.

IX. 하라스먼트 방지를 위한 교육·연수·계발활동

본학은 쾌적한 학교생활과 직장환경, 교육연구환경을 저해하는 하라스먼트의 예방·근절을 위해서 그 발생원인, 배경, 실정이나 문제점의 해명을 심화하고 충분한 이해를 얻도록 교육·연수, 조사·홍보활동을 통하여 철저한 주지, 계발에 노력한다.

예를 들어, 학내보, 팜플렛, 포스터 등의 자료에 하라스먼트에 관한 명확한 방침·대응 등에 대하여 기재하여 배포한다. '학생 수첩', 매뉴얼, 취업규정 등에도 기재하고, 교직원, 학생 등에게 배포하여 하라스먼트 예방과 근절을 위한 학내 의식 개혁 및 그 계발을 위한 연수나 강습회를 적극적으로 개최한다. 또한 하라스먼트 방지위원회에서는 연 1회, 활동내용, 조사결과나 상담사례 등을 적절한 범위에서 공표하는 보고서를 작성하여 배포한다.

참고 문헌

관계부처합동, 『공공분야 갑질 근절을 위한 가이드라인』, 2019.2.

고용노동부, 『직장 내 괴롭힘 판단 및 예방·대응 매뉴얼』, 2019.2.

고용노동부, 『직장 내 괴롭힘 판단 및 예방·대응 매뉴얼(요약본)』, 2019.

고용노동부, 『직장 내 괴롭힘 판단 및 예방·대응 매뉴얼 부록 — 외국 매뉴얼 사례』, 2019.2.

국가인권위원회, 『성희롱 시정권고 사례집 제7집』, 2015.

국가인권위원회, 『직장 내 괴롭힘 실태조사』, 2017.11.

김민정, "직장 내 괴롭힘의 법적 개념과 성립요건: 직장 내 성희롱과의 비교를 중심으로", 『젠더법학』 제11권 제1호, 한국젠더법학회, 2019.

노동법실무연구회, 『근로기준법주해』(제2판), 박영사, 2020.

대한민국 정책브리핑, 언론보도 설명 "직장 내 괴롭힘 행위가 사업주인 경우 근로감독관이 직접 조사·판단", 고용노동부, 2019.12.23.

박수경, "일본의 직장 내 괴롭힘 관련 법과 정책", 『최신외국법제정보』 제3호, 한국법제연구원, 2020.

박수경, "직장 내 괴롭힘에 대한 근로자 보호방안 — 직장 내 괴롭힘법의 법적 쟁점과 개선방안—", 『사회법연구』 제38호, 한국사회법학회, 2019.

박수경, "직장 내 괴롭힘의 ILO 협약과 권고에 관한 연구", 『노동법논총』 제47집, 한국비교노동법학회, 2020.

박점규, "제보 사례와 설문조사를 통해 본 직장 내 괴롭힘 현황", 『직장 내 괴롭힘 금지제도 1주년 토론회 자료집』, 2020.7.

서울특별시, 「직장 내 괴롭힘 사건 처리 매뉴얼」, 2019.7.

양승엽, "직장 괴롭힘 방지 입법에 대한 프랑스 법제의 시사점", 『성균관법학』 제29권 제3호, 성균관대학교 법학연구소, 2017.

임종률, 『노동법』(제18판), 박영사, 2020.

이수연, "캐나다의 성적 괴롭힘 규율과 시사점". 『이화젠더법학』 제11권 제1

호, 이화여자대학교 젠더법학연구소, 2019.

이준희, "고용노동부「직장 내 괴롭힘 대응·예방 매뉴얼」의 문제점과 개선방안", 『강원법학』 제58권, 강원대학교 비교법학연구소, 2019.

Defenseur des droits, Fiche pratique: Le harcèlement discriminatoire au travail, 2018.

Le lamy santé au travail 2016.

Michel Blatman et al., L'état de santé du salarié(3éd.), Editions Liaisons, 2014.

Philippe Conte, "Harcèlement moral: les limites du pouvoir de direction du supérieur hiérarchique", Droit pénal 2015, n°10, LexisNexis, 2015.

Wolter Kluwer France, 2016.

北仲千里·横山美栄子, "アカデミック·ハラスメント解決 － 大学の常識を問い直す", 寿郎社, 2017.

野田進, "アカデミック·ハラスメントの法理", 『季刊労働法』, No.269, 2020.

弁護士法人飛翔法律事務所, "キャンパスハラスメント対策ハンドブック", 経済産業調査会, 2018.

山内浩美·葛文綺編, "大学におけるハラスメント対応ガイドブック － 問題解決のための防止·相談体制づくり－", 福村出版株式会社, 2020.

C190 － Violence and Harassment Convention, 2019(No. 190).

www.ilo.org/dyn/normlex/en/f?p=NORMLEXPUB:12100:0::NO:12100:P121 00_INSTRUMENT_ID:3999810:NO

R206 － Violence and Harassment Recommendation, 2019(No. 206).

www.ilo.org/dyn/normlex/en/f?p=NORMLEXPUB:12100:0::NO:12100:P121 00_INSTRUMENT_ID:4000085:NO

University of Massachusetts at Amherst, "RESPONDING TO WORKPLACE BULLYING", (2018.08.06.).

www.umass.edu/gateway/sites/default/files/workplace_bullying_grievance_

procedure.pdf

www.service − public.fr/particuliers/vosdroits/F2354

laws − lois.justice.gc.ca/eng/acts/h − 6/FullText.html

laws − lois.justice.gc.ca/eng/acts/L − 2/FullText.html

www.cnt.gouv.qc.ca/en/interpretation − guide/part − i/act − respecting − lab
our − standards/labour − standards − sect − 391 − to − 97/psychological − h
arassment − sect − 8118 − to − 8120/8118/index.html

www.cnt.gouv.qc.ca/en/interpretation − guide/part − i/act − respecting − lab
our − standards/labour − standards − sect − 391 − to − 97/psychological − h
arassment − sect − 8118 − to − 8120/8119/index.html

www.cnt.gouv.qc.ca/en/interpretation − guide/part − i/act − respecting − lab
our − standards/labour − standards − sect − 391 − to − 97/psychological − h
arassment − sect − 8118 − to − 8120/8119/index.html

www.ontario.ca/laws/statute/90h19#BK6

www.ohrc.on.ca/en/intersectional − approach − discrimination − addressing
− multiple − grounds − human − rights − claims/introduction − intersection
al − approach

あかるい職場応援団, "労働局長の助言・指導"
www.no − harassment.mhlw.go.jp/inquiry − counter/counsel_guidance

あかるい職場応援団, "紛争調整委員会によるあっせん"
www.no − harassment.mhlw.go.jp/inquiry − counter/mediation

저자 소개

김인희(변호사, 서울대학교 법학전문대학원 공익법률센터)

서울대 공익법률센터에서 프로보노 활동과 법률 구조를 하고 있다. 대학 내 괴롭힘 사건 실무를 한 경험을 바탕으로 연구에 참여하였으며, 여성과 노동, 돌봄의 문제에 관심을 가지고 공익변호사로서 실무와 연구의 조화를 이루고자 노력하고 있다.

박수경(국제관계학박사(노동정책), 한국외국어대학교 법학연구소 초빙연구원)

한국방송통신대 법학과 박사 후 연구원을 거쳐 한국외국어대학교 법학연구소에서 연구를 진행하고 있다. 직장 내 괴롭힘, 근로자의 정신건강, 근로자의 건강권 등의 문제에 관심을 가지고 연구를 진행하여 법·정책적 대안을 제시하고자 노력하고 있다.

양승엽(법학박사, 연세대학교 법학연구원 연구교수)

연세대학교 법학연구원에서 연구와 강의를 병행하고 있다. 직장 내 괴롭힘 외 근로기준법의 제반 쟁점들과 근로자의 개인정보보호, 업무상 스트레스, 자살 등 비전형적 산업재해 구제, 전국민의 고용보험 적용 등에 관심 두고 글을 쓰고 있다.

대학 내 괴롭힘: 판단기준과 구제방안 연구

초판발행	2021년 2월 15일
지은이	김인희·박수경·양승엽
편 집	김명희
기획/마케팅	이영조
표지디자인	조아라
제 작	고철민·조영환
펴낸곳	(주) **박영사**
	서울특별시 금천구 가산디지털2로 53, 210호(가산동, 한라시그마밸리)
	등록 1959. 3. 11. 제300-1959-1호(倫)
전 화	02)733-6771
f a x	02)736-4818
e-mail	pys@pybook.co.kr
homepage	www.pybook.co.kr
ISBN	979-11-303-3886-6 93330

정 가   14,000원